Katja Leyrer
Weiberkram

Katja Leyrer

Weiberkram

Konkret Literatur Verlag

Umschlaggestaltung: Cordula Reiser
Satz: Fotosatz Knab, Lintach
Druck: Fuldaer Verlagsanstalt, Fulda
ISBN 3-922144-91-8

Inhalt

»Doch ebenso wie Haß und Rache schließen auch Liebe und Handeln immer ein Scheitern ein, was uns dennoch nicht daran hindern darf, zu lieben und zu handeln; denn wir haben unsere Situation nicht nur zu erkennen, sondern sie inmitten ihrer Zwiespältigkeit auch zu wählen.«

Simone de Beauvoir, 1946

Marmelade und Politik

Hamburg 1989: Ich habe mal wieder Marmelade eingekocht, vier verschiedene Sorten in sechzehn Gläsern.
Ich distanziere mich von meiner Wut. Es geht mir nicht gut; dafür gibt es berechtigte Gründe.
Das Private ist politisch. Ich schätze, daß zur Zeit nicht wenige Frauen in diesem Land Marmelade einkochen.
Ein wunderbarer Sommer liegt hinter uns und viel Arbeit. Vom November ahnen wir noch nichts. Die Mauer steht noch. Sie werden es Frühling nennen und dabei ist Winterszeit. Das war im Oktober schon zu spüren. Ich bin eine Frau. Damit gehöre ich dem beliebtesten Nebenwiderspruch des zwanzigsten Jahrhunderts an.
Jedenfalls habe ich Marmelade eingekocht. Vier verschiedene Sorten in sechzehn Gläsern: Orangen-Melisse, Apfel-Grüner-Pfeffer, Pflaumenmus-Ingwer und Tomaten-Chutney. Das – ich weiß, so viel verstehe ich auch vom Kochen! – gehört eigentlich nicht zu den Marmeladen. Aber das ist egal.
Das Einmachgut habe ich in niedliche, mit heißer Spülmittellauge und anschließend mit kochendem heißen Wasser ausgespülte Gläser gefüllt, diese mit Etiketten versehen und beschriftet und in das kleine Küchenregal in meiner Küchenecke gestellt. Das Regal habe ich aus diesem Anlaß endlich einmal abgeseift und sogar die Gewürzgläser, die schon seit Jahren vor sich hin gammeln, gesäubert und neu gefüllt.
Ich habe die ganze Küche in einen reinlichen Zustand versetzt – auch hinter dem Kühlschrank und auch hinter dem Gasherd. Es ist jetzt alles in Ordnung.
Seit Jahren geht das so: Immer wieder ist zwischendurch alles in Ordnung für ganz kurze Zeit. Notfalls wird aufgeräumt oder eingekauft oder die Katze gestreichelt oder ein Kind angebrüllt oder eine Beziehung geschieden oder heimlich 'ne Fla-

sche Sekt geöffnet, oder ein schlechter Roman oder ein Krimi muß her. Kriminalromane sind bei den Frauen von heute beliebt, besonders »Frauenkrimis«.

Ich weiß, warum. Kein Krimi macht uns wirklich Angst, denn Krimis sind überschaubar. Krimis lese ich wie Liebesromane. Ich freue mich an der geschriebenen Ordnung und daß alles so ausgeht, wie erwartet, und daß sich die Personen an bestimmte Spielregeln halten und spätestens nach jeder zweiten Niederlage ein Erfolg für die Heldin angesagt ist. Kriminalromane sind wie Strickmuster oder gereimte Gedichte im Vergleich mit dem wirklichen Leben.

Ich lebe nämlich im Chaos. Wenn es stimmt, daß das Private politisch ist, dann ist diese Welt ein einziges Chaos.

Ich bin erstaunt über jeden Tag, den ich gemeistert habe; über jeden Tag, der ohne größere Skandale und Katastrophen vorbeigezogen ist; über jeden Tag, an dem die Erde sich einfach weiter gedreht hat, als wäre nix gewesen.

Ich bin eine von denen, die sich »hochgearbeitet« haben. Immerhin. Von der Aushilfsnachtwache und Sozialhilfeempfängerin zur Journalistin und Buchautorin. Nicht, daß ich davon sorgenfrei leben könnte, aber ich lebe doch angenehmer und besser als vor zehn oder zwanzig Jahren. Zur Not könnte ich wieder Treppen putzen gehen oder Aushilfsverkäuferin sein oder Nachtwachen im Krankenhaus machen. Zur Not? Nein, es geht nicht um echte Not – vorm Hungern muß ich keine Angst haben. Das nicht. Und trotzdem bin ich nicht zufrieden.

Ich bin sogar meistens nicht zufrieden. Meistens gefällt mir nicht, was mit mir und um mich herum passiert. Meistens haben sogar die Momente von Glück, Erfolg oder Aufgehobensein schon den schalen Beigeschmack des Schnellvergänglichen, der Einsamkeit oder des Kompromisses. Nie ist die Utopie vom Zusammenleben der Menschen in Freiheit und Gleichberechtigung flüchtiger als im Moment des Ausprobierens.

Feministinnen leben zwischen allen Stühlen. Von Sesseln ganz zu schweigen.

Christina Thürmer-Rohr nennt das »Vagabundin« sein, Alice Schwarzer spricht von »Piratinnen«, und italienische Feministinnen versuchen eine utopische Beschreibung darüber, »wie weibliche Freiheit entsteht«. Mindestens in einem Punkt sind sich alle einig: Wir kennen sie noch nicht, unsere Freiheit, und schon die Ahnungen und Utopien darüber machen uns heimatlos und unsicher.

Unaushaltbar wird es, wenn wir trotzdem so tun, als sei alles in Ordnung, wenn wir uns gegenseitig vorlügen, das Chaos in uns und um uns herum im Griff zu haben. Nichts ist in Ordnung!

Auch wenn wir Wohnungen putzen oder besitzen, Marmelade anfertigen oder teure Lokale besuchen, regelmäßig zum Friseur gehen oder gar einen Quotierungsjob abgekriegt haben: Das ist zu billig, und der Preis ist zu hoch. Es fehlt den Frauen nach wie vor an Macht, an Geld, an Rechten, an Solidarität, an Erfahrung, an Geschichtsbewußtsein, an Verbündeten, an Auseinandersetzungen um Moral und Utopien. Selbst die Privilegiertesten unter uns können den Mangel auf Dauer nicht weglügen.

Die hiesige Frauenbewegung hat einiges erreicht: sie war und ist für diejenigen, die mit ihr erwachsen wurden, ein Stück Lebenshilfe und Zuhause, ein Stück Unterstützung im privaten Alltagskrieg, ein Stück Raum und Zeit für das Erfahren weiblicher Daseinsberechtigung. Selten war sie politische Heimat.

Dafür gab es von Anfang an zu viele Differenzen über gemeinsame Utopien: Es ist eben ein Unterschied, ob die feministische Utopie von der Gleichheit aller Menschen träumt oder von weiblicher Gleichberechtigung innerhalb der herrschenden kapitalistischen Machtstrukturen oder vom moralischen Bessersein des weiblichen Menschen gegenüber der männlichen Spezies. Und es ist ein Unterschied, ob der utopische Traum sich um Toilettenpapier dreht oder um Bütten fürs

Briefeschreiben, oder ob wir Toilettenpapier und Briefpapier für alle fordern oder das alles noch in Recycling-Ausfertigung haben wollen, um den tropischen Regenwald zu schützen. Es ist ein Unterschied, ob die utopischen Träume einer feministischen Gesellschaft im Widerstand gegen kapitalistisch strukturierte, patriarchale Machtverhältnisse entstehen oder in einer behaupteten Harmonie mit Göttinnen und dem Sternenhimmel.

Das einzige, was »unsere« Frauenbewegung in der BRD im Jahre 1989 noch verbindet, ist die Unzufriedenheit mit den gegebenen Verhältnissen. Die Frage warum, wann und auf welche Art und Weise Veränderungen stattfinden sollen, ist bereits ein heißes Eisen und deshalb tabuisiert.

Die neue Frauenbewegung hat in den vergangenen Jahren ähnliche Euphorien, Mängel und Niederlagen erlebt wie die »Linken« im Lande, jedoch immer noch ein bißchen mehr Rückgrat und Durchhaltevermögen bewiesen als diese. Das ist kein Wunder, denn Frausein ist im Gegensatz zu »Links-Sein« kein veränderbarer Zustand.

Allerdings sind aber auch die meisten kleinen Siege der Frauenbewegung erkauft - ob gewollt oder ungewollt - mit Verlockungen, Bestechungen und Abfindungen des Patriarchats. Vater Staat hat auch seine privilegierten Töchter an der Kandarre, denn es hat keine grundsätzlichen Veränderungen gegeben bei der Verteilung von Macht. Einige von uns erhalten Zuwendungen, um den Ausverkauf mitzubetreiben.

Fassungslos, traurig, besoffen oder depressiv stehen wir vor Scherbenhaufen der alten Ideen und Ansprüche. Wir wollten alles und kriegten Arbeitsbeschaffungsmaßnahmen und Frauenbeauftragte in Kommunen und Parteien, ab und an geschmückt mit einer Senatorin oder Mitmanagerin eines Konzerns. Für die allermeisten Frauen im Land hat sich nichts geändert, von anderen Frauen anderer Länder ganz zu schweigen. Weltweit hat sich die Lage der Frauen und die Lage der meisten Menschen nicht verbessert, sondern verschlechtert.

Politisch gesehen ist Krieg fast überall. Realistisch betrachtet haben wir nur die Wahl zwischen Verdrängung, Kollaboration und Widerstand.

Das heißt, wir haben nichts zu verlieren. Ich will nicht der Moral von »No future« das Wort reden: Wir haben teilweise Wohnungen zu verlieren, Gehälter, Einkommen, Auskommen, Überlebensstrategien. Dies alles sollten wir uns erhalten, wenn es geht.

Freiheit aber ist das noch lange nicht, jedenfalls nicht die, von der wir irgendwann mal geträumt haben.

Das war ja immer das Problem aller Unterdrückten, und es ist auch heute das der Frauen: Widerstand und Utopie zu leben und zu lernen ohne konkrete Vorgabe, ohne Vorbild, ohne Macht. Immer als Pendant der herrschenden Verhältnisse realistisch handeln und utopisch denken müssen. Immer Grenzen gesteckt kriegen - wenn nicht Schlimmeres - und dennoch verurteilt zu sein, für die Überwindung der Grenzen eine Lösung zu finden.

»Das Sein bestimmt das Bewußtsein« habe ich in meinen linken Partei-Zeiten gelernt. Irgendwann wurde ich trotzig ob der Plattheit dieser Aussage und habe mir an meine Wand über's Bett geschrieben: »Das Sein bestimmt das Bewußtsein, also lasse ich es mir gut gehen!« Auch das hat nicht funktioniert. Denn es geht mir nicht immer gut, nur weil ich es so will.

Aber wenn ich es will und mein »Sein« historisch und aktuell einschätzen kann - ich bin eine privilegierte Frau in einem hochindustrialisierten reichen Land in einer riesigen Stadt -, dann kann ich zumindest ab und zu Atem schöpfen und einordnen, warum vieles so ist, wie es ist.

Dann kann ich ab und zu Utopien träumen, statt mich zu beschwichtigen oder zu verurteilen, dann kann ich »politisch« und »privat« trennen und dennoch beides zusammen begreifen. Dann kann ich Ideen entwickeln und Erklärungsversuche überlegen, die dem Ausverkauf unserer Utopien entgegenste-

hen. Dann kann ich Widerstand leisten und die Kraft dafür behalten. Dann kann ich versuchen, die Gründe zu finden dafür, daß unsere Hoffnungen enttäuscht worden sind, und trotzdem diese Hoffnungen nicht zu vergessen oder zu verleugnen.
Es ist Zeit zum Widerstand.
Wir müssen uns um unsere Geschichte kümmern.
Die Frauenbewegung in der BRD hat viele Eltern: Sie ist Tochter einer Überflußgesellschaft, die nach kapitalistischen Bedingungen aufgebaut ist und »funktioniert«. Sie ist aber auch Tochter des Deutschen Herbstes und der »Außerparlamentarischen Opposition«, der APO, aber auch der fünfziger, der vierziger, der dreißiger Jahre. Sie ist Enkelin einer Frauenbewegung zu Beginn des Jahrhunderts, die zu ihrem größten Teil die faschistischen Ideologien der Nationalsozialisten zumindest nicht bekämpft hat. Aber unsere Geschichte ist auch die des – immer noch verschwiegenen – Frauenwiderstandes gegen den Faschismus. Unsere Geschichte ist auch die von der Trennung zwischen »privat« und »politisch«. Unsere Geschichte ist auch die der ausgenützten und zerbrochenen Bündnisse mit den »Linken« aller Zeiten, einer traurigen und scheidungswürdigen Ehe zwischen Feminismus und realsozialistischen Parteien. Unsere Geschichte ist auch die Gradwanderung zwischen »linken« Feindbildern und dem Wissen, daß sie nicht immer für uns stimmen. Unsere Geschichte ist auch die der Abhängigkeiten und Kompromisse von und mit der Männergesellschaft, in der wir leben müssen.
Wir haben uns das nicht ausgesucht.
Wir haben die Wahl nicht. Wir haben höchstens die Wahl zu fragen, wie wir mit all dem umgehen.
Dieses Buch ist keine Analyse der Frauenbewegung. Es ist eine Sammlung von Erfahrungen und Einblicken einer Frau in der BRD, »links« und »feministisch«, zwischen 1968 und 1990.
Vieles habe ich selbst erlebt, manches nur am Rande mitbekommen oder mir erzählen lassen.
Es ist ein Versuch, zu beschreiben und zu berichten, was in

den vergangenen zwanzig Jahren war: Nicht Flugblätter, Pamphlete und Gesetzesentwürfe, sondern vor allem die alltägliche Erfahrung, die wir scheinbar »nebenbei« gemacht haben und machen, und die manchmal ganz unfeministisch ist, bestimmen das Maß an politischer Veränderung.
Der Alltag, das Tagtägliche, das »Normale« und der Umgang mit den »kleinen Ungerechtigkeiten« und Bedrohungen nehmen in der Regel sehr viel mehr Zeit und Kraft in Anspruch, als es scheint – und wir es wahrhaben wollen.
Zwar hat sich in der bewegten Frauengruppe und auch im feministisch genannten Hochschulseminar die Erkenntnis durchgesetzt, daß private Erfahrungen von Frauen politische Bedeutung haben. Landläufig wird dann von geschlagenen Ehefrauen berichtet und von den eigenen Vätern vergewaltigten Töchtern, aber nicht von der Unausweichlichkeit von Gradwanderungen, Arrangements, Kompromissen und Verdrängungen des weiblichen Alltags in der herrschenden Männergesellschaft.
Die Kraft, die es braucht dagegenzuhalten, ist beträchtlich.
Nicht mehr übersehbar haben Frauen bei uns heute in politischen Parteien und Institutionen »was zu sagen«. Sehr selten aber haben sie die Macht und die Möglichkeit, was zu verändern. Frauenpolitik wird auch 1989 in Spielwiesen gemacht. Ausnahmen bestätigen die Regel.
»Weiberkram« – rümpft der Gewerkschaftssekretär immer noch die Nase, wenn es um die Situation der weiblichen Angestellten im Betrieb geht. Hamburgs Erster Bürgermeister hört provokativ gar nicht erst zu, wenn über ein Quotierungsgesetz in der Hamburger Bürgerschaft scheinbar demokratisch debattiert wird. Bei einem Parteitag der bundesdeutschen »Grünen« werden die ursprünglich geladenen feministischen Referentinnen ausgeladen, weil die politischen Umwälzungen in der DDR »Fachpolitiker« auf dem Podium verlangen und eine solche Debatte Frauen nicht zugetraut wird.
Wie Frauen bei uns Kinder kriegen und aufziehen, wie sie Be-

rufstätigkeit und traditionell immer noch verlangte Haushaltsaufgaben unter einen Hut kriegen, wie Frauen mit dem alltäglichen Sexismus klar kommen, mit der permanent vorhandenen Vergewaltigungsbedrohung, mit dem jovialen Unterton in der Stimme des Chefs, mit der Machtlosigkeit und dem Alltagskrieg auf allen Ebenen, während die Lüge von »Gleichberechtigung« grassiert und beinahe vorwurfsvoll erhoben wird; das alles sind keine politisch anerkannten Themen.

Weiberkram!

Frauenalltag, Frauenpolitik, Frauenprobleme sind Weiberkram. Nuancen gibt es höchstens im Maß der Nichtachtung, Verachtung oder der Anerkennung als zweit- oder drittrangiges Thema.

Wir verdrängen das oft. Das ist verständlich, weil es weh tut. Erstaunlicherweise verdrängen wir aber auch unsere Radikalität und unseren Mut, mit den Realitäten zu leben und dagegen Widerstand zu leisten, privat und politisch.

Mut erfordert es zu wissen, daß »beim nächsten Mann« eben nicht alles anders ist, und die Chose auch deshalb nicht erklärlicher wird, »weil Frauen zu sehr lieben«.

Mut und Radikalität erfordert es, mit all den Enttäuschungen und Ausverkäufen »frauenbewegter« Politik nicht die Utopie des Feminismus, den Traum von einer gerechteren Welt, zu verlieren.

Radikalität erfordert es, im Widerstand zu leben gegen Frauenunterdrückung und gegen die politischen Verhältnisse eines reichen Landes, die genau von dieser Ausbeutung der Unterdrückten überhaupt nur existieren können.

Mut erfordert es, das zu wissen und nicht zu schweigen. Radikalität erfordert es, Erfahrungen zu machen und sich davon nicht unterkriegen zu lassen.

Fast grenzenlosen Mut erfordert es zu erkennen, daß die »Frauenfrage« untrennbar verbunden ist mit der »Klassenfrage«; wer hat die Macht und das Geld und die Möglichkeiten? Radikalität erfordert es, zu erkennen und sich dagegen zu stel-

len, daß uns unsere kleinen Siege anscheinend immer auf Kosten anderer zugestanden werden. Mut erfordert es, sich nicht einzulassen auf die Privilegien und Versprechungen der Machthabenden um den Preis des Verrats an Utopien und Solidarität. Feministinnen sind Piratinnen und Vagabundinnen auf der Suche nach weiblicher Freiheit.
Es ist Zeit zum Widerstand! Nicht kleckern, sonder klotzen! Das, was wir bisher erreicht haben, ist nicht mehr als die Erlaubnis des waffenlosen Anpassens, privat oft, politisch immer.
Wir brauchen mehr.
Wir brauchen Freiräume und Erfahrungsaustausch. Wir brauchen Streit und Solidarität, Stolz und Geschichtsbewußtsein. Vor allem brauchen wir Geld und Macht, gegenseitige Anerkennung und gegenseitige Unterstützung. Handlungsfähigkeit, Übungsmöglichkeit, verstehende, da wissende, solidarische Umgehensweise mit Begrenzungen. Unsere Grenzen werden nur durch unsere Utopien bestimmt.
Immer noch sind Revolutionen angesagt, so unmodern das auch klingen mag.
Das ist das Fazit meiner Erfahrungen. Ich hoffe, daß viele Frauen ein ähnliches Fazit ziehen. Zweifeln, Nachdenken und Weitermachen kann uns nicht schaden. Wir haben wenig zu verlieren.
Wir haben eine Zukunft und eine Vergangenheit. Es reicht nicht, unsere Fähigkeiten in Marmeladengläsern zu verstecken. Wir wollen mehr, und wir können mehr.

Für Lena und Björn

Kassel 1978: Von außen gucke ich mir die Fenster der fremden Wohnung an. Eine Palme sehe ich und einen dunkelvioletten Samtvorhang. Ist es noch wie früher?
Ich entscheide mich für die Erinnerungen – wie es war vor zehn Jahren. Der liebe Björn und alles drumherum. Und klingele. Ich klingele bei Björn und keinesfalls bei Lena. Lena fällt mir erst beim Drücken des Klingelknopfes ein.
Ich klingele und nichts passiert. Ich klingele wieder. Stille. Mechanisch zünde ich mir eine Zigarette an. Komme gar nicht auf die Idee, wieder zu gehen. Es ist wie früher. Ich weiß es, ohne daß mir Zweifel kommen. Ich rauche zu Ende und drücke wieder auf den schwarzen Knopf, neben dem der Name des alten Freundes steht, den ich so lange nicht gesehen habe. Ich bin wieder in Kassel. Die Tür geht auf. Björn steht da und grinst. Freude, Freude. Björn und ich.
Vor zehn, elf, zwölf Jahren ging ich immer zu Björn. Ich war siebzehn, achtzehn Jahre alt und schwänzte die Schule oder ging in den Arbeitspausen zu Björn. Immer, wenn ich irgendwie konnte, stieg ich die Treppen zur Dachwohnung in der Kasseler Innenstadt hoch, sieben Stockwerke. Manchmal morgens, wenn er noch schlief; dann habe ich gewartet, bis er aufstand. Es gab einen Hintereingang; der war nie abgeschlossen. Ich ging immer zu Björn. Ich glaube, damals mit siebzehn, ging ich nie zu Lena.
Björn war ungefähr zehn Jahre älter als ich. Er war der erste und ist einer der seltenen Männer in meinem Leben geblieben, der mich weder als Antatschfrau noch als kleines Mädchen oder Tochter behandelt hat.
Unsere Beziehung bestand aus miteinander denken, fühlen, reden, gernhaben, teetrinken. Wir haben oft zusammen geredet, drei Jahre lang. Björn war meine Zuflucht, ein Zuhause. Er

hat mich nie benutzt, nie ausgenutzt. Das ist mir erst viele Jahre später aufgefallen, nach anderen Erfahrungen, auf die auch Björn mich nicht vorbereitet hatte. Er war anders mit mir als die meisten anderen; damals dachte ich, das sei normal so. Später hörte ich von einer meiner Schwestern, Björn sei mit anderen Frauen anders umgegangen als mit mir. Ich mag es mir nicht vorstellen. Ich glaube es nicht. Vielleicht war ich ja seine Muse zum Reden damals.
Björn ist Maler. Künstler. Er jedenfalls war meine Muse damals, ein Mann zum erwachsener werden. Wie wäre ich ohne Björn geworden, ohne den Tee, ohne das nie verletzte Vertrauen?
Ich war süchtig nach Erfahrungen. Ich war achtzehn. Aus gutem Hause, wenn auch arm und kinderreich. Vaterstreß, Mutterstreß, Geschwisterstreß. Süchtig war ich nach allem, was anders war als zu Hause, neugierig, klug und wach im Kopf. Der Bauch war ein unbekanntes Wesen. Und die Sucht nach Menschen und Erfahrungen war eingesperrt in Angst und Unsicherheit, vor allem Unsicherheit. Ich hatte soviel Lust auf die Welt und wußte noch nicht einmal genau, worauf. Und ich wollte weg von Kassel. Das wußte ich.
Die Lippen malte ich mir mit Penatencreme weiß und die Augen ganz schwarz mit Mascara und Eyeliner. Ich trug die »Zürcher«, wenigstens die »Frankfurter Rundschau« oder ein Büchlein von Adorno im Arm, wie beiläufig. Für die anderen. Ich verstand nicht, was ich mit mir herumtrug, das meiste jedenfalls nicht. Nie hätte ich das zugegeben. Im Gegenteil, ich hatte ja schon gelernt, trotzdem darüber zu reden.
Täglich Tee bei Björn. Oft kamen viele verschiedene Leute, meistens waren es Männer. Es gab immer nur Tee. Und Zigaretten. Und Gespräche. Es gab bei Woolworth noch Zehnerpackungen Zigaretten für sechzig Pfennig. Einmal kam Astrid Proll mit einem tragbaren Kassettenrecorder. Das war das Allerneueste, bis dahin gab es nur Uher-Tonbandgeräte. Die Stones spielten »I can't get no satisfaction«. Ich war hingeris-

sen von diesem Song. Astrid Proll ist später berühmt geworden als eine der wenigen, die die Isolationshaft lebendig überstanden haben nach so langer Zeit.
Öfter war Donnerstag da, das war ein Freund von Björn und auch ein Künstler. Der war immer ganz blaß. Er soll heute reich sein, Besitzer eines Antiquitätengeschäfts. Er war ein schöner Mann damals, ganz anders als Björn. Björn hatte aber immer liebe Augen.
Und selten kam Paul. Der wohnte in Berlin. Ich glaube, er hat dort studiert und war dabei bei den Demonstrationen. Irgendwann später war er auf Drogen. Er hatte einen Freund, in den ich mich verliebt habe, der hieß Jan. Wir waren zusammen beim Kirchentag in Hannover, und auf dem Rückweg haben wir im VW hinten geknutscht. Jan studierte Theologie. Als ich ihn Ende der siebziger Jahre wieder traf, war er Pfarrer und im KB. Das habe ich nie verstanden, wie das zusammen geht.
Wir waren alle in der ESG, alle, die sich auch für Politik interessierten, denn es gab in Kassel noch keinen SDS. Wir haben Geld gesammelt in der Weihnachtszeit für Nordvietnam und Flugblätter verteilt gegen Kriegsspielzeug. Fast alle Leute waren damals noch für den Krieg der USA in Vietnam. Fast alle waren offen kommunistenfeindlich. Manche gaben trotzdem fünfzig Pfennig in unsere selbstgemachten Spendendosen. Es war einerseits ein Joke, ein Happening; aber nicht nur. Es reicht zu wissen, wie es ist, wenn dir zehn Leute hintereinander vor die Füße spucken oder Ohrfeigen anbieten, haben wir gedacht.
Wir konnten damals die Bilder von diesem Krieg nicht ertragen. Mit »wir« meine ich alle, auch die Männer, die bei Björn und in der ESG waren. Das war ja neu im Fernsehen, diese Bilder vom Krieg, und das war neu in den Zeitungen. Wir haben wirklich noch fast gekotzt bei den ersten Fernsehaufnahmen und Haß gespürt und Seminare gemacht über »Ästhetik und Fernsehen« und Walter Benjamin gelesen. Wir haben die Bilder aus Vietnam kaum geglaubt.

Dabei hat der Piedro sich damals schon die Haare grün gefärbt, um bei der Bundeswehr-Musterung durchzufallen, und das war eine Kunst in den Sechzigern. Piedro war Dichter. Ich habe mit ihm für Nordvietnam gesammelt in der glitzernden Weihnachts-Innenstadt von Kassel. Heute hat er einen Klamottenladen; es heißt, er habe zwei Frauen und viele Kinder. Irgendwann haben eine meiner Schwestern und ich herausgefunden, daß er damals, Ende der Sechziger, versucht hat, gleichzeitig mit uns beiden anzubändeln, der sensible Dichter und Vietkong-Kämpfer. Jähzornig soll er sein heute. Es heißt auch, daß er seine Hauptfrau verprügelt, der Dichter. Meine Schwester und ich haben gelacht, als wir das hörten. Gelacht wohl aus Erleichterung darüber, daß wir beide nicht Piedros Frau geworden sind.

Wir haben Wut gespürt untereinander damals und Liebe. Bei Björn habe ich Liebe gespürt unter den Menschen. Tee und reden. Alles bereden. Zusammen Kuchen backen für Leute im Knast. Auch für die »Kaufhausbrandstifter«; da war Andreas Baader dabei. Ich war dagegen, daß Krieg ist in Vietnam und deshalb für die Frankfurter Kaufhauszündler.

Ich war wunderbar gerecht damals.

Alle waren wir es. Und alle waren wir arm. Niemand hatte eine teure Einrichtung, niemand hatte teure Klamotten. Es gab Tee und sonst nix. Es gab Gespräche und Aktionen. Eine Demonstration in Kassel war eine Aktion. Und zwischendurch ging ich zu Björn. Habe mich regeneriert dort und aufgehoben gefühlt.

Ich habe, das weiß ich heute, mich auch bei Lena regeneriert. Mindestens bei beiden. Ich wußte nicht, was es bedeutet, eine Beziehung mit einem Mann zu leben. Ich kannte ja nur meine Eltern.

Lena war fast nie da, Björn war fast immer da, saß am Tisch, für uns. Bei ihm war es nicht nötig, eine Schau abzuziehen, intellektuell oder künstlermäßig zu tun. Ich habe die Gespräche an diesem Tisch bis zu meinem letzten Tag in Kassel aufgesaugt. Ich dachte, es geht weiter so, gleichberechtigt reden. In diesen Gesprächen habe ich leben gelernt: fordern und verweigern und mich wichtig fühlen. Immer, wenn ich das vergessen hatte, war ich unglücklich.

Freude. Freude. Zehn Jahre später, 1978, macht dieser Mensch die Tür auf und grinst. Ich grinse zurück. Ich wußte, er macht die Tür erst auf, wenn fremde Leute schon längst gegangen sind; ich habe es immer noch gewußt nach der langen Zeit der Veränderungen, und es stimmte noch immer.

Außer grinsen kann ich erstmal nix, da ist zu viel, was ich ihm erzählen will und zu viel, was ich ihm verschweigen will. Die Partei, die Kinder, die Ehen, die Wohnungen, die Traurigkeiten. Ich bin wieder da, will ich sagen und sage: Na? Es ist so viel passiert, ich bin erwachsen geworden: Arbeitsstellen, Vergewaltigungsversuche, verlorene Revolutionen – ist das erwachsen werden?

Ich hab' so gar nichts vorzuweisen, außer, daß ich da bin.

Und dann macht Björn die Tür auf und grinst und freut sich und erkennt mich, und wir rutschen beide zehn Jahre zurück mit unseren Geschichten. Dieses Grinsen. Es gibt ein bestimmtes Grinsen von Björn, da bilde ich mir ein, das ist extra für mich. Es ist für mich! Es ist egal, ob es mir gut geht oder schlecht. Ich bin zu Hause, jedenfalls dort, wo ich jetzt sein will. Ich weine und lache, so vieles wird nebensächlich. Björn ist da und zeigt mir seine Bilder, die Staffelei, seine neuen Skizzen. Er erzählt von einer Italienreise mit Lena. Später gehen wir Bogenschießen in den Auepark. Hat er sich nicht verändert?

Ich habe mich sehr verändert, glaube ich. Ich stelle Fragen, auch über früher: Wie war das mit Lena damals? Wie lebt ihr heute? Björn schenkt mir einen Text, mit dem ich so wenig anfangen kann. Auch mit seiner Malerei kann ich nichts anfangen, kann mich nicht darauf einlassen, bin so gefangen in meinem eigenen verworrenen Leben, das ich gerade versuche, in andere Bahnen zu lenken.

Abends treffe ich auch Lena. Lena ist die Lena aus Kassel für mich, aber noch nicht so lange wie es Björn gibt. Ich brauchte Zeit, viel zu viel Zeit, um Lena lieb zu haben. Seit dem ersten Tag in der Wohnung 1966, seit dem ersten Tag mit Björn, wußte ich von Lena. Schon immer weiß ich von ihr, hab' sie gesehen und nicht gesehen. Lena war einfach die Frau von Björn, hat keine Rolle gespielt. War unsichtbar oder war die Meckerin. Sie hat immer gesagt: Nimm eine Tüte Müll mit runter! Nimm nicht meine Zahnpasta! Seid leise, der Kleine schläft! Lena hat auch manchmal so geguckt, wenn sie von der Arbeit kam, wie eine eifersüchtige oder traurige Frau, wie eine Spielverderberin, wie eine, die statt der Gespräche den öden Alltag wichtig nimmt. Lena war die Frau von Björn, und ich war siebzehn. Ich mochte meine Mutter nicht mit siebzehn, und die meisten anderen Frauen fand ich auch blöd. Lena war mir egal damals.

Dabei war sie es gewesen und nicht Björn – und das fällt mir jetzt zehn Jahre später ein –, die damals, als ich achtzehn wurde, an meinem Geburtstag vorbeikam und mich abholte von meinen Eltern, mit denen ich Streit hatte, und mir einen Geburtstagstisch gemacht hat mit einem Kuchen, in ihrer Wohnung, in Björns Wohnung.

Lena hat damals bei einem Verlag gearbeitet und hatte ein kleines Kind, der ist jetzt groß. Ich habe ihren Sohn nie mitgekriegt, damals. Sie brachte ihn morgens vor der Arbeit zu ihrer Mutter, verdiente das Geld für unseren Tee und unsere Wohnung bei Björn und die Kohlen und holte den Sohn wieder ab und kam erst zurück, wenn wir unseren Tee schon längst ausgetrunken hatten. Auch die Demonstrationen waren dann schon vorbei. Ich weiß nicht, ob Björn und Lena damals schon verheiratet waren. Auch das war mir egal. Als Björn fast gestorben ist nach einem Autounfall und in der Intensivstation lag, erlaubte sich Lena Umarmungen mit mir und gemeinsame Besuche im Krankenhaus und gemeinsame Angst um Björn.

Lena, die Unsichtbare mit den roten Haaren. Jetzt ist sie da. Als mein erstes Kind geboren wurde, dachte ich in den Wehen: Die Lena hat das auch geschafft! Meinem zweiten Kind gab ich den Namen von Lenas Sohn, obgleich ich mich nicht bewußt daran erinnerte. Als ich sie jetzt wieder sehe, fällt mir das ein. Lenas Zimmer sieht aus wie meins: Bücher, Wäscheständer, Kleinkram, ein besticktes Kissen. Pflanzen, »Emma«, »Stern«, »Spiegel«, ein großer Arbeitstisch, Bilder, Gewühle. Lena macht seit einigen Jahren Frauenpolitik und arbeitet in einer Beratungsstelle für »Familienplanung«. Sie ist die erste Frau, die mir sagt, das Problem liegt darin, wie die Leute miteinander vögeln.

Björn wirkt anders – neben Lena. Heute sehe ich beide zum ersten Mal zusammen und einzeln, gleichzeitig. Lena fragt viel und hört zu. Ich berichte zögerlich von Auswanderungsgelüsten und dem Frust mit der politischen Arbeit. Ich war in einer »K-Gruppe« bis vor einigen Wochen, bin noch nicht ganz abgenabelt dort. Björn sagt: Deinen Ängsten kannst du nicht davonlaufen. Du willst ja die Widersprüche. Du trägst ein Gewehr mit dir herum, heimlich. Er sagt das ein wenig vorwufsvoll und beratend. Lena sagt: Er hat recht.

Aber sie lacht dabei und guckt mir in die Augen. Björn hat nicht gelacht.

Ich gehe von Lena und Björn. Oder mehr von Lena?

Krankenhäuser und Deutscher Herbst

Kassel 1978: Ich bin auf dem Weg zum Stadtkrankenhaus. Ich bin Krankenschwester, aber das darf ich so nicht sagen oder schreiben, denn ich bin eine »Ungelernte«.

Ich habe zwar sechs Jahre als Pflegehelferin und Krankenschwester gearbeitet, aber ich habe die Examensprüfung nicht; man hat mich während der Ausbildung entlassen. Ich war politische »Extremistin«, aber ich habe damals nicht gegen meine Entlassung gekämpft, bin einfach nicht mehr zur Arbeit gegangen. Die Kündigung kam mir eigentlich gelegen damals, denn es ging mir schlecht in diesem Beruf. Ich hatte Magengeschwüre und Träume. Die Träume habe ich jetzt noch manchmal. Es sind Alpträume.

Die Nachtwachen. Es war ein Tip der Hamburger ESG. Ich suchte damals, 1971, dringend Arbeit. In Hamburger Krankenhäusern wurden Nachtwachen gesucht. »Sitzwachen« bei Schwerstkranken, »Laufwachen« auf Stationen, wo viel zu tun war. Das waren Studentenjobs.

Ich wurde Nachtwache im Hamburger Elisabeth-Krankenhaus, bekam auch ein Zeugnis dort später. Nach vierzehn Tagen Anlernzeit war ich allein zuständig für zwei Stationen. Ich war damals – offiziell – Kunststudentin und praktisch veranlagt: konnte in zwei Stunden den Unterschied zwischen einer Schmerzpille und einer Beruhigungstablette begreifen. Man hat mich dafür bezahlt. Es war das Krankenhaus, in dem Dr. Lindemann seine Sterilisationsversuche mit Ausländerinnen und armen Frauen aus dem Viertel gemacht hat. Er hat ihnen vorher nicht gesagt, heißt es, was er operierte. Es waren diese beiden Frauenstationen, auf denen ich gearbeitet habe.

Später, nach über vier Jahren Praxis insgesamt, meldete ich mich zur Schwesternausbildung an bei der Freien und Hansestadt Hamburg und wurde Lernschwester, drückte die Schulbank. Wurde Jugendvertreterin, Mitglied des Betriebsrates, Gewerkschaftsvertreterin in einem großen Krankenhaus. Ich wurde Lernschwester, weil mir die Ideen ausgegangen waren, was es sonst noch gab. Ich wußte, das kann ich.

Es war schlimm. Man brachte uns bei, wie's klappen soll, daß eine oder zwei Schwestern zwanzig oder dreißig sehr kranke Menschen »betreuen«.

Das erste, was du lernen mußt, ist Abgebrühtheit und Distanz, das zweite ist Hygiene, und das dritte ist: Ja, ich komme gleich! Und dann noch, daß Ärzte immer recht haben, egal, was für einen Scheiß sie machen. Das lernst du auch.

Wir haben in der Ausbildung auch ein unterirdisches Krankenhaus in Wedel bei Hamburg besichtigt, als Vorbereitung auf Katastrophenfälle. Von Krieg war die Rede und Atomunfällen. Daß es Atomkraftwerke gibt, wußte ich Anfang der siebziger Jahre noch nicht.

Als mir gekündigt wurde, war ich froh. Kurze Zeit später wurde ich schwanger und bekam eine Tochter. Drei Monate nach der Geburt war ich wieder Krankenhaus-Nachtwache. Zwei Jahre später bekam ich einen Sohn. War in zweiter Ehe verheiratet mit einem Hafenarbeiter und arbeitslos.

Wir wollen jetzt, 1978, nach Adelaide in Australien, haben Erkundigungen eingezogen, Formulare erhalten. Wir wollen auswandern.

Die Bedingungen sind streng. Ich habe weder Geld noch eine abgeschlossene Berufsausbildung, und als nur »Ehefrau« will ich nicht in ein fremdes Land gehen. Fraglich ist auch, ob man mich nehmen würde ohne Beruf in Australien. Deshalb muß ich die Krankenschwesternausbildung zu Ende machen, damit ich was »Sicheres« habe für die Einwanderungsbehörden und für mich selbst. Die Ehe mit dem Vater meiner Kinder ist auch nicht das Gelbe vom Ei, weiß ich, aber irgendwie muß ich da durch. Ich beiße die Zähne zusammen und »will« Krankenschwester werden. Ich versuche deshalb, wieder einen Ausbildungsplatz zu bekommen. In Kassel.

In Hamburg, fürchte ich, würde man mich nicht nehmen, denn es gab ja auch politische Gründe für meine Entlassung aus dem Öffentlichen Dienst. In Kassel bin ich die Tochter eines Lehrers der Krankenpflegeschule, da wird man nicht Akten wälzen, hoffe ich, und auch nicht die Computer fragen.
Ich habe einen Termin mit der Oberin des Stadtkrankenhauses: Haare bürsten, ordentliche Bluse anziehen, gepflegt und gebügelt – ich hasse bügeln! –, Lebenslauf zurechtüberlegen.
Ich versuche, meinem Leben ordentliche Strukturen zu verleihen, glaubhafte. Glaubhaft und ordentlich ist der Gatte, der dem Berufsleben der Gattin nicht wohlgesonnen war. Unglaubhaft und unordentlich ist das Unvermögen, den Krankenschwesternberuf ungebrochen ausüben zu können. Unglaubhaft und unordentlich wäre es, wenn ich sagen würde, wie es ist: Ich bin Krankenschwester, denn ich habe jahrelang im Krankenhaus gearbeitet, jahrelang an die dreißig, fünfundvierzig, sechzig Patientinnen alleine versorgt und »bewacht« in der Nacht, darunter Intensivfälle und Frischoperierte, Sterbende und Gebärende. Unglaubhaft und unordentlich wäre es zu sagen: Ich habe Angst. Ich hatte oft so unaushaltbare Angst, etwas falsch zu machen. Ich habe mir ja das meiste selbst beigebracht in den Nächten und mir so manchen Anschiß geholt bei den diensthabenden Ärzten, weil ich sie nachts gerufen habe in meiner Angst.
Zähne zusammenbeißen. All diese Gewerkschaftsarbeit ist lächerlich und oberflächlich im Krankenhaus. Lohnerhöhung! Als ginge es darum! Krankenhäuser sind Warenhäuser, Angsthäuser, Lügenhäuser. Die lateinischen Beschwörungsformeln helfen nicht weiter. Falsches Lächeln und falsche Dankbarkeiten im Angesicht des Todes.
Ich will nie wieder im Krankenhaus arbeiten, denke ich.
Und werde, wenn alles klappt, genau das wieder tun. Ich fahre mit dem Taxi zum Vorstellungstermin. Zerplatze fast mit meinen Widersprüchen. So will ich mir wenigstens ein Taxi gönnen, das ich mir eigentlich gar nicht leisten kann.

Bin plötzlich im Vorzimmer der Oberin. Schreibtisch, zwei Stühle, Kahlheit. Eine ältere Dame sitzt mir gegenüber. Ich möchte mit ihr nicht tauschen, möchte ihren Beruf nicht haben. Ich stelle mich dar als junge, begeisterte Krankenschwester, die leider ihre Ausbildung wegen einer mittlerweile geschiedenen Ehe und zweier Kinder abgebrochen hat. Ich berichte wahrheitsgemäß von meinen sehr guten Zeugnissen und Stationsbeurteilungen, erwähne, daß ich mich sogar im Personalrat eingesetzt habe, plaudere. Die ältere Dame plaudert auch mit mir.
Wir wissen beide, daß wir lügen.
Sie versucht, mich auszuhorchen mit dem Ziel, keine unbequeme Krankenschwester unter ihre Fittiche zu kriegen. Das kann sie sich nicht leisten. Ich säusele vom Pflegeberuf, während in meinem Kopf nur noch Krisen stattfinden. Eigentlich, will ich ihr sagen, eigentlich bin ich ein Kuckucksei. Aber ich flattere nicht einmal mehr mit meinen Flügeln, so sehr bin ich enttäuscht, verzweifelt und erschöpft über die gegenwärtige Situation meines Lebens.
Ich starte anscheinend wirklich einen Versuch, mich anzupassen und Ordnung und Bürokratie und nocheinmal Ordnung in mein Leben zu bringen. Erklärlich, überschaubar und vor allem unverdächtig zu sein. Der weiße Kittel und die kleine Plakette, ordentlich erworben und zu Recht getragen, erscheinen mir dazu Mittel und Weg. Als wüßte ich nicht, daß Erfahrung und Weisheit und dazu noch die Menschen zu lieben, viel wichtiger wären. Es ist nicht die Zeit für Utopien im Herbst 1978. Ich bin eine gute Schauspielerin.
Ich bestehe das Gespräch. Die Oberin gibt mir die Adresse des Kasseler Obermedizinaldezernenten. Dies sei ein außerordentlicher Vorgang, sagt sie, und ich solle mich freuen, denn sie habe bereits mit ihm telefoniert und er sei bereit, mit mir zu reden. Die Entscheidung würde er treffen; immerhin ginge es darum, daß ich außerhalb der ordentlich vorgeschriebenen Abläufe meine Schwesternausbildung zu Ende bringen wolle.

Sie sei dafür und ich ihr symphatisch. Der Termin mit dem Herrn Obermedizinaldezernenten sei jetzt gleich, ich solle in einer Stunde dort sein.
Ich fahre mit der Straßenbahn zum Regierungsgebäude. Das geht mir alles zu schnell. In der Straßenbahn überlege ich unordentliche Dinge. Ich bin erschrocken, wie schnell Ordnung geht. Ich überlege mir, was das wohl für einer ist, ein Herr Obermedizinaldezernent. Gibt es auch Obermedizinaldezernentinnen?
Bis heute habe ich nie einen gesehen von Angesicht zu Angesicht. Hatte mit Stationsärzten zu tun, auch Chefärzten, auch Krankenhaus-Chefs. Der erste »Chef«, den ich kennenlernte, war Dr. Lindemann vom Hamburger Elisabeth-Krankenhaus. Als Dauernachtwache erhielt ich seine Telefonnummern für den Fall des Falles, nämlich dafür, daß eine seiner wichtigen Privatpatientinnen eingeliefert würde zu einer chefärztlichen Geburt. Aber das war selten. Dafür umso vielseitiger, was die Telefonnummern betraf: zu Hause, Yachtclub, eine Bar, das Haus auf Sylt und der Tennisclub.
Chefarzt Dr. Lindemann: Mode-Gynäkologe in den siebziger Jahren in Hamburg, Frauenfreund wurde er genannt. Er war immer braungebrannt und selten da. Mittlerweile hat er sich wissenschftliche Lorbeeren verdient mit seinen Sterilisationsversuchen an Frauen. Die anderen Ärzte nahmen ihn nicht ernst, hatte ich den Eindruck. Es gab viel Unübersichtliches und Gerüchte und Streß unter den Ärzten und Schwestern. Mehr weiß ich nicht.
Aber fast alle hielten dicht. Zu Weihnachten kriegten wir Einkaufsgutscheine fürs »Alsterhaus«, dem modernsten Kaufhaus Hamburgs. Es gehörte einem Freund von Dr. Lindemann.
Ich war studentische Nachtwache auf Dauer, jeweils zwei Wochen im Monat, Barzahlung. Dreimal die Woche eine Entbindung, zweimal die Woche OP-Tag. Eine Kassenstation und eine Privatstation; die war kleiner und die Patientinnen manchmal berühmt. Einer der Stationsärzte war der Sohn eines ande-

ren Krankenhaus-Chefs. Ein anderer kam aus einem Ostblockland. Er war frech. Ich wollte nicht mit ihm »schlafen«, und er war beleidigt.
Ich wußte bald, was eine Fortralspritze ist und Spasmo-Cibalgin-Zäpfchen und Valium – das waren die am meisten verordneten Medikamente. Ich konnte bald Wehen unterscheiden und krebskranken Frauen Spritzen verabreichen, und man ließ mich auch an den »Giftschrank«, das war aber nicht legal, und ich dürfe es nicht erzählen, sagte man mir. Nichts dürfe ich erzählen. Niemals, wurde mir gesagt, denn die Schweigepflicht würde auch für mich gelten, auch wenn ich keine Krankenschwester sei.
Die meisten Ärzte wollten nachts nicht gestört werden; sie wollten, daß ich die Medizin austeilte und die Schwangeren betreute, bis die Hebamme kam. Und für die Patientinnen, die Schmerzen hatten, wurde mir gesagt, was sie an Spritzen kriegen durften, und allmählich überblickte ich das dann auch selbst. Ich habe mich danach gerichtet, denn es machte mir ja Spaß, das selbständige Arbeiten, alleine nachts, da war sogar oft noch ein bißchen Zeit zum Lesen, und vor allem kam ich mir richtig wichtig vor und verdiente einigermaßen Geld. Ich wollte diesen Job behalten, auch deshalb habe ich mich an die Anweisungen gehalten, denn damit habe ich damals ja mein Leben verdient und das von Andreas noch dazu. Der studierte an der Kunsthochschule und war mein Liebster. Und ist heute Lehrer.
Ich konnte bald auch die Neugeborenen versorgen, einschließlich der Augentropfen. Wiegen, waschen, anziehen. Ich war nicht lieb zu ihnen. Ich mochte sie nicht besonders, aber sie taten mir irgendwie leid. Ich hatte Angst, sie fallen mir vom Wickeltisch, denn ich wußte nicht, daß sie sich noch gar nicht drehen können in den ersten Stunden.
Sie wurden den Müttern gezeigt und dann in kleine Bettchen gelegt, nebeneinander wie eine Perlenkette; die Mütter bekamen sie nur zum Stillen zu sehen. Wenn sie schrien, war das

normal; nur wenn eines zu lange brüllte, kriegte es etwas Tee. Die kranken Neugeborenen wurden sowieso gleich nach der Geburt in ein Kinderkrankenhaus verlegt; dann fuhr die Hebamme mit einem Taxi und dem Baby in einem tragbaren Brutkasten weg, und ich mußte auf die Frau aufpassen und auf die anderen Patientinnen noch dazu.

Die Frauen, die gerade eine Geburt hinter sich hatten, waren erschöpft und traurig. Sie hatten Durst und Sehnsucht nach Anerkennung und nach dem Kind. Ich brachte ihnen was zu trinken und hielt es schlecht aus, neben ihnen zu sitzen, weil ich Geburten schrecklich fand und auch mit der Kinderkriegerei nichts anfangen konnte. Ich war immer froh, wenn die Hebamme wieder da war.

Es gab nicht oft Komplikationen. Einmal hatte eine sehr bekannte Frau eine Fehlgeburt, von der man mir erzählte; ein sehr behindertes Kind, das zu früh geboren wurde. Ich weiß nicht, ob es lebte oder hätte leben können. Sie taten es weg, in den Abfall.

Die Plazentas der Frauen kamen in eine große Gefriertruhe. Im Kreißsaal stand diese riesige Truhe, denn die Plazentas wurden gesammelt für die Kosmetikindustrie; außerdem wurden in dieser Gefriertruhe auch Eis aufbewahrt und Eistorten, die die Schwestern oder die Hebammen geschenkt bekamen.

Die Geburten fand ich neben den sterbenden Frauen am anstrengendsten. Ich wußte vorher nicht, daß die Frauen schreien und brüllen, wenn sie gebären. Die ersten Male dachte ich, die stellen sich an, und die Hebammen sagten auch: Stellen Sie sich nicht so an! Und redeten mit den Frauen wie mit Unzurechenbaren.

Die Frauen wurden schlecht behandelt, und sie waren die meiste Zeit allein, bis es richtig losging mit der Geburt. Ich habe sie angelogen, den Hebammen Sprüche abgeguckt – ich war deshalb auch beliebt bei den Kolleginnen auf der Station.

Ich ging hart mit den Frauen um, denn ich fand es dumm und belanglos, Kinder zu kriegen.

Ich sperrte mich zu, auch meinen Körper, denn ich hatte wohl mit Unwillen bemerkt, daß, wenn die Hebammenschere die Frau schnitt, ich ein Ziehen in meinem Unterleib verspürte und mir schlecht wurde. Das hatte aber nichts mit dem Blut zu tun, sondern mit dem Vorgang des Zerschneidens der Frau.
Ich lernte, daß Geburten riechen; es ist eine Mischung von Blut und Scheiße und Schweiß und Fruchtwasser und Kind, aber darüber wurde niemals gesprochen. Hinterher wurde gelüftet und alles desinfiziert und das Kreißsaalbett neu bezogen, aber der Geruch war immer da im Kreißsaal hinter den schallisolierten, doppelten Türen.
Wenn die Geburt schwieriger wurde oder zu lange dauerte, drückte die Hebamme auf den Bauch oder der Arzt, der dann kam, oder ich mußte mitdrücken oder der Frau die Hände halten. Es war schwierig, wenn sich während der Geburt ein Risiko einstellte, das einen Kaiserschnitt erforderlich machte. Dann mußten die Ärzte und OP-Schwestern erst zusammentelefoniert werden.
Ich habe nur einmal erlebt, daß eine Frau an einer Geburt gestorben ist. Sie ist ganz lange gestorben, drei Monate lang, hatte eine Sepsis nach einem Kaiserschnitt.
Einmal ist mir nachts eine sehr liebe alte Omi aus dem Bett gefallen, sie hatte auch Krebs und bekam regelmäßig Opiate, und als ich es bemerkte, daß sie auf dem Fußboden lag, war sie tot. Wir haben sie »fertig gemacht«, umgezogen, gekämmt und ins Leichenhäuschen im Garten gebracht. Der diensthabende Arzt hat nichts gemerkt; er hat dann den Totenschein ausgestellt am nächsten Tag. Das war so üblich.
Die Patientinnen haben nicht gemerkt, daß ich keine Ahnung hatte. Ich hatte ja einen weißen Kittel an. Ich war beliebt, denn ich habe geredet und geplaudert mit ihnen, und sie durften ins Stationszimmer zu mir kommen und rauchen. Sie wußten, daß sie wegflitzen mußten, wenn die Hebamme oder der Arzt kam, aber das passierte fast nie unvorhergesehen, weil ich sie ja erst anrufen mußte, wenn sie gebraucht wurden.

Ich habe auch immer die Männer, die mit den Schwangeren kamen nachts, betütelt, ihnen einen Kaffee gemacht oder das Rauchen erlaubt. Sie durften draußen im Flur warten, bis das Kind da war, während sie hinter den Doppeltüren des Kreißsaals oft ihre Frauen schreien hörten. Sie haben das ausgehalten.

Die Frauen haben sich kaum gewehrt. Wenn eine Fragen stellte oder nicht einverstanden war, haben wir sie als hysterisch bezeichnet.

Später, während der Krankenschwesternausbildung, mußte ich Ende des zweiten Ausbildungsjahres wieder in eine Frauenklinik. Eine Frau hatte einen Gebärmutterriß während der Geburt und war schon klinisch tot. Da bin ich nicht mehr hingegangen.

Ich konnte nicht mehr damit umgehen vier Jahre später, mit diesen Handreichungen und Ordnungen, eine Schüssel dort und eine hier; es war noch schrecklicher in der großen Hamburger Geburtsklinik als im Elisabeth-Krankenhaus vorher.

Ich hatte bereits Ideen der Veränderung im Kopf, durch Gespräche mit anderen Lernschwestern und die neuesten Bücher.

Wir waren begeistert von der »Volksmedizin« in China.

Irgendwie merkten wir auch die Erniedrigung der Frauen bei der Geburt, wie das ablief, und schämten uns für die Frauen, aber es war alles unausgegoren und unklar, und wir auf der falschen Seite.

Wir waren in der Ausbildung. Wir waren nur drei Frauen von zweiundzwanzig in der Schwesternklasse, die unzufrieden waren. Wir mußten alle vier bis acht Wochen die Station wechseln. Es war wie ein Film. Einmal erzählte ein Chefarzt bei einer Weihnachtsfeier, daß er besoffen von einer Verkehrskontrolle erwischt worden sei.

Die Polizisten hätten ihn nach Hause gefahren und das Auto noch dazu, und dafür durfte die kranke Frau des Oberbullen auf seine Station als Privatpatientin. Er habe keine Anzeige bekommen, erzählte er.

Ich war hübsch damals. Es war aber nicht so schlimm, denn ich war gerade verheiratet, und der Ring am Finger war sehr praktisch gegenüber anderen Männern.
Einige Ärzte waren zudringlich, besonders nachts. Ich konnte mich meistens wehren. Auch gegenüber den männlichen Patienten war es gut, sich zu wehren. Viele wollten anfassen, am Schlimmsten waren manche alten Männer und junge Unfallverletzte, die behandelten die Schwestern wie Sexobjekte und waren unverschämt.
Die Frauen wollten reden. Eine Patientin war die Mutter von zwei GSG-9lern. Sie erzählte vom Verfolgungswahn ihrer Söhne und starb im Krankenhaus. Sie erzählte, die gingen mit Pistole ins Bett und ließen sich von ihr bedienen, der alten Mutter, und seien in Israel in einem Aubildungslager gewesen. Ich dachte, die spinnt.
Eine erzählte und weinte dabei, daß sie gar nicht krank sei, aber ihre Kinder wollten sie ins Altersheim bringen und hätten das mit dem Hausarzt besprochen. Sie dürfe dort ihre Möbel nicht mithinnehmen und nur einen Koffer voll Sachen. Sie stricke und häkele noch für einen Laden und hätte eine Porzellansammlung, erzählte sie, die hätte sie über den Krieg gerettet. Ich dachte, die spinnt.
Dann kam die Einweisung ins Altersheim. Am nächsten Morgen war sie tot.
Ich habe später Parteiarbeit gemacht, ein halbes Jahr in Dortmund. Die Genossen konnten nicht verstehen, daß ich Krankenhaus hasse. Sie sagten, ich solle eine gute Krankenschwester werden. Sie sagten, ich sei »kleinbürgerlich« mit meinen Frauengeschichten, individualistisch. Die »Frauenbewegung« sei nicht fortschrittlich. Das sei ein Nebenwiderspruch neben der Klassenfrage. Sie tranken Sekt beim »Zentralkommitee« und bei der Redaktion des »Zentralorgans«, dort, wo ich gearbeitet habe. Sie tranken Sekt aus der Parteikasse! Ich klaute Geld aus der Kaffeekasse beim ZK, wußte kaum, wovon die Miete bezahlen und mußte zehn Prozent meiner Einkünfte ab-

geben an die »Partei«. Sie tranken Sekt von meinem Geld! Die Kader, ich hasse sie, besonders die Ärztekader!
Beim Personalrat früher im Krankenhaus gab es Schnaps aus der Betriebsratskasse, nachdem die Entlassungen abgehakt waren. Wir wurden belächelt, wir Jugendvertreterinnen, mit unseren Ideen. Der Vorsitzende des Personalrates im Nachbarkrankenhaus sang »Brüder, zur Sonne, zur Freiheit«, wenn er besoffen war. Er war schon alt. Er soll bei der »Legion Condor« gewesen sein, als er jung war; er war schlimmer Faschist, Mörder, und heute ist er anerkannter Sozialdemokrat ...

Kassel 1978. Mir ist schlecht, während ich in der Straßenbahn sitze und zum Obermedizinaldezernenten der Stadt Kassel fahre, um wieder Krankenschwester zu werden!
Sein Büro ist im Haus neben der Innenbehörde. Ich halte meinen Personalausweis schon in der Manteltasche bereit. So bin ich es gewohnt von Hamburg: Ausweisabgabe, Kontrolle, Laufzettel, Uhrzeit abstempeln.
Es ist Deutscher Herbst.
In Kassel noch nicht. In bin verblüfft. Der Pförtner im Eingang des Regierungsgebäudes sagt schlicht die Zimmernummer und will nichts von mir wissen. Ich träume auf der Treppe, wie einfach es wäre, Herrn Obermedizinaldezernenten abzuknallen. Einfach so.
Es würde sich nichts ändern, denke ich, warum also solche Gedanken?
Auf der Treppe im zweiten Stock kommt ein anderer Gedanke in meinen Kopf: Ändert es wirklich nichts, oder ist es die Feststellung vieler nichtgewordener Krankenschwestern, daß sich nichts ändern würde, die nichts ändert? Ich verbiete mir den Gedanken, bin plötzlich vor dem Zimmer des Obermedizinaldezernenten.
Björn, mein Kasseler Freund, der Maler, dem ich später meine Gedanken verrate, wird vorwurfsvoll zu mir sagen: Du hast ja die Knarre in der Hand, noch immer!

Es sei egal, ob sie wirklich vorhanden ist, oder ausgedacht. Er wird mich tadeln. Es ist die Zeit der Vorwürfe und der Scheren im Kopf.

Er hat noch nie, seit ich mich erinnern kann, so geredet zu mir. Dabei weiß er zweierlei nicht: Wie oft ich solche Gedanken habe und wie selten ich Menschen treffe, denen ich davon überhaupt erzähle. Er hat es so vorwurfsvoll gesagt zu mir. Er wußte nicht, wie wichtig es mir ist, was er sagt dazu. Ich habe gerade meine Revolution verloren und meine Ehe, ich bin in doppelter Trauer und heimatlos. Die Utopien sind weg.

Ich hätte Lust, aber das traue ich mich fast nicht zu denken, so sehr Lust, jemanden abzuknallen, jemanden, der es verdient hat.

Lust ist keine politische Handlungsweise, wird mein Kopf sich wehren, und der Vorwurf im Unterton von Björns Stimme wird ihm so recht geben, daß ich mich noch jahrelang scheuen werde, auch nur in Gedanken die Knarre mit mir herumzutragen; und wenn doch, dann würde ich niemals mehr jemandem davon erzählen, denn ich werde Angst davor haben, daß ich nicht verstanden werde. Mißverstanden, mißverurteilt. Es ist alles verkehrt.

Dabei war es so deutlich in meinem Kopf, wie eine ganz konkrete Erfahrung: Was wäre, wenn ...

Ich lächelte im Zimmer des Obermedizinaldezernenten und lächelte noch vor mich hin, als ich das Regierungsgebäude verließ. Er wußte nichts davon, und deshalb lächelte ich.

Ich hätte die Wahl gehabt, ihn zu erschießen. Er hätte es wahrscheinlich verdient wie die Chefärzte, die ich kennengelernt habe; das hätte man vorher rauskriegen müssen, ob er dazu gehört zu den Schweinen. Es wäre schön gewesen, mir wäre es besser gegangen, das weiß ich.

Die Pistole hätte schwarz und kühl in meiner Hand gelegen, ein aufregendes Gefühl, das kalte Metall und sein Blick, wenn er die Waffe sieht und mich dann erkennt, und ich weiß genau, daß ich nicht gezögert hätte zu schießen. Niemand hätte es gemerkt, denn ich hätte selbstverständlich Schalldämpfer benutzt, und dann hätte ich Sekt getrunken und es wäre mir beinahe egal gewesen, stellte ich mir vor, ob ich erwischt worden wäre für diese sekundenkurze Erfahrung. Wenigstens einer, hätte ich gedacht, wenigstens einer, den es trifft. Ich hätte es gerecht gefunden für all die Frauen und auch die Männer, die ich im Krankenhaus erlebt habe, denen es so schlecht ging in ihrer Sprachlosigkeit und mit den Schmerzen. Und auch wegen meiner verzweifelten Träume, die ich immer noch habe von den Nachtwachen.

Kühl wäre die Pistole gewesen, lieber ein Revolver, kühl und schön. Ich wäre auch schön gewesen in dieser Situation. Eine schöne, stolze Terroristin wäre ich geworden. Und dann hätten sie geschrieben in den Zeitungen: Typisch, wieder eine Tochter aus gutem Hause, wieder eine RAF-Frau, die Sozialarbeit nicht vertragen hat, und man hätte meine Eltern und die Schwestern in den Dreck gezogen und die Kinder. Und psychologisiert; und es wäre häßlich gewesen und nicht schön.

Und Björn hätte wie alle vielleicht gesagt: Wir wußten es ja schon immer. Er hätte es hoffentlich nicht öffentlich gesagt, mein Freund. Wir wußten es, hätte er sagen können, daß sie was nicht verarbeitet hat. Was ja stimmte. Und die Politikmacker hätten geschrieben: Sie hat unserer Sache geschadet, sie schadet der Revolution, sie hat Schuld daran, daß die Gesetze verschärft werden, denn es ist der falsche Weg, Menschen zu ermorden.

Sie hätten geschrieben »Menschen ermorden« und nicht »Schweine abknallen« oder »Mörder wegmachen«. Sie hätten niemals an Notwehr gedacht, weil sie immer nur: »Falsch, falsch, falsch!« gedacht hätten. Wir wollen alles, aber keine abgeknallten Schweine, wir wollen damit nichts zu tun haben! Wir haben damit nichts zu tun! Wir waschen unsere Hände in Unschuld! Pistolen sind doof! Wir sind Pazifisten! Bomben sind doof! Wir sind Pazifisten! Tot ist doof! Wir sind Pazifisten! Wir wollen immer Pazifisten sein!

Das hätten sie öffentlich geschrieben und erklärt, daß ich immer schon daneben war. Sie haben mit mir nie was zu tun gehabt.
Es hätte ja den Falschen treffen können und außerdem noch die »Unschuldigen«, hätte dann noch in den Zeitungen gestanden. Auch in meinem »Zentralorgan«. Ich wußte das schon auf der Treppe beim Obermedizinaldezernenten, und ich hörte auf zu lächeln.
»Es hätte ja die Falschen treffen können.« Als würde ich eine Waffe benutzen, um die Falschen zu treffen, als würde immer überall nur geschossen und gebombt auf die Falschen, von denen, die selten nur schießen und bomben, und dann meistens auf die Richtigen. Fast immer war es so, und »die Falschen« werden überall täglich nicht von der RAF erschossen, sondern umgebracht im normalen Leben und im Krankenhaus und im Autoverkehr und bei Arbeitsunfällen und beim Selbstmord. Als Kinder oft schon.
Tot ist tot, das weiß ich nur zu gut. Ich kenne ja das Grauen und die Not beim Sterben in der Nacht einer Krankenhausstation.
Dieser Tod ist aber ordentlich, mindestens verwaltet und geregelt und richtig so, und man liest dann in der Zeitung auch Ordentliches in den Todesanzeigen über normale Morde und ordentliche Unfälle und nicht Unordentliches über erschossene Schweine.
Der Kasseler Obermedizinaldezernent ahnt nichts von meinen Gedanken. Er ist jovial, nimmt sich Zeit für mich, er ist sachdienlich ordentlich, verbunden, vielbeschäftigt. Ich kenne das und die Notwendigkeit seines Auftretens in seiner Funktion. Ich überstehe das Gespräch als Weizen mit Spreu im Kopf. Vielleicht hätte Herr Obermedizinaldezernent ohne meine gebügelte, frauliche Bluse und mein Lächeln nicht so lange Zeit gehabt für meinen Lebenslauf.
Ich prostituiere mich.
Ich fühle in meiner Manteltasche den ausgedachten Revolver

und denke ans Auswandern und stelle mir vor, dies sei alles ein Film.
Er hat ein knitteriges Gesicht, der Medizinaldezernent, und wird von Bügelfalten zusammengehalten. Wer hat sein Hemd gebügelt? Ich verabscheue mich und hasse die ausgedachte Waffe. Die Bügelfalten sind scharf, man kann sich daran schneiden, denke ich. Seine Krawatte würde hübsch aussehen, zerschossen. Seine Stimme ist weichlich.
Er nickt befriedigt über meine Erzählungen vom Ehemann, der nicht wollte, daß ich Schichtdienst arbeite, und von der neuen Ehe und den zwei Kindern. Ich hasse mich, denn ich erfreue ihn. Ich bin normal. Ich darf, sagt er, meine Zeugnisse und Papiere einsenden an ihn; er werde sich eigenhändig für mich einsetzen und mir keine Steine in den Weg legen. Aber zwei Jahre müsse ich noch mal Ausbildung machen. Meine Erfahrungen interessieren ihn nicht, nur die Zeugnisse. Ich interessiere ihn nicht. Er braucht Krankenschwestern. Er ist gönnerhaft. Mir ist schlecht.
Ich werde ihm keine Zeugnisse und Papiere schicken. Ich werde meinen Freunden erstmal nichts davon erzählen. Ich werde nicht auswandern, nicht freiwillig. Es muß anders gehen. Draußen vor dem Regierungsgebäude weine ich und übergebe mich.
Bald wird kein Regierungspalast mehr ohne Ausweiskontrolle zu betreten sein, für lange Zeit nicht mehr. Ich werde nicht mehr Krankenschwester sein.
Das vermischt sich alles in meinem Kopf; ich werde träumen demnächst, daß ich als Nachtschwester in eine Polizeirazzia gerate und verhaftet werde, wähend die Patientinnen alleine bleiben und schreien, weil sie keine Schmerzspritzen mehr bekommen.
Ich heule vor dem Regierungsgebäude in Kassel aus Entsetzen darüber, daß ich weder Krankenschwester werde, noch auswandern werde, noch zur RAF gehen werde. Es gibt keine einfachen Lösungen, deshalb weine ich. Irgendwas ist vorbei.

Kaufhäuser, Kunst und Revolution

Hamburg 1970: Ich bin neunzehn und Weihnachtsaushilfe bei Karstadt. Ich habe einen Vierwochen-Vertrag und einhundertfünfzig Kolleginnen. Wenn ich gut genug bin, wird mein Vertrag um vier Wochen verlängert; im Januar entscheidet der Abteilungsleiter, ob ich für länger bleiben darf.
Ich kann täglich gekündigt werden. Ich muß jeden Sonnabend arbeiten. Es ist Vorweihnachtszeit.
Ich bekomme die Stunde sieben Mark fünfzig. Meine Kollegin nebenan, auch eine Aushilfe, kriegt nur sieben Mark. Am Weihnachtsstand ist eine, die kriegt acht Mark zwanzig. Damit liegen wir gut. Andere Frauen arbeiten für fünf Mark die Stunde. Das ist alles brutto. Es hängt davon ab, wie du im Personalbüro bei der Vorstellung taxiert wirst. Je nötiger du auf den Job angewiesen bist, je mehr man dir das ansieht, desto weniger kriegst du. Die Ausländerinnen liegen fast alle unter sechs Mark. Die mit acht Mark zwanzig ist Studentin, sie hat offen gesagt, sie wolle nur mal jobben.
In der ersten Woche war es schlimm. Die Luft ist trocken: Klimaanlage. Zug durch die offenen Türen. Pausenloses Stehen, Hektik, Konzentration an der Kasse. Die älteren Kolleginnen haben Tips parat: Versteck dir eine Flasche Brause oder Cola, aber laß es den Chef nicht sehen. Trink nur Kaffee und Wasser. Nicht frühstücken!
Alle kennen die Anfangsschwierigkeiten. Am dritten Tag wird dir schwindelig, sagt eine, aber dann bist du durch. Falls es schlimm wird, sagt eine andere, gehst du zur Betriebskrankenschwester in der Mittagspause und legst dich kurz hin, sie macht dir einen Vitamincocktail. Aber sag nicht deinen Namen; die ruft gleich im Personalbüro an.
Einmal war ich bei der Krankenschwester. Dort lagen schon drei andere Frauen: Kopfschmerztabletten, Beruhigungspillen,

Vitamine, Kreislauftropfen, Zäpfchen - alles gibt es gratis. Zwei Kolleginnen am Weihnachtsstand schlucken Valium aus der Handtasche.
In der zweiten Woche wird es besser. Die Zahlen tanzen nicht mehr vor den Augen. Ich kann schon »zu zweit kassieren«. Das bedeutet: Links und rechts von der Kasse steht je eine Kundenschlange. Ich kassiere die eine Seite und meine Kollegin die andere. Das erfordert höchste Konzentration, denn du gibst immer auf eine Summe raus, die gar nicht mehr in der Kasse steht, weil deine Kollegin schon den nächsten Kunden abfertigt. Vier Hände wühlen in der Kasse.
Am dritten verkaufsoffenen Samstag heule ich das erste Mal. Ich habe mich gerade eingewöhnt und soll versetzt werden an den Hauptweihnachtsstand im Erdgeschoß. Ich bin sowieso schon todmüde.
Am Sonnabend müssen wir eine halbe Stunde vor Arbeitsbeginn da sein - unbezahlt - zur Abteilungsbesprechung. Aushilfen brauchen nicht zu kommen, hat er gesagt, der Abteilungsleiter, aber wenn einem die Abteilung am Herzen liegt ... Alle kommen, keiner liegt die Abteilung am Herzen. Wir wollen den Job behalten, das ist alles. Naja, eine vielleicht ist anders: Die tut so, als gehöre ihr das Kaufhaus, als kriege sie Prozente, als sei der Konzern ihre Mutter. Wir ärgern sie den ganzen Tag. Sie petzt beim Chef.
Der »Chef«, dieses dumme Würstchen, dieses Arschloch! Er versteht von allem an wenigsten. Ich habe schon nach drei Wochen mehr Überblick als der, was fehlt und was nicht. Heute früh bestimmt der Chef, daß ich versetzt werde.
Der Weihnachtsstand gleich am Eingang ist das schlimmste, sagen die Kolleginnen. Du Arme, du warst zu gut, zu schnell ...
Was soll ich machen? Ich will die Arbeit behalten, ich brauche das Geld, ich will nicht gleich aufgeben; oben im Personalbüro kommen täglich zehn Frauen, die sich um meinen Job bewerben, die nach Arbeit fragen.

Der Weihnachtsstand ist so groß wie mein Zimmer: Engel, Kerzen, Christbaumkugeln, Plastiktannenbäume, Krippen, Silber, Gold, Lametta, Gefunkel, Gebimmel auf engstem Raum zusammengepreßt.
Drei Kassen, sieben Verkäuferinnen, sechs von uns sind Aushilfen. Die meiste Ware ist »Made in Taiwan«. Oder Honkong oder Philippinen. Ein bißchen was Teures dazwischen aus dem Erzgebirge, DDR. Ich erkenne das, ich komme von dort. Täglich haben wir siebenhundert Kunden an den Kassen, an den langen Samstagen sind es tausend. Von morgens bis abends Leute, die einkaufen. Genervte Leute, die keine Zeit haben.
Die meisten Sachen sind häßlich. Engel mit weit aufgesperrtem Mund, sie singen. Es sieht aus, als wollten sie jemanden verschlingen. Adventskränze aus Plastik. Adventskalender mit Mickey Mouse oder Heidi im Schnee. Immer Glitzerglimmer drauf. Im Lager steht ein Extra-Container für die »Remittenten«. Der Chef hat das so ausgedrückt: Wir arbeiten vorrangig mit Ware aus dem Fernen Osten. Das bedeutet einen erwarteten Ausfall von dreißig Prozent schon beim Auspacken.
Dafür ist der Container da und für den Kram, der beim Verkauf noch kaputt geht. Was denken wohl die Leute auf der anderen Seite der Erde, die den Mist herstellen, von Weihnachten in Germany?
Auf dem Weg zur Kantine ist der Süßwarenstand. Dort hängen lange Bonbonketten in Plastikfolie eingepackt. Lutscher und Schokolade. Eine Sorte sticht mir ins Auge: Hallo Jungs! steht drauf, oben an der Pappe. Hallo Jungs, jetzt gibt es endlich auch Lutscher für euch, mit richtigen Soldaten drauf!
Diese Lollies haben statt einem Festhaltegriff einen olivgrünen Plastiksoldaten am Zucker.
Ich habe in den vergangenen Wochen viel übers Betrügen gelernt.
An den Sonderständen im Erdgeschoß gibt es »günstige Weihnachtsgeschenke«. Herabgesetzt.
Herabsetzen geht so: Mit dem Auszeichner wird ein Etikett

auf die Ware geklebt. Da steht zum Beispiel 29,80 DM drauf. Daneben wird im zweiten Durchgang eines gesetzt in Rot: 19,90 DM. Der erste Preis wird von Hand mit Kuli durchgestrichen. Fotoalben, Taschenrechner, Buntstiftkästen – alles »herabgesetzt«. Die Kolleginnen sind sauer darüber, weil es doppelte Arbeit beim Auszeichnen bedeutet. Über den Betrug regt sich keine auf.

Wir klauen anders. Wir kaufen untereinander ein, am besten über Leute, die nicht im Kaufhaus arbeiten. Das geht so: Eine Ware kostet 19,00 Mark, ich tippe 1 Mark 90. Wenn uns einer erwischen würde, habe ich mich vertippt. Wir machen das nicht oft. Ich bin stolz, als es endlich so weit ist, daß mich die anderen »einweihen«.

Die Pausen sind »gerecht« aufgeteilt. Eine halbe Stunde geht auf meine Kosten, ohne Lohn, eine halbe Stunde geht auf Karstadt-Kosten, bezahlt. Eine halbe Stunde ist Mittagspause, eine viertel Frühstück, eine viertel Kaffeepause. Ich arbeite von morgens kurz vor neun bis abends kurz nach sechs. Neuneinhalb Stunden Stehen hält keine aus ohne Pausen. Die Pausen sind das einzige, was zählt. Wann habe ich Pause? Jeden Tag wird neu eingeteilt, reihum. Der Chef bestimmt das. Es ist schlimm, wenn du ungünstig dran bist, zum Beispiel schon um zwei Uhr Kaffeepause hast und dann bis nach sechs stehen mußt. Um drei bist du am Weihnachtssamstag schon so fertig, daß du auf eigene Kosten Pause machen würdest, wenn es erlaubt wäre. Ist es aber nicht.

Eine Verkäuferin ist eine Verkäuferin ist eine Verkäuferin und nicht etwa ein Mensch. Zum Klo müssen – Erlaubnis einholen. Durst, eine Zigarette rauchen wollen – kannste ja nach Feierabend.

Kassieren ist besser als nur so rumstehen. An der Kasse kann ich mich festhalten. Kassendienst ist vormittags am besten, aber nur wenn der Chef nicht da ist. Wenn er da ist und keine Kunden an der Kasse stehen, schickt er uns umpacken, aufräumen, Ware holen im Lager, auszeichnen, saubermachen. Nur

so rumstehen ist nicht angesagt. Klönen untereinander auch nicht. Gottseidank ist der Chef nicht immer da.
Für die Abteilungsleiter, die Chefs, gibt es eine Extra-Kantine. Dort sind Tischdecken und Blumen. Die Kolleginnen finden das nicht in Ordnung. Es hat wegen dieser Sonderkantine auch schon Stunk von der Gewerkschaft gegeben. Seitdem ist die Bedienung abgeschafft dort. Wir warten in »unserer« Kantine die halbe Mittagspause in der Schlange.
Die meisten meiner Kolleginnen haben Familie. Sie stehen um fünf oder um sechs morgens auf, machen ihren Männern Frühstück, holen die Kinder aus dem Bett und schicken sie pünktlich in die Schule oder in den Kindergarten. Dann räumen sie auf, kochen vor und gehen zur Arbeit.
Ich fühle mich privilegiert, denn ich stehe erst um acht auf und gehe abends ins Kino.
Der späte Arbeitsbeginn treibt viele Mütter ins Kaufhaus, so kriegen sie das mit den Kindern auf die Reihe, so wissen sie, daß die Kinder ordentlich zur Schule kommen. Die Kindergärten machen sowieso erst um sieben oder um acht auf, erzählen sie. Nachmittags sind die Kinder dann alleine, bis der Vater von der Arbeit kommt. Manche Männer machen Hausarbeit und mit den Kindern Schulaufgaben oder kaufen auch mal ein. Die meisten nicht, höre ich aus Nichtgesagtem. Die Verkäuferinnen kommen zwischen neunzehn und zwanzig Uhr nach Hause.
Wenn sie Glück haben, ist dann einiges getan. Viele haben kein »Glück«. Sie haben keine emanzipierten Supermänner, sondern ganz normale kaputte Arbeiter zum Mann.
Typen, die ausgelaugt sind nach der Arbeit – Fließband oft oder Hafen. Typen, die gelernt haben und nichts anderes lernen wollen, als daß die Frau für Haushalt und Kinder zuständig ist. Typen, die sich schämen, weil ihre Frau Geld verdienen muß.
Um zweiundzwanzig Uhr ist frühestens Dienstende für die meisten Frauen, mit denen ich arbeite. Viele nehmen Schlaf-

tabletten und Putscher. Sie sind immer müde und haben dunkle Ränder unter den Augen. Sie schminken sich.
Mir fällt zum ersten Mal auf, daß ich in »meiner Beziehung« viel mehr Hausarbeit mache als mein Freund. Dabei habe ich es gern gemacht, war stolz auf den »eigenen Haushalt«, mein Können, meine Erfahrungen und meine Ansprüche. Ich bin verärgert, wenn ich um sieben nach Hause komme, todmüde, und es ist nix zu essen da, nur Unordnung überall.
Es gibt Streß in der WG. Michèle sagt zu mir, die ich den ganzen Tag nicht da bin: Die Spaghettis von vor drei Tagen stehen noch in der Küche. Sie sagt es nicht zu Andreas, der einen unbezahlten Job gekriegt hat bei dem berühmten Bazon Brock an der Kunsthochschule. Andreas ist fast immer dort. Und manchmal darf ich mit. Die Künstler kommen abends zum Essen, das ich gekocht habe. Es wäre mir früher nie aufgefallen ohne Karstadt; ich sorge für das Ambiente der Ideenreichen, der erfolgreichen Männer, die ich so amüsant finde, noch immer.
Ich male Wände an und Schränke, hänge Bildchen auf, brate Hühner mit Majoran, decke Frühstückstische am Wochenende in Gelb – Narzissen und Servietten im gleichem Ton –, warme Brötchen ohne Herd. Das ist echte Kunst. Es gefällt ihnen so. Ich plaudere. Ich bin gespalten zwischen »meinem« Mann und meinen Kolleginnen, den Karstadt-Frauen. Es ist doch nur ein Job, habe ich gedacht; ein Job für die Miete und bin da gelandet, wo alles anders ist und kein Spiel. Wir sind ja alle irgendwie »links«, auch an der Hochschule für Bildende Künste. Otto macht Späßchen in der Hochschulkantine, einer, der sich »Otto« nennt und oft nervt. Und Berühmtheiten essen dort, und uns verbindet die Kunst, nicht etwa, daß wir dort billig essen, darüber wird nicht geredet.
Jetzt bin ich Verkäuferin.
Ich bin am Morgen – die WG schläft dann noch – schon unterwegs und pünktlich bei Karstadt, um Miete zu verdienen, um Schrott zu verkaufen.

Wars ein Joke? Jetzt bin ich dort, und es läßt mich nicht los. Es ist so, als wäre ich versetzt in eine andere Welt. Wenn ich an der Kasse stehe bei Karstadt, kriege ich die Kunsthochschule und die Leute dort nicht mehr auf die Reihe und auch nicht die linken Ideen. Ob wir Karl-Heinz Roth aus der Polizeiwache abholen oder auf eine Demo gehen. Oder es ist ein »Happening«, oder es ist absolut wichtig, die »Peking Rundschau« zu lesen und darüber zu reden, genauso wie über eine Filmzeitschrift. Ich kriege es nicht mehr auf die Reihe.

Wars ein Joke? Ich bin sauer auf die WG, sie hören nicht mal zu, wenn ich von Karstadt erzähle. »Karstadt« – da kauft man zur Not ein! Die Verkäuferinnen sind unsichtbar für meine WG. Ich bin jetzt eine. Ich bin ein Joke.

Ich bin verunsichert. Ich bin zwanzig, alle Türen stehen mir offen, denke ich. Da kommt doch noch alles, es geht jetzt erst los. Ich kann entscheiden, was ich mache. Ich will es mir ansehen. Und außerdem müssen wir die Miete bezahlen, und ich will neue Klamotten haben. Und meine Eltern pumpe ich nicht an. Ich bin stolz.

Ich bin ja mit achtzehn von zu Hause weggelaufen, wollte ihnen beweisen, daß ich alleine klarkomme, auch ohne ihre Vorgaben und Verbote. Hat ja geklappt. Es ging mir so schlecht dabei. Nie hätte ich es zugegeben.

Jetzt bin ich also bei Karstadt. Ich lerne. Ich bin woanders, es ist wie ein anderes Land, da wo ich jetzt arbeite. Es ist wie ein doppeltes Leben. Am Tag bin ich Verkäuferin, und abends bin ich Muse der Künstler, Avantgarde-Tussi. Beides macht mir Spaß, und beides kotzt mich an.

Ich bin variabel. Das merkt der Abteilungs-Chef. Ich darf bleiben im Januar. Karstadt-Sonderstände. Ich bin hübsch und außerdem kann ich plappern. Ich mache Verkaufsstände mit Uwe Seeler – der ist ja kleiner als ich und kriegt den Mund nicht auf. Er ist da, um Bücher zu signieren. Uwe Seeler ist da, und sie drängen sich, die Massen. Ich trage Mini und Überkniestiefel.

Dann: Heinz Haber, der Sternenmensch aus dem Fernsehen. Ich bin wieder hübsch.
Die Künstleravantgarde findet mich reizend und absolut witzig. Uwe Seeler! Karstadt! Geil! Laßt uns ein Pfeifchen durchziehen! Überhaupt, so ein hübsches Frauchen, das auch noch Geld verdienen geht,und bei Karstadt, wie interessant! Das ist ein geiler Trip.
Karstadt an sich ist natürlich out.
Außer wenn man was einkaufen muß.
23 Mark 50 bitte. Kling! 50 Mark, kling! 7 Mark 80, kling! 2 Mark, kling! 1 Mark 25, kling! 32 Mark! Danke, kling! Dankeschön, kling! Fräulein, wo sind die Weihnachtspostkarten? Fräulein, wo sind die Fotoalben aus der Werbung? Haben Sie Nußknacker aus dem Erzgebirge? Wo ist die Sammelkasse? Kasse auflassen, ich bin dran ...
Neuneinhalb Stunden pro Tag, ich habe schon dreizehnhundert Mark verdient in eineinhalb Monaten. Eine Kollegin finde ich sehr nett; die hat zwei Kinder und will sich scheiden lassen; deshalb ackert sie wie verrückt, das hat sie erst neulich erzählt in der Kantine, ganz vorsichtig, immer um sich schauend, als säße der Typ ihr im Nacken. Sie wird sich ein Jahr später umbringen. Als ich es in der Zeitung lese, weine ich fassungslos wegen der versäumten Gespräche. Sie war so nett und hat mir so viel beigebracht bei Karstadt. Sie hat auch ihre Kinder versucht umzubringen, eins hat überlebt. Ich will es dann nicht mehr wissen, mich nicht schlecht fühlen. Das ist viel später, als ich nicht mehr bei Karstadt bin, sondern schon Krankenschwester und mir einbilde, damit könne ich umgehen.
Ich mache mir Gedanken über Sprache. Die Künstler finden mich immer noch amüsant, auch meine Sympathien für die »Kommunistische Partei/Marxisten-Leninisten« (KPD/ML). Manche gehen mit. Auch später berühmte Filmemacher und intellektuelle Alleswisser. Als ginge es um Kulturrevolutionen nach ihren Gnaden. Das wußte ich aber nicht – und wenn, hätte ich es mir noch nicht getraut zu sagen.

Ich malte mir noch immer die Augen an jeden Morgen und trug hochhackige Schuhe, während ich schon die »Peking Rundschau« las und noch bei Karstadt arbeitete und Hühnchen briet für die Avantgarde der Künstler.

Ich interessiere mich für die KPD/ML, hatte ich auf eine Postkarte geschrieben an die angegebene »Kontaktadresse«, die war damals im feinsten Viertel von Hamburg, Klosterstern. Ich wußte nicht mal das.

Die Adresse hatte ich aus einem Flugblatt.

Es gab ein paar Treffen. Dann die erste »Zellensitzung« in Eppendorf, bei einem »alten Genossen«. Der war etwa fünfzehn Jahre älter als ich.

Die anderen blickten auf und sahen mich befremdet an. Ich trug ein Kleid vom Flohmarkt und Stöcklschuhe. Die trug ich übrigens nur in Wohnungen oder bei der Arbeit.

Sie blickten auf, sie fanden mich unmöglich, ich war zu geschminkt und zu aufgedonnert für die Genossen. Am zweiten Abend sagte mir, hinterher, der »Zellenleiter« – das war Sigurd Debus, einer, der später mit Zwangsernährung im Hungerstreik umgebracht worden ist und damals noch mit leuchtenden Augen erzählte von den Polen, die jetzt versuchten, was zu ändern, und von der KPD; er war nämlich auch einer von den alten KPDlern, die weitergemacht haben – Sigurd sagte nur ganz einfach: Laß das doch mit den Schuhen, das hast du nicht nötig.

Das hatte mir noch keiner gesagt: Das hast du nicht nötig.

Er sagte mir, ich sei in Ordnung. So, wie ich sei. Er machte mir keine Vorhalte, hat mich in Schutz genommen sogar, als ich meine Freunde und meinen späteren Schwager einfach mit zur Schulung gebracht habe, weil ich doch meinte, sie sollten es alle wissen: Wir machen jetzt Revolution, wir sind die Partei, die das organisieren kann gegen Faschismus und Ausbeutung, gegen Sozialfaschismus und Sozialimperialismus. Die Sozialfaschisten, das war die SPD, und die Sozialimperialisten waren die DDR und die Sowjetunion.

Sigurd Debus hat gesagt, ich solle jetzt »Martha« heißen. Wir hatten ja »konspirative« Namen, untereinander vor allem.
Es war gemischt in der Partei. Die alten Erfahrungen, Illegalität und die neue Kulturrevolution. Ich war eine Neue, eine Junge, kannte aber auch die Erfahrungen aus dem Nichtgesagten oder den heimlichen Gesprächsfetzen der Erwachsenen. Ich wußte ja von der verbotenen KPD. Ich wußte ja auch von unter Dielenbrettern versteckten KPD-Mitgliedsbeweisen. Und auch, daß der KP-Ortsvorsitzende von Kassel der einzige war, der meinen Eltern mit ihren vier Kindern nach der Flucht aus der DDR 1959 eine Wohnung vermietet hat; in einer Zeit, als niemand DDR-Flüchtlinge nahm, denn es waren zehntausend pro Tag. Und nicht alle hatten so viele Kinder und waren außerdem arm. Ich wußte auch von der Lehrerin, über die wir gesagt kriegten, sie sei krank. Und irgendwann hatten wir aufgeschnappt, sie sei verrückt, weil sie Kommunistin war.
Ich wußte ja vieles, kriegte es nicht zusammen mit der Kindheit, an der ich noch zu nahe dran war, und nur trotzig sein konnte deshalb.
Ich wußte sogar viel, aber nicht die Bedeutungen: Meine Schwester im Kinderkrankenhaus in Görlitz, ein paar Monate alt, daneben die SED-Zentrale, am 17. Juni 1953.
Sie haben zwar das Parteihaus zerschossen, aber nicht ein Schuß ging ins Krankenhaus. Und hinterher gab es Leute, die haben gesagt: Es hätte ja Unschuldige treffen können. Und es gab andere, da war ich ja noch ganz klein, die haben gesagt, nein, das hätte es nicht geben können, daß wir ins Krankenhaus schießen. Das wußte ich ja, daß Menschen nicht nur schießen können, sondern auch zielen. Da war ich vier Jahre alt, als ich das hörte. Und das habe ich ja vorausgesetzt, später. Mein Vater und die anderen Männer haben ja Gewehre gehabt damals, und sie haben nachts an der Tür in der Küche schießen geübt. Ich weiß nicht, ob es erlaubt war. Aber ich hatte nie Angst davor als Kind. Vor Gewehren hatte ich nie Angst. In der ersten Klasse, am ersten Schultag schon, haben wir darüber

geredet. Ich hatte vor Waffen keine Angst. Aber vor Faschisten. So bin ich aufgewachsen in der DDR.
Ich lernte dann ja auch 1959, daß »Kommunist« hier in der Bundesrepublik ganz was anderes heißt als da, wo ich herkam. Ich hatte ja auch mitbekommen, daß mein Vater hier dagegen war und dort doch Student des Marxismus-Leninismus gewesen war, und das paßte für mich nicht. Er hat nie was erklärt dazu. Ich wußte ja auch, daß ich nicht fragen sollte.
Und ich hatte ja auch erlebt, daß die Frau des Kasseler KPD-Vorsitzenden uns Kindern zu Ostern Ostereier versteckt hatte in ihrem Schrebergarten – und ihr Mann darüber zornig war. Ich wußte ja, worüber ich reden durfte und worüber lieber nicht.
Und daß ich am liebsten alles zusammengebracht hätte, die DDR-Flucht meiner Eltern und meine eigene Unzufriedenheit und auch ihre, worüber sie nie geredet haben vor uns, aber wir merkten es trotzdem.
Ich wußte ja vieles. Und deshalb habe ich mich nicht über Karstadt gewundert und über anderes; nie habe ich mich gewundert. Und dann war ich doch empört, trotz des Wissens. Denn ich wußte vorher nicht, daß es so schlimm ist.
Es war so schlimm. Erst dachte ich, daß ich übertreibe und zu empfindlich bin. Sigurd Debus war der erste, der sagte, daß ich nicht übertreibe.
Er hat mir ja auch einen neuen Namen gegeben.
Er war oft streng. Nicht immer. Ich weiß, daß er gern gelacht hat. Es gab wenig Gründe damals zum Lachen. Ich war ja bei Karstadt und er am Überlegen, ob bewaffneter Kampf richtig sei. Jetzt. 1971.
Ich hätte damals nie mitgemacht, nicht 1971. Ich wußte es ja, daß man dann flüchten muß oder lügen oder so. Ich war zwanzig und wollte nur leben, gerade, weil ich was wußte. Ich war wunderbar gerecht damals. Ich fand es nicht schlimm, Kaufhäuser anzuzünden.

Die Partei, marxistisch-leninistisch

Hamburg 1972: Ich bin seit einem halben Jahr Mitglied im »Kommunistischen Jugendverband Deutschlands«, der Jugendorganisation der »Partei«. Seit einigen Monaten arbeite ich als Nachtwache in einem kleinen Krankenhaus. Vierzehn Tage Arbeit, vierzehn Tage frei. Andreas und ich haben jetzt alleine eine kleine Kellerwohnung. Unsere WG hat sich aufgelöst. Wir sind gar nicht auf die Idee gekommen, wieder eine Wohngemeinschaft zu finden.

Über die »KPD/ML« haben wir neue Leute kennengelernt. Ein merkwürdiges Kennenlernen; man redet wenig über Persönliches, nur über Politik. Wir gehen morgens in der Früh um sechs Flugblätter verteilen im Hafen.

Ich kleide mich jetzt anders, wenn ich »frei« habe – nicht mehr so auffällig. Du kannst nicht vor »Blohm & Voss« stehen in Szene-Klamotten; dann nehmen die Arbeiter keine Flugblätter.

Ich nehme an Schulungen teil. Ich habe mir am Anfang Spickzettel gemacht wie in der Schule beim Englischlernen. Sie haben eine eigene Sprache. »Der Sozialimperialismus als höchste Form des Imperialismus« heißt eine Schulungsbroschüre.

Es gibt Bücher und Broschüren billig zu kaufen mit Texten von Marx, Engels, Lenin, Stalin und Mao Tsetung. Die werden vom Fremdsprachigen Verlag in Peking hierher geschickt. Ich besitze eine »Mao-Bibel«, das kleine rote Büchlein. »Wenn der Feind uns bekämpft, ist das gut und nicht schlecht«, sagt Mao. Und »Gegen den Liberalismus« ist viel zu lesen dort. Ich will nicht mehr liberalistisch sein. Ich will dazu gehören. Auf der richtigen Seite.

Kurz nach dem 1. Mai letztes Jahr – ich war noch mit Sigurd und den anderen in Dortmund gewesen bei der »Roten 1. Mai-Demonstration« – gab es großen Streit in der Partei. Ich habe es nicht genau verstanden. Es hieß »Fraktionismus«; es geht darum, wer die marxistisch-leninistischen Lehren am besten vertritt, es geht um Theorie und um die politische Linie. Sigurd war plötzlich weg. Es hieß, er gehöre zu den Fraktionisten. Es ist verboten, mit ihm Kontakt aufzunehmen. Ich habe mich danach gerichtet.

Ich soll jetzt in die Partei aufgenommen werden. Das ist eine Ehre. Ich weiß nicht so richtig. So darfst du nicht rangehen, Genossin, sagte der Genosse von der zuständigen Parteizelle: Die Parteizelle, sagte er, wird dich ideologisch stärken und unterstützen, so daß du die Aufgaben in der Jugendorganisation besser schaffen wirst. Du kommst in unsere Krankenhauszelle, Genossin.

Immerhin, es gibt diverse betriebliche Parteigruppen: Hafen, Werften, Valvo, Maschinenbetriebe, Beiersdorf, Kaufhäuser, Krankenhäuser. Der Parteivorsitzende ist ein alter KPDler.

Ich kriege einen Termin und eine Adresse und bin tagelang aufgeregt.

Habe nachmittags noch eine Gewerkschaftssitzung. Hoffentlich komme ich nicht zu spät, die achten bestimmt darauf in der Partei. Renne den Weg vom U-Bahnhof bis zu der angegebenen Adresse die Treppe hoch. Es ist gerade zwanzig Uhr. Die anderen sind schon da. Sie reden miteinander und nehmen kaum Notiz von mir. Die Begrüßung ist nicht gerade herzlich.

Wir sitzen um einen Tisch rum: Ärzte, Medizinalassistenten, eine MTA. Ich bin die einzige Krankenschwester. So ein buntes Rollo hätte ich auch gern, wie es hier bei dem Arztgenossen am Fenster hängt, denke ich, und auch so ein zusammenklappbares Sofabett. Es sieht alles ziemlich edel aus. Hätte ich das gesagt, wäre ich sehr unangenehm aufgefallen.

Die »Zellenleiterin« kenne ich, es ist die MTA. Sie ist die Freundin von einem anderen Arztgenossen, mit dem ich schon zu tun hatte. Sie macht einen strengen, unnahbaren und gepflegten Eindruck. Tagesordnung, letzter Punkt: Aufnahme der neuen Genossin. Das bin ich. Ihr Pullover hat bestimmt weit über hundert Mark gekostet, denke ich, merkwürdig, daß so eine feine Mieze Zellenleiterin ist. Ich verstehe nicht, worüber die anderen reden. Es geht um Fehler des alten »Zellenleiters«. Selbstkritik, Ausrichtung, Unzuverlässigkeit, Schwankungen. Linker und rechter Opportunismus. Und so weiter. Peking Rundschau Seite 17 lesen.

Ich hab' keine Peking Rundschau. Was? Wir haben sie alle abonniert, das solltest du auch tun, Genossin! Peking Rundschau ist sehr wichtig, genauso wichtig wie das Zentralorgan der Partei.

Ich sitze da, trinke Tee und bin eingeschüchtert. Da ist eine ekelhafte Katze, ein graues Siamvieh mit langen, scharfen Krallen. Sie amüsieren sich über mich, weil die Katze mich anfaucht. Ich habe keinen Bock auf Kratzer und weiche ihr aus. Ich verschütte Tee auf den Tisch. Der Genosse Wohnungsinhaber tadelt mich: Paß doch ein bißchen auf, das ist ein chinesischer Lacktisch!

Letzter Tagesordnungspunkt. Ich kriege ein Buch über Lenin und drei rote Nelken geschenkt. Ich soll etwas über meine Herkunft erzählen, über meine Stärken und Schwächen. Ich bin ganz aufgeregt, habe aber das Gefühl, die hören gar nicht zu. Außerdem habe ich das ja alles schon dem früheren Zellenleiter erzählt, als er bei uns in der Jugendgruppe war. Verkaufst du schon Zeitungen im Betrieb? Wieso denn nicht? Ich sage, daß meine Kolleginnen sich nicht für solche Zeitungen interessieren, sondern 'ne Wut auf lateinische Wörter haben und auf den geteilten Dienst im Krankenhaus. Und daß es in der ÖTV-Jugend darum geht, die Situation der Schwesternschülerinnen in den Wohnheimen zu verbessern.

Ich bekomme zur Antwort, Kommunisten müßten sehr gut beim Lernen sein und bei der Arbeit und Latein sei nun mal eben die Sprache der Medizin. Ich solle mal sehen, wo die fortschrittlichsten seien, Leute, die für die Ideen der Partei zu gewinnen wären.

Hamburg 1974: Ich habe meinen Ehegatten verlassen. Er ist ein vielversprechender Genosse, ein »Kulturkader«, überall beliebt. Ich habe ihn ohne triftige Gründe verlassen, Gründe wie Fraktionismus, Links- oder Rechtsopportunismus oder weiß der Himmel was.
Und nicht nur das.
Ich habe eine Beziehung mit einem erheblich jüngeren Mann, und der ist nicht linientreu. Er ist Hausbesetzer und Arbeiter und nicht in der Partei. Er hat lange Haare, ein freches Mundwerk und trägt eine schwarze Lederhose. Und ich will mich scheiden lassen von meinem Parteigenossengatten.
Am Sonntag um elf Uhr hat sich zum ersten Mal die Parteikontrollkommission angemeldet. Die Parteikontrolleure wollten eine Überprüfung meines Privatlebens vornehmen, hat man mir gesagt, es seien da einige Kritiken. Man überlege sich, ob ich beim Zentralorgan arbeiten solle, aber vorher müßten die Kritiken geklärt werden.
Die beiden Kontrolleure drucksen herum. Als erstes muß mein Lederhosenfreund das Zimmer verlassen. Schließlich geht es hier um eine interne Parteiangelegenheit! Hm, sagen dann die Kontrolleure aus der »Vorhut der Arbeiterklasse«, es heißt, du führst einen lockeren Lebenswandel. Du gehst sozusagen mit jedem ins Bett, wird erzählt. Und außerdem hast du Schulden, und warum hast du dich von deinem Mann getrennt?
Mir verschlägt es die Sprache, und ich heule vor Wut. Ich hänge mittendrin, glaube an diese Partei! Ich hätte die beiden Typen auf der Stelle rausschmeißen sollen, hab' ich aber nicht. Einer der beiden war vom Zentralkomitee. Und ich war völlig verklemmt und bescheuert. Ich hätte niemals mit jemandem über mein Sexualleben geredet. Ich verfocht ja die Ehe und Zweierbeziehung; ich war linientreu auch privat. Nur jetzt war ich einfach weggelaufen aus der Ehe, und das auch noch von einem anerkannten Genossen! Was sind das schon für Gründe? Unzufrieden sein. Sich nicht ernstgenommen füh-

len. Sich immer nur anhören müssen, daß Lehrer sein der anstrengendste Beruf aller Zeiten ist – und das, nachdem du jahrelang Nachtwachen im Krankenhaus geschoben hast für den Herrn Pädagogikstudenten! Ihm die Examensarbeiten abgetippt hast, ihm das Essen gekocht hast, während er studierte zu Hause und du zur Arbeit mußtest.
Große Politik ist das sicher nicht, aber Unterdrückung. Die Beziehungen zwischen Frauen und Männern in der Partei sind tabu. Das hat zu klappen. Schluß.
Ich bin sauer und empört, aber nicht laut. Was kontrollieren Parteikommissionen mein Privatleben? Sollen sie doch Flugblätter kontrollieren, da steht genug Scheiße drin!
Aus lauter Trotz heiratete ich später meinen Hausbesetzer.

Dortmund 1975: Landtagswahl in Nordrhein-Westfalen. Die Partei beteiligt sich an der Wahl. Kandidaten müssen her. Woher nehmen, wenn nicht stehlen? Es sollen ja »proletarische Kader« sein.
Eine Kommission wird gebildet. Ich bin aus Hamburg nach Dortmund »verschickt« worden, um diese Wahlkommission für drei Monate zu unterstützen. Die Parteileitung von NRW hat schon entschieden, wer als Wahlkandidat in Frage kommt. Es müssen – selbstverständlich – »bewährte Genossen« sein, zwei Frauen sind auch dabei: von wegen Gleichberechtigung. Es sind sogar einige echte Betriebsräte in der engeren Wahl. Einige Genossen wollen nicht kandidieren. So plötzlich vor den Nachbarn und Kollegen als Mitglied der »KPD/ML« bekannt werden – das ist was anderes, als die klamm-heimliche Parteiarbeit ... Es gibt sogar welche, die tunlichst vermeiden, daß die Wahlpropaganda der Partei in ihrer Straße oder in ihrem Haus verteilt wird.
Die Kommission hat die Aufgabe, mit den potentiellen Kandidaten zu sprechen, Lebenslauf erfahren und was draus machen. So, daß es der Parteipropaganda von der »Vorhut der Arbeiterklasse« entspricht.

Es hagelt plötzlich Proleten: Hier ein Abitur gestrichen aus dem Lebenslauf, dort ein Unternehmervater unterschlagen. Beim dritten soll der Papa erwähnt werden, denn der war Bergmann. In diesem Fall kann auch das Abitur zugegeben werden vor den werktätigen Wählerinnen und Wählern. Mit einem Zusatz für den Arbeiterleser. Wie schwer es doch der kleine August hatte als Arbeiterkind auf dem Gymnasium! Aus der Genossin Lehrerin, die für eine Parteifima arbeitet, wird eine stinknormale Hausfrau. Bei Betriebsrat X. streichen wir den Diplom-Volkswirt, das war ja alles vor der Partei, bevor er als Arbeiter »in den Betrieb« gegangen ist, um proletarischer zu werden.

So, nun die Fotos. Von jedem Kandidaten ein Porträt für das Werbefaltblatt der Partei. Schön ernst und entschlossen sehen alle aus. Eine Anzugjacke und ein Schlips werden verliehen. Genossin B. hat Rouge aufgelegt und Löckchen gedreht, bis sie richtig fraulich aussieht. Wir erkennen sie kaum wieder. Es sind nicht gerade Könner am Werk. Zuviel klingt gekünstelt und weit hergeholt. Interessiert die Wähler doch eigentlich gar nicht, was der Kandidat für einen Stammbaum hat, oder? Das interessiert doch nur die Partei.

Es soll der Eindruck entstehen: Also, Kumpels, die Kandidaten von der KPD/ML sind Leute wie du ...

In der Wahlkommission ist irgendwie klar, daß diese Methoden unter uns bleiben. Unausgesprochen.

Obwohl ja der Landeswahlleiter, also der »Staatsapparat«, die echten Daten und Biographien der Kandidaten hat und weiß, wer wann mal studiert oder 'ne Erbschaft gemacht hat. Genauso kriegen die Behörden die Adressen und Namen von Leitungs-Genossen – so ist das Parteiengesetz –, die du als einfache Genossin keineswegs wissen darfst.

Wo steht eigentlich der Feind, der »Klassenfeind«?

Hamburg 1977: Das ist eine Sekte, diese Partei. Es gibt Regeln, Machtpositionen, Wissenspositionen, Geldverteiler und vor allem wieder Regeln. Benimmregeln. Sie dienen der Einschüchterung des einzelnen.

Wenn du neu bist, kriegst du erstmal das Gefühl: Wir sind eine Gruppe, und wir gehören zusammen. Es ist genau das, was du brauchst, die Sicherheit und Geborgenheit, wenn du nicht zufrieden bist mit dem Zusammenleben der Menschen in unserer Gesellschaft.

Und um das zu ändern, kriegst du gesagt, sei es notwendig, daß die Partei da ist und daß die Partei absolut einig ist. Einigkeit macht stark.

Und außerdem ist es nicht jeder wert, in die Partei aufgenommen zu werden. Du mußt eine »Kandidatenzeit« absolvieren. Du bist also erstmal in der Position, daß du neu bist und dich bewähren mußt. Die Partei ist alles, der einzelne nichts. Allein machen sie dich ein, das weißt du ja. Persönliche Sachen müssen den Parteiinteressen untergeordnet werden. Die Minderheit fügt sich der Mehrheit. Du bist ein Rädchen im Getriebe. Einer ist keiner. Das ist »Demokratischer Zentralismus«.

Du brauchst Zeit, um zu begreifen, was solche Sprüche bedeuten. Deine Hoffnungen für eine bessere Welt werden zu idealistischen Vorstellungen über »die Partei«. Du räumst erst mal ein, daß du dich irrst. So viele Leute auf der ganzen Welt können doch nicht unrecht haben? Du denkst auch, daß du dich irrst, wenn dir die Typen aus den Parteileitungen nicht ganz geheuer vorkommen. Die »Vorhut des Proletariats« hast du dir eigentlich ganz anders vorgestellt. Du bildest dir ein, daß die besten Genossen eben in den höchsten Leitungsgremien sind, also beim Zentralkomitee. Daß die dort ganz anders sind als die am Ort.

Auch wenn es dir schwerfällt, zahlst du den Mitgliedsbeitrag in der Annahme, daß damit wichtige und richtige Politik gemacht wird. Klar, du siehst ja ein, daß es »Hauptamtliche« geben muß, vielleicht Redakteure der Parteipresse – oder Landesvorsitzende. Du schluckst es auch, daß du anfangs Kandidat bist ohne Rechte, nur mit Pflichten in der Partei. Die Partei muß ja prüfen, was für Leute sich bei ihr einnisten. Immerhin haben wir große Pläne: Revolution.

All deine Unsicherheiten lösen sich spätestens dann in Wohlgefallen oder Wegdenken auf, wenn die große Bruderpartei oder gar die Parteivorsitzenden aus Albanien, China oder Moskau sich freundlich über den Verein, dem du angehörst, äußern. Da muß doch was dran sein, denkst du ...

Am Anfang stört es dich nicht besonders, daß du nur mit den Leuten aus deiner »Parteizelle« über Politik reden darfst. Es ist ja alles neu. Du hast ja noch keine manifesten Widersprüche, kein Interesse, eine Sache mal gründlich zu erörtern. Außerdem hagelt es nun Arbeit. Bewährungszeit: Flugblätter verteilen, Betriebszeitungen, die Parteizeitung verkaufen, Propagandastände machen, Unterschriften sammeln, Flugblätter in Briefkästen stecken, Drucken, Plakate malen, Plakate kleben gehen, Parolen malen gehen, Sprühen gehen, Pflichtteilnahme an Demonstrationen, Pflichtteilnahme in Gewerkschaftskreisen, Pflichtmitgliedschaften in den »Massenorganisationen« der Partei, dem Jugendverband, den Gewerkschaftsgruppen, der Roten Hilfe und dann noch die Arbeitseinsätze in einer Parteifirma, dem Buchladen oder einem Verlag, der Parteikneipe oder der Parteidruckerei.

Die Parteizellensitzungen haben sowieso schon solche Tagesordnungen, die kaum zu schaffen sind: Pläne, Mitteilungen der Leitungen, Linienänderungen in der Parteipolitik, dies und das.

Du bist sogar erstmal ganz froh, daß dein eigener Betrieb gar nicht zur Sprache kommt oder die Initiative, in der du arbeitest, denn du fühlst dich mit deiner politischen Arbeit noch nicht so sicher als »Mitglied der Vorhutpartei«.

Nach der Leitungswahl wunderst du dich vielleicht, daß der eine Genosse, mit dem doch alle unzufrieden waren, wieder in die Leitung gewählt wurde. Du fragst dich insgeheim, wie das zugehen kann, daß immer dieselben Typen Reden halten oder in den Leitungen sind. Und warum es immer dieselben sind,

das »Fußvolk«, die drucken und morgens um sechs vor der Werft stehen und Flugzettel verteilen.
Allmählich wirst du skeptisch. Das ist ja wie in deinem Betrieb, und der ist ja eine »Kapitalistenfirma«.
Wieso nennen sich, fragst du dich, Lehrer und Diplomvolkswirte »die Besten der Arbeiterklasse«? Wieso heißt es so oft »konspirativ« und »Parteidisziplin«, wenn du nur mal einen ausschnacken oder wissen willst, wer für irgendwelche Fehler verantwortlich ist? Wieso ist es »Fraktionismus«, wenn du mit deiner alten Freundin oder deiner Schwester, die auch Genossinnen sind, über Kritiken reden willst?
Du fühlst dich nicht verstanden mit dem, was du fragen willst und kritisierst. Du findest das »Zentralorgan«, die Parteizeitung, schlecht. Du magst diese Zeitung weder lesen noch verkaufen. Deine Kolleginnen interessieren sich für alles andere mehr als dieses dröge, schlecht geschriebene Blättchen, in dem so gut wie nie was Aktuelles oder Interessantes steht. Du sollst mehr Vertrauen in die Arbeiterklasse haben, sagen dir die anderen Genossen ...
Du entdeckst, daß zwischen der »Arbeiterklasse« und der »Vorhut der Arbeiterklasse«, also deiner Partei, so gut wie keine Gemeinsamkeiten bestehen. Und du bemerkst, daß du dich unter deinen Genossen anders verhältst als unter deinen Kollegen im Betrieb.
Und wenn du erstmal mißtrauisch geworden bist, achtest du auf Feinheiten. Du hörst hier und da mal zufällig was über die »Freigestellten«, und es sind genau die Typen, die dir nicht gefallen. Teilweise sogar Leute, die nie berufstätig waren. Immer nur im Parteibuchladen angestellt – und da wollen die dir was über Betriebsarbeit erzählen? Du kriegst irgendwann mal mit, wie im Parteibüro Hunderte von Zeitungen, Broschüren und Bücher weggeschmissen werden und fragst dich, wer das alles bezahlt. Die Buchladengenossinnen, die Parteileitungen haben falsch kalkuliert, chaotisch bestellt. Weg mit dem Zeug! In keiner normalen Firma könnte man so mit dem Geld rumaasen.

Und die Verantwortlichen werden nicht abgesägt, sie erhalten schlimmstenfalls eine andere Parteiaufgabe. Das war's dann.
Du kriegst Wut. Einige Parteibeschlüsse haben sich nachträglich als falsch herausgestellt. Du warst schon immer dagegen, aber damals hieß es: Disziplin, Genossin! Und jetzt stellen sich die Verantwortlichen von der Leitung hin und klopfen sich gegenseitig auf die Schultern über ihre Weisheit, die doch viel zu spät kommt.
Irgendwann bist du sicher: Deine Träume und deine Arbeitskraft werden ausgenutzt in dieser Organisation. Das ist alles. Von wegen »revolutionärer Kampf« oder so. Protzige Broschüren über die Geschichte der Minisekte werden hergestellt, Geschenke für die Vorsitzenden der »Bruderparteien« werden gekauft, Firmen eingerichtet, die ohne Zuschüsse nicht laufen würden, und eine Clique von »Kadern« macht sich ein sorgenloses Leben mit unkündbarem Parteijob. Urlaub in Albanien. In China waren sie auch alle schon auf Parteikosten.
Du bist ein paar machtgeilen, abgewichsten Typen auf den Leim gegangen. Von wegen marxistisch-leninistische Weltrevolution!

Hamburg 1978: Krankenhauszellensitzung. Es ist kurz vor acht. Der erste Genosse ist da. Tisch leerräumen, Papiere rausholen, Kaffee und Tee kochen. Das Baby schreit, Mist! Peter, sage ich zu meinem Mann im Nebenzimmer, geh doch mal hin zu dem Kleinen, ich hab' schon Besuch!
Die anderen kommen alle zu spät. Ich habe mich so beeilt, und jetzt kommen die zu spät. Rita kommt gar nicht. Ich bin sauer. Es ist heimlicher Neid, sie kommt einfach nicht und ruft nicht mal an! Mir fehlen so oft die Ausreden.
Peter, mach die Musik leiser, bitte! Sonst kriege ich wieder die mitleidigen Blicke der Genossen ab: Hat er das öfter? Ganz schön kleinbürgerlich, solche Musik zu hören!
Ich tue so, als nervt es mich auch. Schließlich ist Parteisitzung, »Zellensitzung«, Krankenhauszelle. Ich möchte die Treffen

gern bei mir stattfinden lassen, dann muß ich nicht weg abends mit dem Baby, das noch gestillt wird.
Endlich, es ist halb neun, sind fast alle da. Was liegt an? Leitungsanweisungen. Das neue Buch, das die Partei rausgegeben hat, die Selbstkritik des Zentralkomitees.
Es gibt als Arbeitsgrundlage für unsere Parteizelle einen Ortsplan, einen Landesverbandsplan und einen Plan des Zentralkomitees. Haben alle den Beitrag dabei? Es dauert und dauert, dieser Kleinkram ...
Um neun Uhr muß ich kurz mit Peter weg, eine halbe Stunde nur. Wir gehen abends putzen in einem Beerdigungsinstitut in der Nähe unserer Wohnung. Wir putzen täglich dort, das heißt: Wir tun so, als putzten wir. Ich mache die Aschenbecher leer – es wird viel geraucht in Trauer – und wasche sie ab. Peter saugt einmal durch, es sind nur zwei Räume. Ich wische die Schreibtische feucht ab, feudle den Eingang. Peter macht das Klo sauber. Ich klaue zwanzig Blatt Schreibmaschinenpapier. Putzsachen wegschließen, das Büro abschließen und ab nach Hause. Täglich zehn Mark bar.
Die Genossen blicken auf. Keiner fragt, wie es war. Ich frage: Waren die Kinder ruhig? Alles klar, sie haben geschlafen. Ich habe die Sitzung gestört. Muß das denn sein, wenn wir Termin haben? Kann Peter das nicht allein machen?
Wie soll ich es erklären? Er macht es ja so oft allein, wenn ich nicht da bin abends, oder die Kinder schreien. Wir brauchen das Geld, wir kommen hinten und vorne nicht klar mit Peters Lohn. Ich habe seit zwei Monaten keine Arbeit, will nicht, wegen dem neuen Kind, ich will noch nicht abstillen und ihn in die Krippe geben, erst soll er vier Monate alt sein.
Na klar, das Geld vom Putzen kommt auf Peters Gehalt mit drauf bei der Beitragsberechnung für die Partei. Macht dreißig Mark im Monat ... Das sind drei Pakete Pampers. Ich habe keine Lust und keinen Mut zu sagen: Wir kommen nicht mit dem Geld aus.
Anscheinend schaffen es die anderen Genossen in der Partei-

zelle – die meisten allerdings verdienen viel mehr. Neulich habe ich einem Genossen aus der Ortsleitung erzählt, daß Peter manchmal Haschisch raucht. Und der Funktionär sagte gleich, ich solle mich sofort scheiden lassen.

Peter ist vor drei Monaten »ausgetreten« aus der Partei. Er hat gesagt, sie könnten ihn mal und er sei auch nicht mehr bereit, über irgendwas zu reden.

»Kleinbürgerlich«, sagen die Genossen; ich gelte, weiß ich und spüre ich, als »gefährdet«.

Rückzug ins bürgerliche Leben, höre ich,und habe Angst vor einem Leben ohne revolutionäre Utopien. Ich will mich nicht kaufen lassen. Ich lasse mich doch gar nicht kaufen und Peter auch nicht und überhaupt, was heißt denn bürgerliches Leben und Rückzug? Wir sind die Ärmsten in der Parteizelle, die meisten Genossen sind Ärzte, und die MTA und die andere Krankenschwester haben Arztgenossen zum Freund, und alle sind viel schöner und edler eingerichtet als wir.

Mein Mann ist nicht zum Vorzeigen. So stellen sich die Genossen einen Proletarier nicht vor: Rock-Musik, Haschisch, Hausbesetzer, Parteiaustritt ...

Was liegt noch an? Bürgerschaftswahl in Hamburg. Da waren doch unsere, meine Kritiken? Ich finde die Erklärung des Parteivorsitzenden zum Kotzen, falsch von hinten bis vorne. Es geht um die gerade neu gegründete »Bunte Liste«. In der Parteierklärung heißt es: Assoziale, Kriminelle, kleinbürgerliche Elemente. Gemeint sind Schwule, Frauen und Häftlinge, die für die Schmetterlings-Liste kandidieren. Unser Parteizellenoberster, der »Leiter«, teilt uns mit, die Ortsleitung bringt dazu noch was schriftlich, bis dahin müssen wir erstmal unsere Arbeit erfüllen, den Plan einhalten, sonst sei die Wahl vorbei, während wir noch diskutierten. Wer kennt das Gebiet, wo wir Flugblätter »stecken« sollen? Es geht darum, daß wir laut Stadtplan einen Teil von Hamburg-Barmbek zugeteilt bekommen haben, wo wir Parteiflugblätter in alle Briefkästen stecken sollen. Wahlpropaganda.

Das Baby schreit. Ich hole es, lege den Kleinen an die Brust. Wer kann wann stecken? Die anderen sind alle berufstätig. Niemand hat Lust. Vielleicht machen die beiden »Sympathisanten« mit? Das sind Leute, die sich überlegen, der Partei beizutreten, aber noch »geprüft« werden ... Erst müssen sie arbeiten für die Partei, ehe sie »aufgenommen« werden.
An mich kommt die erwartete Frage: Kannst du nicht öfter losgehen, du arbeitest doch nicht? Du kannst doch das Baby mitnehmen ...
Ich sage: Ja.
Und denke: Mit dem Kinderwagen, das habe ich mit Julia auch immer gemacht. Vielleicht ist ja schönes Wetter, dann kommt das Baby an die frische Luft nebenbei ... eigentlich muß ich ja noch so viel anderes machen. Ein Layout liegt da noch, lesen muß ich, vier feste Termine pro Woche habe ich schon für die Partei, vier Abende sind immer weg.
Ich habe heimlich große Wut auf mich und die anderen. Ich fühle mich vollkommen unverstanden und moralisch gezwungen. Die Ortsleitung hat einen »sozialistischen Wettbewerb« ausgerufen. Welche Zelle steckt die meisten Flugblätter? Wir, die Krankenhausgruppe, haben schon weniger zugeteilt bekommen, weil wir fast alle noch »andere Aufgaben« in der Partei haben.
Liegt was an aus dem Betrieb?
Es ist fast elf Uhr. Niemand hat mehr Lust, wir mögen uns ja nicht mal untereinander, fällt mir auf. Einer der Arzt-Genossen verabschiedet sich: Frühdienst.
Ich muß auch früh aufstehen, wahrscheinlich schon nachts, denke ich, ohne es laut zu sagen. Ich habe bestimmt weniger Zeit als der, denke ich. Oder auch als Roswitha, die sitzt mir gegenüber und verabschiedet sich auch. Die geht ins Kino, denke ich, war gerade im Winterurlaub, hat einen Leitungsgenossen zum Mann, einen freigestellten Funktionär der Partei. Das heißt, daß er von der Partei Lohn bekommt, für die Parteiarbeit bezahlt wird. Roswitha hat einen Wildleder-Hosenan-

zug an. Sie hat ihren »Funktionär« geheiratet vor einigen Wochen, richtig groß mit Eltern, Verwandtschaft und Genossen und Partei-Kapelle, in einer gemieteten Kneipe.
Betriebsgenossin ist sie auch, Krankenschwester in einem großen Hamburger Krankenhaus. Dabei wartet sie eigentlich auf einen Medizin-Studienplatz, weiß ich, jedenfalls aber ist sie jetzt Betriebsgenossin. Was macht die eigentlich im Betrieb?
Ich fühle mich isoliert. Sage Termine zu und werde sie auch einhalten. Bin traurig. Ich will ja die »Revolution« – was für eine eigentlich?
Ich bin für Veränderungen, ich will, daß es nicht mehr so mies ist, daß es den Leuten besser geht, auch mir, auch den anderen. Ich will auch im Krankenhaus was verändern. Ich habe gelesen. Ich bin immer noch überzeugt davon, daß kommunistische, genauer: »marxistisch-leninistische Parteien« notwendig sind. Es war doch immer so, habe ich gelernt, mit all meiner Unzufriedenheit im Kopf, und es geht nicht ohne Partei, und es geht nicht ohne Revolution und nicht ohne Blutvergießen und nicht ohne Opfer. Noch nie sind die Herrschenden freiwillig abgetreten, habe ich gelernt in all meiner Neugier auf Veränderungen und mit dem Wagemut, auch Unbequemes zu lernen.
Das ist eine Erfahrung des Marxismus-Leninismus, habe ich gelernt, und das war kurz nach der Kulturrevolution in China, und kurz nachdem ich von zu Hause weggelaufen bin, und kurz nachdem ich das erstemal gevögelt habe, und kurz nachdem ich das erste Mal vergewaltigt worden bin, und kurz nachdem ich das erstemal geklaut habe, und kurz nachdem ich das erstemal erfahren habe, daß einer, den ich kannte, im Knast gelandet ist.
Damals paßte das alles zusammen.
Heute bin ich nur noch fremd, mir selber fremd und traurig. Ich weiß, es stimmt nicht so. Jedenfalls stimmt es meistens nicht. Und das kann nicht alles sein, denke ich, es darf nicht sein, hoffe ich.

Ich habe an die »Partei« geglaubt. Ich merke, daß ich es nicht mehr tue. Sind es die Kinder, die mich auf den Boden der Realitäten zurückbringen, oder sind es die haarsträubenden politischen Äußerungen der Parteimänner? Frauen gibt es ja kaum. Oder ist es, weil ich seit einiger Zeit Wut verspüre darüber, wie die Belange von Frauen, meine wirklichen Probleme, abgehakt werden?
Es war einfacher früher, als ich noch nicht so viel nachgedacht habe. Als ich noch nicht wußte, daß das Einfache so schwer ist, daß die Menschen alles wollen, aber keine unbekannten Dinge. Als ich noch dachte, die »Partei« hat recht, und all die anderen Organisationen, die es gibt, sind »Klassenfeinde«.
Oh Shit! Ich habe viel gelesen. Ich bin älter geworden. Ich will Veränderungen und bin sicher, daß es nicht mit so einer Partei geht.

Hamburg 1978: Ich werde heute aus der »Partei« austreten. Heute abend.
Zweimal hat die Parteileitung schon zugesagt, in unsere Gruppe zu kommen, um unsere Kritiken zu besprechen. Es gibt viele Widersprüche und noch mehr Fragen. Sämtliche schriftliche Kritiken von uns wurden nicht beantwortet. Wir sind wie paralysiert, haben keine Kraft mehr.
Immer wieder haben wir uns vertrösten lassen, hofften auf eine Lösung und ein Wunder. Es gibt keine ernsthaften Auseinandersetzungen. Die Partei hat immer recht.
Ich habe monatelang gezweifelt, gegrübelt, gelesen, überlegt. Habe ein komisches, flaues Gefühl in der Magengegend. Ich werde heute austreten, Schluß machen mit diesem Scheißverein! Ich kann nicht mehr, will nicht mehr, weiß nicht mehr weiter ...
Wieder sind die Leitungsgenossen nicht gekommen. Dabei wollte ich doch wenigstens erklären, warum ich es nicht mehr aushalte. Bin ja immer noch manchmal schwankend: Ist es »die Partei«, die ich verlasse, weil ich zu schwach bin? Oder

verabschiede ich mich nur völlig berechtigt und viel zu spät von einer menschenfeindlichen Sekte?
Sieben Jahre. Und dann so ein profaner Schluß.
Ich sage den beiden Genossinnen, die schon da sind: Ich komme heute das letzte Mal, ich trete aus. Mir kommen die Tränen. Es ist besser, ich gehe sofort wieder.
Fahre mit gemischten Gefühlen nach Hause. Im Bus glaube ich, alle Leute könnten mir den Parteiaustritt ansehen, so ähnlich wie es nach dem ersten Kuß oder nach dem ersten positiv ausgefallenen Schwangerschaftstest war.
Vier Wochen später ruft eine Frau aus der Ortsleitung bei mir an. Sie will vorbeikommen, sagt sie, es gäbe was zu besprechen. Ich denke: Na gut. Auseinandersetzen will ich mich ja. Vielleicht denken die sich ja endlich was dabei, wenn wir alle austreten. Außerdem ist es Gisela, die kommen will, mit der war ich jahrelang zusammen in einer Parteizelle. Wir haben unsere Kinder fast gleichzeitig gekriegt und gegenseitig oft auf unsere Babys aufgepaßt. Ich kann den Tag kaum erwarten, für den Gisela sich bei mir angekündigt hat.
Sie will gar nichts von mir. Sie kommt im Auftrag der »Parteikontrollkommission«. War Walter bei euch? fragt sie. Was habt ihr besprochen? Was hat er gesagt?
Gegen Walter, der noch nicht ausgetreten ist, läuft ein Parteiausschlußverfahren wegen Fraktionismus. Meine Freundin, mit der ich zusammen wohne – sie ist auch noch in der Partei –, hat Bericht erstattet bei der Leitung, wer mich in der letzten Zeit besucht hat. Meine Freundin ist eine Parteispitzelin.
Ich sage ganz kleinlaut zu Gisela: Ich dachte, du wolltest was von mir wissen, warum ich ausgetreten bin. Interessiert dich das nicht?
Später mal, sagt Gisela und geht. Drei Jahre später wird sie mir erzählen, sie habe damals geglaubt, ich wolle mich aus dem Politikmachen zurückziehen, könne Muttersein und Parteiarbeit zusammen nicht verkraften, wolle nur noch »privat« leben. Daß ich Kritiken hatte, erinnerte sie nicht.

Ich finde es zum Kotzen, daß die Linken, die Genossen, behaupten, für die Gleichberechtigung der Frauen zu sein,und in jedem Parteiprogramm, immer, überall wird diese Gleichberechtigung auf den St. Nimmerleinstag verschoben. Kritiklos übernehmen sie die rückständigsten Modelle, Hauptsache, sie kommen aus dem jeweils sozialistischen Bruderland.
In der UZ, der DKP-Zeitung, eine »Seite für die Frau« wie in jedem anderen Käseblatt: Kochrezepte, Kindererziehung, Gesundheitstips und Schönheitspflege. Die Chinatreuen finden es in Ordnung, daß die Chinesinnen wieder BHs tragen und es Modellkleider gibt seit neuestem – nicht mal eine Debatte über die Bevölkerungspolitik in China wird geführt. Die Albanientreuen veröffentlichen gräßliche Fotos in ihren Zeitungen: Kindergartenbilder, süße Mädchen in weißen Kleidchen und kernige Bübchen in weißen Höschen, gedrillt und artig.
Böser Kitsch. Ich bin jetzt auch böse.
Wir haben uns die Köpfe heiß geredet auf den Delegiertenversammlungen der »Partei«: Die Frauenfrage steht auf der Tagesordnung? Weiberkram!
Doppelunterdrückung der Frau im Beruf und durch den Mann – so durfte ich das nicht sagen bei den Genossen. Im linken Sprachgebrauch wird entschärft: Doppelunterdrückung der Frau durch Beruf und Haushalt.
Da ist dann die Lösung nicht sehr kompliziert. Eine Spülmaschine wird gekauft, und der Herr des Hauses hängt ab und zu mal Wäsche auf.
Und was ist mit Vergewaltigung? Und was ist mit Kleinfamilie?
Und was ist mit uns, den Frauen in der Partei?
Wird Zeit, neue Freunde zu suchen und ernsthaft nachzudenken.

Vom Kinderkriegen

Hamburg 1975: Seit sechs Monaten laufe ich mit einem dicken Bauch rum, lese alles, was ich über Schwangerschaft in die Finger kriege, werde beinahe erschlagen von Werbung und Plänen, wie alles sein soll und falle teilweise darauf herein. Bin entgegen allen Befürchtungen gern schwanger und freue mich auf das Kind. Bin neugierig.
Die ersten drei Monate habe ich nichts gemerkt. Lebte in einer fremden Stadt, hatte viel Arbeit, jeden Tag Termine für die »Partei«, dachte erst, ich sei überlastet und erkältet; und war dann aber schwanger.
Ich habe mich im Universitätskrankenhaus Eppendorf zur Geburt angemeldet, weil ich gehört hatte von anderen Genossinnen, daß die Mütter dort die Babys wenigstens tagsüber durch eine Glasscheibe beobachten können. Außerdem will ich, daß eine Kinderklinik und eine Intensivstation in der Nähe sind – für »alle Fälle«.
Am errechneten Geburtstermin passiert nichts. Von nun an, sagen mein Frauenarzt und auch die Krankenhausärzte, muß ich alle drei Tage nach Eppendorf zur Untersuchung: Warten, ausziehen, hoch auf den gynäkologischen Stuhl, Beine breit, Amnioskop rein in die Scheide, runter vom Stuhl. Jedesmal ist es ein anderer Arzt, der mich untersucht. Jedesmal ist der Befund unauffällig. Keiner redet mit mir. Keiner sagt mir, daß das erste Kind oft »zu spät« kommt. Ich fühle mich mies, bin eine Akte mit dickem Bauch. Manchmal sind diese Untersuchungen unangenehm und schmerzhaft.
Ich blute, es tut weh.
Dreimal fahre ich anschließend mit dem Taxi nach Hause. Mein Frauenarzt stellt mir keinen »Taxenschein« für die Krankenkasse aus. Im Krieg, sagt er, sind die Frauen sogar zur Geburt gelaufen. Ich solle mich nicht so anstellen.

Mein Frauenarzt hat im Wartezimmer »China im Bild« liegen, er soll der deutsch-chinesischen Freundschaftsgesellschaft angehören. Deshalb wurde er mir wohl empfohlen von den Genossinnen aus der »Partei«. Ich war ja sonst nie beim Frauenarzt.

Drei Wochen nach dem errechneten Geburtstermin werde ich zur medikamentösen Geburtseinleitung ins Krankenhaus bestellt. Niemand fragt oder erklärt mir etwas. Ich bin froh, daß endlich etwas passieren soll. Ich habe dem Kind schon einen Wickeltisch gebaut. Ich habe keine Lust mehr auf Schwangerschaft; es soll jetzt kommen, das unbekannte Kind.

Viel später mache ich mich kundig: Die künstliche Einleitung der Geburt war unnötig. Das Fruchtwasser war noch klar. Ein Gespräch und noch ein paar Tage warten, hätten wahrscheinlich eine ganz normale Geburt ermöglicht.

Morgens um acht stehe ich also im Vorraum zum Kreißsaal. Nichts gegessen, nichts getrunken, wie man mir es vorher gesagt hatte. Nackt ausziehen – sogar die Uhr muß ich abgeben. Duschen. Einlauf. Klo. Mir ist schlecht. Ich bekomme einen grünen OP-Kittel. Alle meine Privatsachen werden weggeschlossen. Hygienevorschriften. Man weist mir eine Liege zu, nachdem ich hinter der Hygieneschleuse bin. Obenrum bin ich grünbekittelt, unterhalb des Bauchnabels nackt. Die Schamhaare werden mir abrasiert, mein Unterkörper mit einem orangefarbenen Desinfektionsmittel angepinselt. Eine Kanüle wird in meinen Arm gestochen. Das Wehenmittel wird per Dauerinfusion angeschlossen, um den Bauch bekomme ich einen unangenehmen, drückenden Gürtel, den Kontakt zum Wehenschreiber.

Ich kann und darf mich nun nicht mehr rühren. Die nächsten Stunden liege ich nur noch da. Allein.

Gegen Mittag fangen die Wehen an, ziemlich plötzlich und ziemlich heftig. Schon gegen fünfzehn Uhr bin ich völlig geschlaucht. Die Hebamme kommt nun alle dreißig Minuten und sagt: Das dauert noch. Kurz nach siebzehn Uhr kommt

ein Arzt, setzt sich wortlos vor meine Vagina und durchsticht die Fruchtblase. Es läuft warm unten aus mir raus. Die Wehen sind kaum noch zu ertragen.
Zwischendurch höre ich Schreie und Hektik. Im benachbarten Kreißsaal werden Drillinge geboren, zu früh. Alle sind aufgeregt. Ich bin allein mit meinen Wehen. Krieg ja nur ein einzelnes Kind. Die Hebamme stellt meine Infusion ab. Es soll noch nicht losgehen bei mir. Es ist Sonntag, Weihnachten. Alle Hände haben nebenan zu tun.
Die Wehen werden schlagartig schwächer. Ich schlafe sofort ein. Irgendjemand muß den Tropf wieder angestellt haben, denn ich wache mit einem Irrsinnsschmerz auf. Ich schreie, fühle mich ausgeliefert, kriege keine Luft mehr. Mir ist alles egal, was vorher war und nachher sein wird. Ich bin gleichgültig, nur noch Schmerz. Zweiminutenschmerz. Immerschmerz. Hundertfach zerspringt mein Bauch. Ich schreie um Hilfe.
Gierig nehme ich den Vorschlag auf, etwas gegen den Schmerz zu unternehmen. Alles ist mir recht, es soll nur aufhören.
Ich muß mich setzen und den Rücken krumm machen. Ein Arzt spritzt in meinen Rücken – das Universitätskrankenhaus versucht schon die berühmte »Rückenmarksspritze«.
Es tut höllisch weh. Mein linkes Bein schläft ein. Es funktioniert nicht bei ihr, sagen sie, die rechte Seite schlägt nicht an. Das finden sie interessant. Der Arzt mißt meine Wirbel aus, ein anderer kommt mit einem Medizinstudenten und klopft an meinen Beinen herum. Ich bestehe nur noch aus einem interessanten Wirbelzwischenraum und einem zerplatzenden Bauch.
Ich kann nicht mehr pressen. Bin nur noch erschöpft. Mir ist alles egal, auch das Kind, auch ich, es soll aufhören.
Ein dicker Arzt wird gerufen. Der setzt und kniet sich auf meinen Bauch und drückt darauf herum. Am nächsten Tag habe ich überall Blutergüsse.
Ich kriege irgendwie eine Tochter und einen Kreislaufkollaps.

Schon wieder Spritzen. Haben Sie viel Sport getrieben? Ich und Sport! Ich hätte ein Sportlerherz, sagt man mir. Es ist mir so egal.

Irgendwann später wickelt mich jemand in Tücher ein und legt mich auf eine schmale, fahrbare Liege. In einem Plexiglasbettchen daneben, auch fahrbar, liegt ebenfalls eingewickelt ein ganz kleines Kind. Das niest und guckt mich an. Es gefällt mir. Ich kriege Hunger.

Nach zwei Stunden werde ich wieder durch die Hygieneschleuse gefahren. Diesmal in die andere Richtung. Peter ist da, er darf fünf Minuten gucken. Er ist erschrocken, daß wir beide so blau und blaß aussehen, die Kleine und ich.

Drei Tage lang kann ich nichts machen, wenn mein Kind schreit. Ich kann meine Tochter nur durch eine Glasscheibe betrachten, eine Trennscheibe. Sie wird nur zum Stillen gebracht. Wenn die Kinder untersucht werden, wird ein Vorhang vor die Scheibe gezogen, damit wir nichts sehen können. Die Säuglingsschwestern behandeln uns Mütter wie Luft.

Am vierten Tag will ich nach Hause und gehe »auf eigene Verantwortung«. Ich habe jetzt ein Kind. Ich muß sie erstmal kennenlernen, meine Tochter.

Hamburg 1978: Diese Schwangerschaft habe ich früher bemerkt. Sie ist entstanden, kurz bevor meine Tochter einen schweren Unfall hatte. Ich bin in der Frühschwangerschaft Röntgenstrahlen ausgesetzt gewesen, und ich habe das verdrängt. Mein Bauch ist dicker als bei der ersten Schwangerschaft. Ich bin wieder gern schwanger, aber es gibt viele Probleme. Die Beziehung zu Peter ist kaputt, er hat mich verprügelt, als ich hochschwanger war. Ich habe danach alles Geld, das wir hatten, genommen und mir davon ein schönes Kleid gekauft und einen Mantel und war beim Friseur. Ich möchte mich von ihm trennen, aber erst soll das Kind da sein.

Ich habe bis vor einigen Wochen noch in meinem Beruf gearbeitet. Es war schwierig. Nachtwachen durfte ich nicht mehr machen wegen der Schwangerschaft – das ist gesetzlich verboten –, also mußte ich in den Tagdienst. Im Kinderheim für Schwerstbehinderte ist auch Tagdienst schwere Arbeit: Rollstühle kippen, Treppen runtertragen, Kinder und Jugendliche ins Bett, in die Badewanne heben. Manche wiegen so viel wie ich. Ich hatte vorzeitige Wehen im siebten Schwangerschaftsmonat. Der Frauenarzt verschrieb mir Wehenhemmer und Valium. Ich habe das nicht genommen. Ich überprüfe seit einiger Zeit alle medizinischen Verordnungen und finde Alternatives heraus. Meine Alternative war in diesem Fall ein Gespräch mit der Heimleiterin. Ich mußte leichtere Arbeit haben, das war alles. Hab' dann im heiminternen Kindergarten gearbeitet und durfte sogar meine nun fast zweijährige Tochter mitbringen. Ihre Kinderkrippe war wegen einer Keuchhustenepedemie geschlossen.

Trotzdem war es anstrengend. Nun soll das Kind kommen. Ich hatte gestern abend noch einen Termin mit den Angeklagten im »Antifa-Prozeß«. Ich mache Öffentlichkeitsarbeit und Prozeßbegleitung für die »Partei« in diesem großen Prozeß. Zehn Leute sind in Gefahr, terroristenmäßig verurteilt zu werden, nur wegen einer Protestdemonstration. Einige der Angeklagten sind Genossen.

Nun muß ich erstmal mein Kind kriegen.

Zwei Tage vor dem errechneten Geburtstermin bemerkte ich bereits leichte Wehen, fuhr ins Krankenhaus, mußte mich in ein Bett legen und bekam Valium gespritzt. Die Wehen wurden schwächer, und man schickte mich nach Hause. Ich wollte gar nicht nach Hause.

Ich will jetzt das Kind kriegen und mich ausruhen. Niemand redete mit mir. Ich war enttäuscht. Habe mir dieses Krankenhaus extra ausgesucht, weil es hier schon »Rooming-in« gibt – die Babys dürfen bei der Mutter im Zimmer bleiben.

Muß nun wieder alle zwei Tage zur Untersuchung fahren. Komme wieder alle zwei Tage genervt und blutend nach Hause. Einer der Ärzte ist besonders brutal. Ist doch nicht so

schlimm, sagt er, Sie wissen doch wie das ist, Sie haben doch schon ein Kind.
Zehn Tage nach dem errechneten Geburtstermin ging tröpfelnd Fruchtwasser ab. Ich wartete noch zwei Stunden, dann fuhr meine Freundin mich ins Krankenhaus. Die Hebamme musterte meine Akte. Ausziehen, sagte sie. Steckte Lackmuspapier in meine Vagina. Das ist Urin, sagte sie. Ich war schon wieder klein wie ein Staubkörnchen. Ich sah ihr an, daß sie dachte: Hysterikerin.
Traurig fuhr ich nach Hause. Schon wieder Taxi umsonst ausgegeben. Kann ich nichtmal ein Kind normal kriegen?
Am nächsten Morgen rinnt es mir nun die Beine runter, die Stiefel stehen gleich voll Wasser. Hab' ich also doch recht gehabt! Gottseidank hat jetzt eine andere Hebamme Dienst. Sie verzieht die Stirn und schüttelt den Kopf darüber, daß man mich gestern abend nicht dabehalten hat. Sie redet mit mir. Ich könnte heulen vor Dankbarkeit.
Sie akzeptiert, daß ich keine Wehenmittel will. Ich darf sogar rumlaufen. Nachmittags gehen ganz zarte Wehen los, aber man sieht sie schon richtig auf dem Wehenschreiber. Ich soll mich nun hinlegen, liege dann stundenlang und langweile mich, immer auf den Wehenschreiber glotzend. Stehe heimlich ein paarmal auf, dazu muß ich mir den Wehenschreiber selber abmachen. Langsam wird es etwas doller. Ich kann mich gut auf die Wehen konzentrieren. Schichtwechsel bei den Hebammen. Die Neue guckt kurz rein, ein Blick auf mich, einer auf den Monitor. Ist noch nicht gut fürn Kreißsaal, murmelt sie, und schon ist sie raus aus dem Zimmer.
Ich liege, warte, atme. Liege, warte, atme. Ganz schön heftig wird es jetzt. Bei der nächsten Stippvisite wird die diensthabende Hebamme hektisch. Liegend bringen sie mich in den Kreißsaal. Der Muttermund ist schon weit auf, sagen sie. So entgehe ich wenigstens dem Einlauf und der Schamhaar-Rasur.
Gegen dreiundzwanzig Uhr kommt der diensthabende Arzt vorbei, will sich zum Schlafengehen im Arztzimmer verab-

schieden. Findet meine Wehen nicht wichtig genug für eine Störung seiner Nachtruhe, stellt den Wehenschreiber ab: Das wird heute nix mehr. Die Hebamme ist anderer Meinung. Sie gibt mir noch zwei Stunden. Beide stehen am Fußende meines Bettes und streiten sich. Sie schimpft lautstark: Das tragen Sie aber in die Akte ein! Er spritzt mir ein wehenhemmendes Mittel und Valium. Sie ist empört und geht erst mal eine Zigarette rauchen. Ich heule und überlege: Wo kann ich hin? Ich kann mich doch jetzt nicht wehren!
Kurz vor ein Uhr nachts kommt das Kind, trotz der Spritzen. Die Hebamme hat recht gehabt. Ich bin geschafft. Es ist ein Sohn! Ich wollte einen Sohn! Ich freue mich und habe Hunger, kriege aber leider nichts zu essen. Dafür kriege ich das Kind gleich auf den Bauch gelegt. Ein tolles Gefühl ...
Von da an war es okay. Es wurde nicht einmal gemeckert, wenn wir die Kinder den ganzen Tag mit im Bett hatten. Wohlgemerkt, unter der »unhygienischen Wöchnerinnendecke«! Das hatte ich noch gelernt so, in der Krankenschwesternausbildung. Das Baby war zufrieden, hat fast nur geschlafen. Ich war auch zufrieden und habe mich erholt.

Hamburg 1982: Ich krieg noch ein drittes Kind!
Dieses Kind hat einen anderen Vater als die beiden anderen. Ich habe mich vor einigen Jahren von Peter getrennt. Es war eine schwere Trennung.
Ich habe mich auch von der »Partei« getrennt, vorher schon. Auch das war nicht leicht. Es fehlt mir nichts. Ich mußte erst lernen, das zu akzeptieren. Diese unerhörten Freiheiten ... Ich war nun mit dickem Bauch bei der »Hamburger Frauenwoche«. Manche Frauen guckten mich kritisch an. Ich habe Seminare angeboten über und gegen die »Neue Mütterlichkeit«. Und das mit schwangerem Bauch! Meine feministischen Freundinnen sind teilweise skeptisch: Drei Kinder – muß das denn sein? Ich weiß es nicht. Ich finde es im Augenblick schön so, bin schon wieder gerne schwanger und noch viel fetter als

früher. Ich rauche trotz Bauch, wurde ein paar Mal bösartig angemacht deshalb auf offener Straße.
Vor zwei Wochen hat meine Nachbarin ein Kind bekommen, einen kleinen Jungen, zu Hause geboren. Ich werde mein drittes nun auch zu Hause kriegen.
Einen Tag vor dem Termin wachte ich bei Sonnenaufgang auf und war unruhig. Beim Aufstehen merkte ich, daß die Fruchtblase geplatzt war. Es tröpfelte. Nach einer Stunde war ich mir ganz sicher und rief die Hebamme an. Wir kennen uns vom wöchentlichen Treffen der Geburtsvorbereitungsgruppe. Sie komme gegen elf vorbei, sagte sie und bestätigte dann meine Diagnose.
Der Kopf des Kindes liegt gut, also darf ich rumlaufen. Kaffeetrinken mit der Nachbarin. Mein Freund bringt die beiden Kinder zu seiner Mutter an den Stadtrand; meine Tochter kommt in drei Wochen in die Schule, mein Sohn ist viereinhalb jetzt. Ich räume die Babysachen in die Kommode und lege mich ein bißchen hin. Es ist heiß draußen, an die dreißig Grad. Ich dusche andauernd, setze mich zwischendurch auf den Balkon, die Füße in einem Eimer mit kaltem Wasser. Gegen Abend gehe ich mit meinem Freund und meiner Schwester essen. Ich bestelle mir das teuerste Essen. Mir ist nach Steak, ich bin hungrig. Immer noch keine Wehen. Es zieht nur ein bißchen in meinem Bauch. Das Fruchtwasser tröpfelt in eine Windel, die ich mir in die Unterhose gesteckt habe. Wir gehen spazieren. Ich werde heute nacht ein Kind kriegen, ich weiß es!
Gegen zweiundzwanzig Uhr noch ein Telefonat mit der Hebamme. Alles klar, sie ist jeder Zeit bereit. Gegen Mitternacht geht es los, zu Anfang ist es beinahe angenehm. Ich laufe rum, gehe »die letzte Zigarette« rauchen auf den Balkon, kuschel mich ins Bett und stehe wieder auf. Nach einer Stunde muß ich schon mitatmen. Wir beziehen das Bett frisch. B., mein Freund, kocht Mocca. Bis drei Uhr komme ich gut klar mit den Wehen, B. massiert meinen Rücken – das tut gut. Wir ha-

ben Kerzen an. Dann wird es plötzlich heavy. Ich kann kaum noch sagen: Ruf die Hebamme an! Eine Viertelstunde später ist sie da. Geschäftigkeit macht sich breit. Ich bin beruhigt und gehorche ihren Kommandos zum Atmen. Zwei Stunden dauerts noch, Stöhnen, Schreien, aber diesmal ohne Alleinsein und ohne Todesangst, überhaupt ohne Angst.

Dann ist sie da, meine Kleine. Gerade geht die Sonne auf.

Die Nachbarinnen habens mitgekriegt, bringen ein Tablett voll mit köstlichem Frühstück. Wir frühstücken alle zusammen mit der Hebamme. Wieder wird das Bett frisch bezogen – auch Hausgeburten haben viel mit Blut zu tun. Um sieben Uhr kommen weitere Nachbarn. B. geht zum Laden an der Ecke und kauft eine ganze Kiste Sekt. Die Tischler im Hinterhaus, dort, wo B. arbeitet, stoßen auf unser Wohl an. Dann feiern wir drei Tage lang. Ich liege im Bett oder sitze auf dem Balkon wie eine Königin. Blumen, Blumen, Sekt.

Die Kleine weint nicht, nicht ein einziges Mal die ersten Tage. Es geht mir gut. Zwar bin ich froh, daß es nun vorbei ist, doch es geht mir gut.

Ich fühle mich sehr stark und kräftig.

Von der Ordnung

Neuenfelde bei Hamburg 1979: Als ich neunzehn war, vor zehn Jahren, hat mir jemand das Buch »Weiblichkeitswahn« von Betty Friedan geschenkt. Es war damals ein Bestseller bei vielen Frauen der APO. Mich hat es nur begrenzt interessiert, weil es nicht meine Probleme waren, die darin angesprochen wurden. Acht Jahre später waren es meine. Und das Buch stand irgendwo im Regal; ich hatte ja nicht einmal mehr die Zeit, mich daran zu erinnern, geschweige denn, zu lesen.

Vorweg: Ich habe es nie geschafft, perfekt zu sein. Haushalt, zwei Kleinkinder und noch Berufstätigkeit – das geht nicht zusammen, da ist eine Vorzeigewohnung Luxus. Trotzdem hatte ich oft den Wunsch nach Ordnung, nach planvollen Tagen, nach überschaubaren Aufgaben, nach Gemütlichkeit und phantastischen Essen. Nach einer aufgeräumten, warmen Wohnung, mit Blumen auf dem Tisch und einer sauberglänzenden Nirosta-Spüle und Kinderzimmern, die duften statt stinken.

Egal, ob die Kinder Masern haben, egal, ob es Ehekrach tagtäglich gibt, egal, ob Inventur ist bei der Arbeit und Überstunden angesagt sind, egal, ob gerade eine Demonstration stattfindet, die wichtiger ist als eine saubergeputzte Badewanne, egal, ob gerade R. und J. mich besuchen, die vor zwei Jahren ausgewandert sind ... immer wollte ich es ordentlicher haben, da wo ich wohne.

Ich halte das heute für falsch, auch wenn sich meine Wünsche und Enttäuschungen noch nicht immer danach richten.

Manchmal stehe ich wirklich eine Stunde früher auf – und ich schlafe sowieso schon zu wenig –, um zu putzen. Um den Anschein zu erwecken, daß ich Berufstätigkeit, Politik und Kinder perfekt unter einen Hut bringen kann. Als sei die silberne Nirosta-Spüle dafür das sichtbare Zeichen.

Theoretisch denke ich: Wir müssen die Hausarbeit an sich in Frage stellen. Es reicht nicht die »Hilfe« der Mitbewohner, egal, ob das Beziehungspartner sind oder Wohngemeinschaftsfreunde und Freundinnen. Es reicht nicht die Utopie, daß es gerecht wäre, für die Hausarbeit Lohn zu bekommen.
Es geht um die Inhalte. Ich muß die Inhalte in Frage stellen. Es geht um das, was im Kopf abläuft.
Es geht um die Versuchung, den Ansprüchen von Normalität, jedenfalls von dem, was landläufig dafür gehalten wird, zu genügen. Das schlechte Gewissen, den Drang zur Ordnung, den Drang zu spülen, wenn es die anderen nicht gemacht haben, den Drang, die Kinder niedlich anzuziehen, den Drang, nach einer zu Recht durchweinten Nacht nicht verheult auszusehen, den Drang, Normen zu übernehmen, die ich nicht selbst erfunden oder festgelegt habe.
Warum nehme ich dafür Sechzehn-Achtzehnstundentage in Kauf? Welcher Teufel zwingt eine Frau, die ein Kind stillt, Fenster zu putzen, aus denen sowieso keiner guckt, weil schon saubere Gardinen davor hängen?
Wer zwingt mich, in hochschwangerem Zustand Babywäsche nicht nur zu waschen, sondern auch noch mit »Babyweiß« zu bleichen? Wer zwingt eine Mutter von Wickelkindern, mit Kinderwagen zum Markt zu laufen und im Kinderwagenuntersatz kiloweise Obst nach Hause zu schieben, um daraus in stundenlanger Arbeit Marmelade zu kochen? Wer zwingt mich, Weihnachtsplätzchen zu backen und dazu auch noch Nachbars siebenjährige Tochter einzuladen? Wer redet mir das schlechte Gewissen ein, wenn ich nach der Entbindung des zweiten Kindes nach Hause komme, und Schwiegermutter hat die Gardinen gewaschen?
Viele Gründe ließen mich so denken und handeln. Einer waren »die anderen«. Was denken die Nachbarn, die Kollegen, die Genossen? Es ist der Wunsch, »normal« zu sein. Unauffällig. So wie die Nachbarinnen, die Kolleginnen, die Genossinen. Andere Frauen haben vier kleine Wichtel am Schürzenband

und trotzdem geputzte Fenster! Andere Frauen haben Kinder begraben oder welche im Knast, behinderte Kinder, Zwillinge, Drillinge, und trotzdem sind die Wäscheschränke picobello aufgeräumt! Andere Frauen sind Journalistin oder Schauspielerin oder Gewerkschaftsreferentin, und trotzdem sind die Kinderzimmer keine Müllhalden bei denen!

Und dann noch: Anderen Frauen macht diese Arbeit Spaß, dieses Aufräumen, dieses Ordnung schaffen, die Wohnungen herrichten, die Backöfen scheuern, die Klos putzen, die Kinder schniegeln, duftende, glänzende Zustände herstellen! Mit roten Wangen handeln sie auf den Wochenmärkten, wissen beim Schlachter das Fleisch zu unterscheiden, wissen, wie gebügelt wird, und sie tun das gern! Andere Frauen haben bei all dem noch gepflegte Frisuren und ein lächelndes Gesicht! Andere Frauen machen das so, wie es in den Frauenzeitschriften steht, abwechslungsreich und zufrieden!

Und ich?

Ich kann das nicht.

Es gelingt mir einfach nicht. Mühsam kann ich nur punktuell den Anschein erwecken. Mehr nicht. Während ich endlich mal die Küche putze, wächst es im Kinderzimmer schon wieder zu – im wahrsten Sinn des Wortes. Das hat mit Erfahrungen zu tun, der Erfahrung, was aus altem Brot und Stücken alter Banane wird, wenn ich nicht alle drei Tage ausmiste! Wenn ich nach einem Jahr endlich mal alle Fenster putze, beschwert sich garantiert eine Nachbarin, daß schon wieder die Treppe nicht gewischt ist. Wenn ich endlich die Kinderstrumpfhosen stopfe, sind sie zur Hälfte schon zu klein geworden. Wenn ich endlich zur Behörde gehe, liegen schon zwei Mahnungen im Briefkasten. Wenn ich endlich eine Rechnung bezahle, habe ich schon Wochen mit schlechtem Gewissen hinter mir. Wenn ich endlich eine Wohnung eingerichtet habe, und auch die Gardinen sind endlich umgenäht, dann lasse ich mich scheiden und ziehe um.

Ich kann das alles nicht, nicht so ordentlich wie die anderen.

Auch die Genossen, meine Kommunistenfreunde, achten auf Ordnung. Sie sagen, das sei »proletarisch« und daher richtig. Für keinen ist das ein Problem. Es ist keine wichtige Frage, es ist überhaupt keine Frage, was die Genossinnen Hausfrauen den ganzen lieben langen Tag so treiben. Weiberkram.
Keiner würde das ernst nehmen, wenn ich sage, daß die Hausfrauen mindestens genausoviel zu arbeiten haben wie die berufstätigen Leute. Die Genossen sagen zu unsereins – ich war ja auch »Hausfrau«, wenn ich Mutterschutz hatte –, sie sagen: Du hast ja Zeit zum Flugblätter verteilen und zum Layout machen. Das ist alles.
Nie habe ich Zeit. Nie bin ich fertig mit dem, was getan werden müßte. Nie habe ich den Ansprüchen genügt.
Meine Tante Eva, meine Schwiegermutter, meine Nachbarin – alle rümpfen die Nase, wenn sie meine Wohnung betreten. Sie finden sofort Dreckecken, sie sehen sofort die Löcher in den Kinderstrumpfhosen, die vollgestopften Schubladen, die ungeputzten Fenster, die zu teuer eingekauften Lebensmittel. Nie habe ich wie sie Vorräte oder gar vorgekochtes Essen im Kühlschrank. Im Gegenteil: auch der Kühlschrank müßte dringend wieder abgetaut und gereinigt werden. Die Wäsche stapelt sich in Haufen, statt gebügelt im Schrank zu liegen.
Ich kann das nicht.
Es macht mir keinen Spaß, jeden Tag zu spülen, zu waschen, zu staubsaugen und zu kochen. Es wäre sicher vernünftig, das alles rationeller zu gestalten. Plan, Ausführung, Ende. Jeden Tag. Wochenpläne machen. Montags die Küche putzen, dienstags die Fenster putzen, mittwochs zum Supermarkt gehen, täglich um zwölf Uhr kochen. Essenspläne machen, Tiefkühltruhe anschaffen. In jedes Zimmer eine Uhr hängen. Keine unnötigen Extras mehr! Keine Kuchenbackorgien, weil es regnet. Keine Termine, wenn die Fenster noch nicht geputzt sind. Keine Einkäufe ohne Einkaufszettel. Keinen Sekt zum Frühstück, wenn das Geld knapp ist. Keine Telefongespräche während des Geschirrspülens. Kein Zeitunglesen am Vormittag. Kein Fern-

sehen ohne zu bügeln. Kein Bügeln ohne Dampfbügeleisen. Kein schmutziges Geschirr nirgendwo, keine Dreckwäsche mehr. Kein Dreck mehr.

Ich kann das nicht.

Ich bin unfähig. Ich bin unordentlich. Ich verwalte und verstecke das Chaos. Wenn ich nur einen einzigen Tag damit aufhöre, wächst es aus den Kanalisationsöffnungen in Küche und Badezimmer, auf den Fußböden, unter den Kinderbetten, in allen Ecken und in allen Schränken. Es wächst überall. Auch unsichtbar: die ungetanen, unerledigten Dinge, Anrufe, Behörden, Ärzte, Rezepte, Rechnungen, Formulare, Geburtstage, Elternabende im Kindergarten. Und es sind immer noch keine neuen Sicherungen eingekauft, und seit Tagen leckt die Waschmaschine, und irgendwo im Treppenhaus riecht es nach Katzenpisse, und die Blumen vertrocknen.

Ich kann das nicht.

Am Sonntag kriege ich oft Migräne. Es geht mir dann schlecht, ich muß kotzen und habe höllische Kopfschmerzen, und kein Medikament hilft mehr. Dann lege ich mich ins Bett und kann nichts anderes mehr als schlafen und leiden.

Ich bin erschöpft.

Habe das Gefühl, daß mir alles aus den Händen gleitet, daß nichts so ist, wie ich es will, daß ich belanglos vor mich hinlebe, daß ich nicht weiß, wie es zu ändern ist, daß ich nicht bei mir bin, mir selber fremd im Spiegel. Nichtmal die Kinder kenne ich. Dabei heißt es, es sind meine. Irgendwie mag ich sie auch, aber nicht immer.

Ulli und Peter bringen oft Besuch mit. Ulli ist meine Freundin; mit Peter bin ich verheiratet. Wir wohnen schon eineinhalb Jahre zusammen am Stadtrand. Eine Stunde Bus bis nach Hamburg-Altona. Die Kinder sind jetzt fast zwei und fast vier Jahre alt. Ich bin Tagesmutter für die Nachbarskinder, die sind fünf, sieben und elf Jahre alt. Ich bin fast den ganzen Tag zu Hause. Das erstemal in meinem Leben bin ich für längere Zeit »Hausfrau«.

Wie ich sie hasse manchmal, Ulli und Peter, wenn sie Besuch mitbringen! Überall Dreck! Morgens, wenn ich in die Küche komme: Dreck! Ungespülte Tassen, Gläser, Töpfe, leere Bierflaschen – und die sind schon lange alle bei der Arbeit. Haare im Waschbecken, die ungemachten Betten, der verkrustete Matsch auf der Eingangstreppe, das Gegröle abends, ihr Lachen oder die laute Musik. Ekelhaft! Ich weiß, ich bin zu empfindlich, ich nöle rum, ich nerve rum, es macht mir Spaß, ihnen die Laune zu verderben. Ich hasse Ulli, wenn sie an freien Tagen bis mittags um zwölf im Bett bleibt. Ich hasse Peter, wenn er erst zwei Stunden nach Arbeitsschluß nach Hause kommt.

Ich kriege von beiden Geld, koche für alle und bin für den Haushalt zuständig und die Kinder.

Ich kann das nicht.

Eigentlich bin ich ja privilegiert, sachlich gesehen. Es wäre wahnwitzig, von Neuenfelde zur Arbeit zu fahren, irgendwohin nach Hamburg. Zwei kleine Kinder, drei Erwachsene und niemand, der sich um den Haushalt kümmert. Es war eine Entscheidung, die ich mitgetroffen habe. Es sollte ein bißchen Ordnung in unser Leben kommen, ein bißchen Ruhe und Ordnung.

Aber ich kann das nicht.

Die Mütter

Hamburg-Neuenfelde 1979: Ich bin Mutter. Meine Kinder sind knapp zwei und knapp vier Jahre alt. Ich bin gerade dreißig geworden. Man hat mir eine Geschirrspülmaschine geschenkt.

Ich habe hübsche, intelligente Kinder. Es sind Wunschkinder – zumindest war ich gern schwanger. Ich habe um mich herum Menschen, die sich mit ihnen beschäftigen oder sie sogar mögen. Es gibt Omas, Nachbarinnen, einen Vater, eine Freundin und sogar einen Garten, in dem sie spielen dürfen.

Eigentlich sollte ich in der Lage sein, meinen Kindern eine glückliche Kindheit zu verschaffen und mir eine glückliche Mutterschaft.

Eigentlich sollte ich rundherum zufrieden sein.

Tatsächlich bin ich es nicht. Ich bin voller Haß und Wut.

Ich werde das Theater nicht mehr mitmachen!

Im Notfall haue ich ab.

Alles ist gelogen, fast alles. Es gibt nur ganz wenig Augenblicke, in denen ich spüre: jetzt ist es wahr, jetzt ist es schön und so, wie ich es will. So, wie es für uns gut ist, für mich und die Kleinen.

Sie tun mir leid, sie konnten es vorher noch weniger wissen als ich. Jetzt sind sie da.

Ich bin auch da. Wir müssen damit leben.

Ich bin die Mutter.

Ich habe gelernt, was ich zu tun habe. Schon als ich das erste Mal schwanger war, fing es an. Erziehungsbroschüren, Ratgeber, Zeitschriften, Reklame, Tabellen vom Kinderarzt, Vorsorge-Untersuchungen, Zeitungsartikel und nicht zu vergessen: die guten und strengen Ratschläge von Nachbarinnen und Schwiegermüttern. Ich weiß, was ich zu tun habe.

Achte auf alles! Sei nie genervt, das Kind könnte es merken!

Sei immer da, aber binde das Kind nicht zu eng an dich! Sei nie langweilig, laß dir täglich was Neues einfallen! Gib Lernangebote, fördere das Kind! Sei manchmal streng! Kümmere dich um pädagogisch wertvolles Spielzeug! Überlege dir Geschichten zum Erzählen! Lies vor! Kein Fernsehen! Trage das Kind an deinem Körper! Verwöhn es aber nicht! Ein bißchen Fernsehen kann doch nicht schaden! Stille, wann das Kind es will, solange du kannst! Stillen ist schädlich! Such die beste Babynahrung aus, den besten Kinderarzt! Nimm keine Wegwerfwindeln, erlaubt sind höchstens diese französischen, die ohne Parfum! Karottenbrei kochen ist doch keine Kunst! Hygiene muß sein! Dreck muß auch sein, das ist eine Grunderfahrung! Es macht Spaß, so ein Kind, wie es sich entwickelt, nicht wahr? Ach – es lutscht am Daumen? Das ist aber nicht gut. Und es geht immer noch nicht auf den Topf? Das finde ich nicht mehr in Ordnung, wie die beiden sich streiten! Schläft es nachts durch? Aha! Schläft nicht in der Nacht? Aha! Was, du gibts ihm Süßigkeiten? Zucker? Was, du läßt es bei fremden Leuten übernachten? Ja, weißt du denn, ob die sich richtig kümmern? Kann es schon Drei-Wort-Sätze? Alete? Das würde ich aber nicht machen! Reformhaus ist das mindeste! Ich würde mein Kind nie meiner Mutter über Nacht geben! Kinder müssen immer merken, daß sie geliebt werden! Haben Sie schon einen Kindergartenplatz? Auf welche Schule geht Ihr Kind? Wie erziehen Sie Ihr Kind? Haben Sie auch keine Vorsorge-Untersuchung versäumt? Die Zähne! Die Sprachentwicklung! Die Motorik! Ballspielen! Knöpfe auffädeln! Lernprogramme! Zusammenspielen! Glück! Glück! Glück!
Tag und Nacht. Ich bin nicht mehr da. Ich bin nur noch liebevolles Umfeld, pädagogisch wertvoll im besten Fall.
Ich protestiere.
Ich kann nicht immer ausgeglichen sein. Muß ich verdrängen, weglügen, daß es auch noch anderes in meinem Leben gibt als die Kinder? Muß ich verdrängen, daß ich sie manchmal gar nicht mag?

Es ist dein Kind, Mutter, und du allein, Mutter, hast es in den Händen, daß es sich gut entwickeln kann. Das hättest du dir ja vorher überlegen können, ätsch!

Ich protestiere. Es stimmt nicht, davon bin ich fest überzeugt. Es kann und darf so nicht stimmen!

Ich versuche, ruhig Blut zu bewahren. Die Kinder an sich trifft keine Schuld. In was bin ich da reingeraten?

Mutter bin ich.

Scheiße!

Das Schlimmste ist, daß es manchmal schön ist. Sonst wäre es ja einfach.

Es muß sich was ändern, es muß was passieren.

Sofort muß was passieren, denke ich, so kann es doch nicht richtig sein, daß sie und ich überall nur gemessen und gewogen und beurteilt werden, und nie ist alles richtig, und ich, die Mama, mache alles falsch und selten richtig. Und überhaupt.

Meine Kinder sind in Ordnung. Gut, die Tochter lutscht am Daumen, und aggressiv ist sie auch manchmal. Gut, der Sohn redet noch nicht so richtig und schläft immer nur. Gut, manchmal sind sie unausstehlich und kränklich und nervig und bockig und jammerig und eklig.

Bin ich dafür wirklich alleinverantwortlich? Ich denke und hoffe: Nein. Ich werde es ausprobieren. So, jedenfalls, geht es nicht weiter.

Es gibt keine heile Welt. Ich kann meinen Kindern – denke ich und hoffe, daß ich recht habe, ohne ein Verbrechen zu begehen an ihnen – keine heile Welt vorgaukeln und sie anlügen, indem ich mich selber aufgebe. Sie würden Falsches lernen. Mindestens das.

Warum steht nirgends geschrieben, daß Kinder lebendige Menschen sind und Mütter auch? Lebendig sein ist nie perfekt und nie wie im Katalog. Warum wollen die Kinderärzte immer Kinder zum Vorzeigen und nie davon hören, daß es mir mies geht? Warum wollen sie nur ihre Listen abhaken und nicht wissen, wie wir sind? Warum kontrollieren sie nur die Abwei-

chungen von der Normalität und freuen sich nie an individuellen Geschichten? Warum gibt es mehr Spielzeugabteilungen, mehr Kataloge für Spielzeug und für Kindermode als Kindergärten? Warum gibt es vierzehn verschiedene Sorten von Babywindeln, aber nicht einen einzigen Treffpunkt für Mütter mit Wickelkindern an meinem Ort?
Ich mache das nicht mehr mit! Ich habe es satt! Ich werde sowieso alles falsch machen.

Hamburg 1981: Ich bin frei! Ich bin frei! Ich kann wieder denken und handeln!
Es geht den andern wie mir. Nicht ich bin die Unnormale, die, die nicht zu Rande kommt, die, die Schuld hat. Es ist das System. Das System von Frauenunterdrückung.
Hundert waren wir! Fast hundert! Hundert Frauen, die Kinder haben. Und fast alle sind gekommen vor einem halben Jahr, weil sie auch mit dieser Mutterrolle nicht klarkommen. Ich werde die Institution »Hamburger Frauenwoche« mein Leben lang hochachten und lieben für diese Erfahrung. Wir haben uns getroffen, gefunden, kennengelernt und gegenseitig gestärkt.
Wir haben recht! Wir sind viele! Wir sind da.
Ich bin nicht unfähig, sondern zu Recht empört. Muttersein ist Arbeit. Muttersein ist ungerecht. Wir sind viele! Ich habe eine Heimat.
Ich glaube, ich habe rote Wangen. Ich glaube, ich bin glücklich. Ich bin lieb mit den Kindern, ich bin lieb zu mir. Ich könnte die Welt umarmen. Ich habe meine Schuld verloren. Hundert Frauen, denen es geht wie mir!
Wir machen das nicht mehr mit.

Hamburg 1984: Ich habe ein Buch geschrieben darüber. Es heißt »Rabenmutter? Na und!«. Ich habe das Manuskript heute verkauft. Es handelt von uns, von mir, vom Muttersein heute. Es ist dagegen. Gegen das, was uns beigebracht worden ist, gegen das, was die Herren Medizinmännerpsychologenfachleutenichtmüttermänner uns beibringen, damit wir willig bleiben. Es gibt Zeugnis vom Leben, von der Wahrheit, von den Widersprüchen, von den falschen Ansprüchen und von den Frauen, die sich dagegen stellen. Ich freue mich so!

Hamburg, November 1986: Ich habe Geburtstag, und ich habe beinahe Angst vor dem, was heute zufällig passierte. Es kam ein Mann, ein Fernsehredakteur von der ARD vorbei; er hatte vorher angerufen und will einen Film machen zu dem Mütterthema. Zu meinem Buch! Über uns – die »Rabenmütter«. Über uns, die wir nicht mehr allein die Verantwortung übernehmen oder übernehmen wollen, über uns, die wir ausbrechen oder ausgebrochen sind aus der Rolle der Edelmütter. Ich bin fassungslos und skeptisch. Immerhin: Fernsehen. ARD – was kann da schon Gutes rauskommen? Mit einem Mann ... Die Dreharbeiten beginnen in zwei Wochen.

Bonn, November 1986: Ich könnte heulen, immer nur heulen. Ich bin auf dem »Mütterkongreß« der Grünen in Bonn. Es geht alles rückwärts.
Auf einem der Büchertische liegt ein hoher Stapel Stillbroschüren. Daneben ist ein großer Informationsstand der »Deutschen Liga für das Kind in Familie und Gesellschaft«. Kostenlos und massenhaft werden hier Broschüren und Flugblätter, die in ihrem reaktionären Inhalt kaum zu überbieten sind, unter die Frauen gebracht.
Auftritt Dorothea Calabrese, Gründungsmitglied der Grünen, Mitorganisatorin des Kongresses und vierfache Mutter zu Köln. Diese Frau tritt vor das Mikrofon mit Kinderwagen und Kindern, Mischung sauber-alternativ und unsichtbares Mutterkreuz, etwas gehetzter Blick (wen wundert's?):
»Ich will mich hier mit dem Bild der Parteien befassen, das sie von uns Müttern haben. Wie sie uns mit Heiligenscheinen versehen, die nichts kosten. Welche Orden sie uns versprechen ...

denn daß wir welche verdient haben, daran zweifelt niemand!«

Ich, da ich weder Heiligenschein noch Orden will, verlasse schnell den Saal und lasse den Recorder weiter aufnehmen, was da an grünbrauner Soße in den Raum geklagt wird.

Dreißigtausend Mark hat die Grüne Partei dem Kongreß der Mütter zugestanden. Einerseits wenig – Kongresse dieser Größenordnung kosten gewöhnlich mehr. »Natürlich« haben die Organisatorinnen »mit Kind am Bein und Keuchhusten« diesen Kongreß in überwiegend unbezahlter Arbeit vorbereitet. Mit Stolz wird von ihnen darauf hingewiesen, immer und immer wieder. Auch daß insgesamt von vierzehn angemeldeten männlichen Kinderbetreuern nur zwei erschienen sind, wird mit einer Mischung aus Resignation und unerreichbarer Glückseligkeit berichtet.

Auf meine Verwunderung, daß fast alle Frauen ihre Kinder mitbringen, wo sie doch nur zu gut wissen müssen, daß es Streß für beide Seiten bedeutet, und ob es denn nicht möglich sei, gerade im Umfeld der Grünen, den Nachwuchs auch mal über's Wochenende dem Papa oder Parteifreunden in die Hand zu drücken, wird mir höchstens mal mit wissendem Lächeln geantwortet: Ich habe meins auch nicht mit.

Allerdings sei es gewollt, sozusagen als Demonstration der Betroffenheit, daß möglichst viele Kinder zu diesem Kongreß mitgebracht werden. Schließlich handle es sich um einen Mütterkongreß.

Zweiundzwanzig Arbeitsgruppen sollen stattfinden: Von Leben und Wohnen bis Mütter im Widerstand heute, Alleinerziehende, Schwangerschaft, Rollentausch und Rabenmütter...

Zwar fehlt der ganze Bereich der Mütterlichkeitsideologie, und es ist auch ausgeklammert, den Kinderwunsch in Frage zu stellen. Dennoch gibt's noch interessante Themen, bei denen ich mir konträre Diskussionen vorstellen kann und gespannt bin auf die Forderungen und Meinungen der grünen Mütter.

Als Betroffene (Mutter) und Reporterin (Emma) gehe ich von Raum zu Raum und höre nur Jammern und Klagen.
Schlimmer noch. Arbeitsgruppe »Ausländische Mütter« – ausgefallen. Arbeitsgruppe »Kinderwunsch und Reproduktionstechnologien« – ausgefallen. Arbeitsgruppe »Weibliche Kinderliebe – staatliche Kinderplanung« – ausgefallen. Arbeitsgruppe »Und wo bleiben die Väter?« – ausgefallen.
In der AG »Rabenmütter« muß sich eine Adoptivmutter des Vorwurfs erwehren, sie habe einer anderen Frau ihr Kind weggenommen. Gestreßt von soviel biologischen Banden, gehe ich an die frische Luft und breche, auf der Suche nach Gleichgesinnten, meine Reportage und Bemühungen ab, weil mir nach einem Schnaps zumute ist, den es keineswegs gibt (nicht mal Sekt!).
Geraucht wird draußen – vor der Tür. Überall Leinen, Wolle und Gesundheitsschuhe. Es riecht förmlich nach Biederkeit und Gesundheitsmief.
Zwischendurch wird mir ungeteilte Sympathie entgegengebracht, während ich mal eine halbe Stunde das Kind meiner Schwester auf dem Schoß halte. Die geballte Kraft des Mutterkultes – es ist ihr hier kaum zu entgehen. Jede Rednerin stellt sich mit der bereits erreichten Kinderzahl vor. Heroisch wird eine Mischung aus schwarzblauen Übermüdungsringen unter den Augen und sanftem Lächeln zur Schau gestellt. Überall Mütter mit Schweißperlen auf der Stirn, die versuchen, brüllende Kleinkinder zu beruhigen, während sich gegenseitig beobachtet wird. Knallharte Konkurrenz und bloß die Ruhe bewahren! Wir wollen ja alle gute Mütter sein!
Die grünen Kongreßorganisatorinnen bezeichnen diese Veranstaltung ausdrücklich als gelungen und so, wie sie sich das vorgestellt haben.
Ich fahre anschließend mit meiner Schwester und deren dreijährigem Kind mit der Bahn ein Stück gemeinsam nach Hause. Mutter-Kind-Abteil, ein sehr freundlicher Schaffner, der ohne Aufforderung anbietet, den Kinderwagen ins Waschabteil zu

schließen, um uns Arbeit zu ersparen. Im IC-Restaurant krümelt das Kind alles voll und matscht auf der Tischdecke herum. Niemand beschwert sich. Der Bahnbeamte hilft meiner Schwester, Gepäck und Karre rauszutragen, als sie aussteigt. Abends spät komme ich nach Hause. Wie meist, wenn ich beruflich unterwegs bin, hat mein Freund für alles gesorgt. Ich bin froh, daß wir das hinkriegen, auch wenn's manchmal anstrengend ist. Es ist alles völlig normal, friedliche Stimmung, ein bißchen unordentlich, es stinkt nach Frikadellen (ich haße es, Frikadellen zu braten!). Niemand sagt: Endlich bist du wieder da!

Ein anderes Kind hat auch noch bei uns übernachtet, erfahre ich. Meine schlafen auch ab und zu bei anderen Leuten. Außerdem gehen sie täglich in einen Ganztagskindergarten und werden die nächsten drei Tage auf beinahe jegliche Zuwendung von mir verzichten müssen, weil ich einen Emma-Artikel über den Mütterkongreß zu schreiben habe. Die grüne Bundestagsabgeordnete Christa Nickels behauptete mir gegenüber auf dem Mütterkongreß, sie müsse ihre Familie immer wieder aufbauen, wenn sie nach Hause komme. Sie schien stolz darauf zu sein.

Da geht es mir wohl besser, ich habe ja auch diesen Anspruch nicht.

Hamburg, März 1987: Unser »Rabenmutter-Film« ist ausgestrahlt worden: Ingeborg, Barbara, Heidi und ich. Und unsere Kinder. Und mein Freund.

»Rabenmütter – oder Das Ende der Geduld«, hieß er.

Nach den Nachrichten im Ersten Programm!

Viola hat gleich danach angerufen: Ihr wart so toll, besonders die beiden Lesben! Total toll wart ihr! Moni hat angerufen: Geil! Wie habt ihr das geschafft!? Bärbel hat angerufen: Super, ich liebe Euch! Toll! Dann kam er erste anonyme Anruf: Du Sau!

Es waren Hunderte: »Man sollte diese Weiber an die Wand

stellen und erschießen! Gehen Sie doch bitte in den nächsten Pornoladen und kaufen Sie sich einen Vibrator! Auch im Tierreich sorgen die Glucken für ihre Kinder, sind Sie sich zu gut dafür? Wollen Sie mal richtig durchgevögelt werden? Verantwortungslos! Was wird aus unserem Volk? Sie können doch nicht einfach die Kinder im Stich lassen! Was wird aus Familien ohne Liebe? Diese Frauen sind keine Mütter! Wir protestieren! Unverschämt! Und dafür zahlen wir Fernsehgebühren? Ich biete mich an,für Ihre Kinder zu sorgen, da Sie ja anscheinend nicht in der Lage dazu sind!»

Das war nicht das Schlimmste. Manche haben trotz Anweisungen beim NDR unsere Telefonnummer rausgekriegt. Meine Kinder, jetzt fünf, neun und elf Jahre alt, gehen alle ans Telefon: Ist deine Mutter da, die Nutte? Weißt du eigentlich, daß deine Mutter dich umbringen will, Kleine? Armes Kind, wann ist die Hexe da? Richte deiner Mutter aus, sie ist abartig! Bist du allein, wo ist die Schlampe? Du armes Kind, wo ist die Rabenmutter, die Sau?

Ich bin fassungslos und sperre die Telefonnummer.

Hamburg 1989: Ich komme wieder von einer Veranstaltung mit dem Rabenmutter-Buch: Immer noch stimmts, und es wird auch immer stimmen! Die Frauen sind froh, wenn eine es mal sagt. Mal sagt, wie es ist, mal sagt, wie unser Utopien sind! Wir wollen ja die Kinder gar nicht umbringen, das sagen nur die Schweine. Wir haben sie gern, die Kinder.

Aber wir wollen nicht mehr die Arbeit alleine machen, die Verantwortung nicht alleine haben, nicht mehr alleine damit dastehen.

Wir wollen Kindergärten, Kinderkrippen und Väter haben und eine kinderfreundliche Gesellschaft und mehr Möglichkeiten.

Ich habe gelernt: Mütter, die fordern, die nur das geringste, nämlich Mitverantwortung, fordern und deshalb nicht verzweifelt sind, müssen büßen. Die Lesungen laufen meist ab wie ertrotzte, erkämpfte, gar konspirative Treffen. Oft sagen die Frauen: Mein Mann weiß nicht, wohin ich heute abend gegangen bin ... Manche sagen: Ich hätte mich ohne dein Buch schon umgebracht, ich wußte vorher nicht, daß wir viele sind. Ich bin dann immer ungeheuer beschämt, weil ich ja mittlerweile Geld dafür kriege, irgendwo hinzufahren und zu lesen und zu reden, und fast überall finde ich Schwestern, die nicht nur keine Geld kriegen, sondern auch noch Verachtung und Bedrohung für ihre Meinung. Ich bin ja jetzt eine »Autorin«. Ich fahre irgendwohin und kriege noch Honorar dafür, daß ich mit den Frauen rede.

Manchmal ist es so, daß ich am liebsten umsonst da wäre, nur für die wundervollen und lehrreichen und klugmachenden Gespräche und das Aufgehobensein und dieses Gefühl von Heimat, zwischen zwanzig Uhr und machmal vier Uhr morgens, ungeplant. Und nie weiß ich es vorher, wo die klugen Frauen sind, die, die sprechen mit mir und wissen von uns: die, die nicht mehr können, nichts mehr außer wütend sein, Gleichgesinnte suchen und was ändern wollen. Ich weiß und bin ganz sicher mittlerweile:

Wir sind mehr als die, die gegen uns sind.

Wir sind nur zu leise.

Dieses Mal war ich zweifach gespannt unterwegs. Wie werden die Veranstaltungen sein? Das war das eine. Das andere, wie werden sie es zu Hause schaffen?

Meine beiden »Großen«, jetzt knapp zwölf und knapp vierzehn Jahre alt, waren zehn Tage allein und versorgten sich selbst. Für so lange Zeit haben wir das noch nie ausprobiert. Sie kochten, kauften ein, gingen selbständig und pünktlich zur Schule, hatten viel Besuch von anderen Kindern und Jugendlichen, machten den ganzen Haushalt. Gar manche Mama bei den Lesungen blickte kritisch, wenn ich das erzählte. Ja, aber ..., sagten sie.

Die Kids haben es wunderbar geschafft. Sogar Wäsche war gewaschen, als ich nach Hause kam.

Brokdorf und Tschernobyl

Hamburg 1976: Ich habe Nachtwache im Kinderheim. Die Freunde, die Genossen, die Kollegen - alle sind in Brokdorf. Und ich muß zur Arbeit! Das Kind ist bei der Oma.
Nachmittags wache ich auf, kann nicht mehr schlafen. Ich habe Angst um die anderen und die Hoffnung, daß sie es schaffen.
Ich drehe Radio und Fernseher an, höre zu jeder vollen Stunde Nachrichten. Höre, wie der Radiosprecher immer wieder sagt: Blutige Auseinandersetzungen, militante AKW-Gegner ...
Abends, bei der Arbeit im Kinderheim, sitzen die Jugendlichen alle im Fernsehzimmer. Sie sind auch gegen Atomkraftwerke und zum Teil erstaunlich gut informiert. Einige der Erzieherinnen und die Zivildienstleistenden sind ja jetzt auch dort am Bauzaun. Die »Großen« - es ist ein Heim für schwer körperbehinderte Kinder und Jugendliche - wären gern mitgefahren, fühlen sich ausgeschlossen mit ihren Rollstühlen. Es ist zu riskant diesmal, du kannst nicht rennen mit einem Rollstuhl auf der Matschwiese, wenn die Hubschrauber kommen und Tränengas abwerfen. Diese Demonstrationen sind brutal und gefährlich.
Um zweiundzwanzig Uhr kommen die ersten beiden Erzieherinnen zurück, sie sind fix und fertig; eine heult noch immer vom Tränengas. Ich mache ihr eine Augenspülung. Sie müssen beide unter die Dusche und andere Kleidung anziehen - sogar uns tränen schon die Augen, seit sie bei uns sitzen.
Die Kolleginnen berichten von Tränengasgranaten, schreienden Menschen, Verwirrungen. Die Hubschrauber sollen so tief geflogen sein, daß sich die Leute auf die Erde schmeißen mußten, in den Schneematsch in der eisigen Kälte. An einer Stelle nur ist der Bauzaun zu Bruch gegangen. An einer Stelle nur! Es hat überall, flächendeckend, Polizei-Kontrollen gegeben.

Selbst Auto-Werkzeugkästen, Motorradhelme, Verbandskästen und tragbare Radios wurden beschlagnahmt.
Was können wir denn noch tun?
Fast alle besitzen wir mittlerweile einen Motorradhelm – es ist die Angst vor den Knüppeln der Polizei. Viele von uns haben sich Gasmasken besorgt, aber es gibt Lieferschwierigkeiten für die richtigen Filter. Gelbes Ölzeug ist ganz hilfreich gegen die Wasserwerfer, wenn man nicht zu nahe dran ist. Abendelang haben wir »Erste-Hilfe-Zettel« gedruckt. Hilft Zitronensaft gegen Chemical-Mace? Nicht diese Augentropfen, die verstärken die Wirkung! Nehmen wir Schock-Spritzen mit? Wer weiß, was passiert, manchmal drehen Leute durch ... Ach was, wir sind so viele.
Fast alle unterschätzten wir die Lage.
Das Gefühl von Einheit tat gut. Zehntausend, zwanzigtausend, dreißigtausend Leute. Beinahe wie von selbst gab es Bündnisse in den Anti-AKW-Gruppen, Zusammenarbeit unabhängig von politischen Parteien, Gewerkschaftszugehörigkeiten, Kirchenmitgliedschaften. Die »Vorhutparteien« schlugen sich auf die Brust jedesmal: Wir waren es, die den Bauzaun zerschnitten haben! Wir sind die Führung! Wir bestimmen, wie es weitergeht!
In den Bürgerinitiativen war kaum jemand, der das noch ernstnahm. Es gab auch viele Leute, die wollten nicht »kämpfen«, nur dagegen sein. Und es gab viele, die haben das Kämpfen gelernt. Ein Mal Brokdorf reichte in der Regel dafür.
Der Verfassungsschutz schickte Spitzel in die Initiativen. Die »Bild«-Zeitung titelte: Demonstrantinnen wollen mit Babys auf dem Arm den Bauzaun stürmen! Waffenlager in Bauernhof gefunden! Angst vor den langhaarigen Chaoten!
In Wilster, einige Monate später, stehe ich auf dem Marktplatz. Zehntausende von Demonstranten stürmen die kleine Stadt. Die Busse, die Autos, die Eisenbahnen wurden alle schon in Itzehoe von der Polizei abgefangen. Nur ein paar Leute, die wie ich »unauffällig« gekleidet waren, durften den Nahverkehrs-

zug nach Wilster benutzen. Fast alle sind zu Fuß gelaufen – von Itzehoe bis Brokdorf, viele Kilometer. Zehntausend oder mehr Menschen, es ist nicht zu zählen! Ein wunderschönes Bild, kilometerlang eingehakte Frauen und Männer in gelbem Ölzeug, viele mit Helmen auf dem Kopf. Wehrt euch, leistet Widerstand, singen sie.
Das Bild trügt, obwohl mir heiße Freudentränen in die Augen schießen. Die meisten Einwohner in Wilster schließen die Türen ab, machen die Fensterläden zu. Die Stadt wirkt totenstill. Auch innerhalb der Demonstration gibt es Streit: Wer darf die Führung übernehmen? Wer darf bestimmen, was gemacht wird?
Am Morgen hatte ich wieder mal ein Stück meiner »Vorhutpartei« zu Grabe getragen. Falsche Anweisungen, kein Zusammengehörigkeitsgefühl, die Parteibefehlshaber fühlen sich als Nabel der Welt und bilden sich allen Ernstes ein, die Bullen wären speziell hinter ihnen her!
In der Bürgerinitiative hatte ich schon lange festgestellt, daß es viel mehr Leute gibt, die Genossen sind, als in meiner komischen Partei der Arbeiterklasse. Hatte mit einigem Erstaunen bemerkt, daß die Genossen in der Initiative besser Bescheid wußten, informierter waren, besser kämpften, zuverlässiger waren und mehr Rückhalt in der Bevölkerung hatten als die Partei-Elite. Dabei war ich in diese Initiative »geschickt« worden von »der Partei«, um die Leute dort von der Richtigkeit der Parteipolitik zu überzeugen.
Und sollte wieder rausgehen, als klar wurde, daß die Anti-AKW-Gruppen mit Vergnügen auf eine Führungspartei verzichten wollten. Ich bin geblieben.

Wilster 1986: Die Kinder haben Angst. Sie müssen mal. Über uns, bedenklich tief, kreisen sechs oder sieben graugrüne Kampfhubschrauber des Bundesgrenzschutzes. Zum Anfassen nahe und brüllend laut. Ich gehe mit den Kids in die Büsche zum Pinkeln, neben der Schule in Wilster. Ich mache mit mei-

nem Freund und einem Bekannten einen Treffpunkt aus – für alle Fälle.
Wir sind drei Erwachsene und fünf Kinder bei der »Kinderdemo« gegen Atomkraft. Die Kinder haben Angst vor den Hubschraubern. Es tut ihnen trotzdem gut, auf der Demonstration zu sein, endlich was zu tun. Man sieht es ihnen an.
Vor sechs Wochen ist das AKW in Tschernobyl hochgegangen. Die Kinder wissen Bescheid: Es gab keine Milch mehr im Kindergarten. Der Spielplatz war abgesperrt. Es war verboten, im Sand zu spielen.
Ich gehe mit den Größeren ein Stück in Richtung Brokdorf. Ein Pulk von Bussen, Autos, Fahrrädern, Fußgängern auf der Chaussee. Alles Demonstranten. An einem Haus mit gepflegtem Vorgarten sind große Schilder angebracht: Toilette! Daneben das Anti-AKW-Zeichen. An einem anderen Haus steht ein Schild: Tee, Wasser. An der Ecke zur Bundesstraße ist ein Getränkestand, es gibt dort auch Süßigkeiten heute.
Wir treffen die Freunde von Ralph, die wir schon ewig nicht gesehen haben. Sie wohnen schon lange zurückgezogen in einer Land-WG in der Nähe von Bad Segeberg. Ich freue mich, daß sie heute auch da sind. Trotzdem wirkt alles so unwirklich. Trotz der vielen Leute, trotz der bekannten Gesichter von früher.
Niemand trägt mehr Helme. Es ist Sommer. Die Menschenmassen wirken wie Leute auf einem riesigen Spaziergang. Es ist alles sonderbar friedlich. Bei der »Kinderdemo« in Wilster gibt es ein Karussell, Kirmesbuden, auch eine Schießbude ist dabei. Viele Kinder tragen Schilder, Transparente und Luftballons. Meine zehnjährige Tochter hat auch ein Schild gemalt: Hop-hop-hop, Atomkraftwerke stop!
Ich bin sehr gespalten: Die Idylle trügt – Sonnenschein, Kinder mit selbstgemachten Schildchen, Mütter, Väter, ein großer Spaziergang im Grünen ...
Von Klewe werde ich erst später erfahren. Peter, der Vater meiner beiden älteren Kinder, war dabei. Wurde aus dem Auto ge-

zerrt und verprügelt, das Auto kaputt geschlagen. Es war das Auto seiner Mutter. Ein Sonderkommando der Polizei hat fünfzig Autos demoliert. Die Leute nicht weitergelassen. Verprügelt nach Strich und Faden.
Die Idylle trügt aber auch deshalb: Nun ist also das eingetroffen, wovor wir immer gewarnt haben. Eines der Dinger ist in die Luft geflogen. Wir sind alle getäuscht worden. Noch immer werden die Nachrichten zurückgehalten. Noch immer wissen wir nicht viel Konkretes über die Menschen in und um Tschernobyl. Noch immer wissen wir nicht, wie gefährdet wir sind. Das einzige, was immer konkreter wird, alles ist verseucht. Auch hier.
Trotzdem bin ich irgendwie froh, was zu machen. Aber es ist so unwirklich und so wenig.

Hamburg 1986: Seit zehn Uhr morgens, es ist ein Sonntag, kreist ein Hubschrauber über unserem Viertel. Um zwölf schwinge ich mich auf mein Fahrrad, zusammen mit meinem Nachbar Rainer. Wir fahren eher neugierig und leichten Sinnes zum Heiligengeistfeld, wo heute früh eine Anti-Atomkraft-Demonstration stattgefunden haben soll. Wir glauben nicht, daß der Hubschrauber wegen der Demo da ist. Da ist doch eh' keiner hingegangen ...
An der Ecke Feldstraße/Budapester Straße – eineinhalb Kilometer von unserer Wohnung entfernt – stellen wir unsere Fahrräder ab, beim Buchladen »Männerschwarm«.
Plötzlich rennen uns Leute entgegen, teilweise panisch. Eine türkische Familie mit Kinderwagen und mehreren Kindern an der Hand ruft uns zu: Weg! Weg! Haut ab! Militär!
Straßenbreit, mit gezückten Schlagstöcken in der Hand, rennt eine Polizeiformation in unsere Richtung. Sie haben Helme auf und bilden eine Mauer von Schutzschildern. Sie wirken auf mich, als wären es tausende.
Ich renne mit den anderen weg. Am Schulterblatt, beim Chinesen, bleibe ich stehen. Mir ist schlecht, meine Knie zittern.

Ich habe Angst und einen Kloß im Bauch. Ich kenne dieses Gefühl. Spähe wieder vorsichtig um die Ecke, fahre mein Fahrrad zitternd ein Stück zurück und suche Rainer. Der Polizeitrupp ist wieder zurückgerannt.
Ich verabrede mit Rainer, daß wir uns Punkt siebzehn Uhr gegenseitig anrufen. Bis dahin geht jeder von uns eigene Wege. Am liebsten würde ich sofort nach Hause fahren. Ich spüre Anzeichen von Durchfall.
Mit weichen Knien fahre ich mit dem Fahrrad eine große Schleife durch die Marktstraße, vorbei am Fernsehturm, den Messehallen und den Gerichten bis zur Kreuzung Feldstraße/Karolinenstraße. Auch hier stehen Pulks von Menschen. Aber auch hier weiß niemand, was los ist. Wieder kommt straßenbreit Polizei auf uns zu. Menschen fliehen, ich fahre mit dem Fahrrad, fliehe auch. Diesmal kommen sie langsam und drohend. Ich bleibe im Eingang des Restaurants »Z« stehen. Noch fünf Meter Abstand zum Polizeiaufmarsch. Sie sehen schrecklich aus in ihren Kampf-Monturen.
Ich fahre quer übers Heiligengeistfeld, dort, wo sonst der »Dom« stattfindet, der große Hamburger Jahrmarkt. Einige Buden stehen noch da, sie werden gerade abgebaut. Auf dem danebenliegenden Sportplatz von »St. Pauli« findet anscheinend gleich ein Fußballspiel statt. Hinter dem Bunker – seitlich ausbrechend – wieder eine Kompanie Bullen. Sie rennen mit Knüppeln in der Hand. Ich trete in die Pedale. Bis zum Fußballplatz fahre ich, ohne mich umzudrehen, holpernd durch die Schlaglöcher. Wenn sie in meine Richtung kommen, denke ich, dann gehe ich ins Fußballstadion mit den Fans. Ich und Fußball!
Ich fahre schnüffelnd und sichernd mittlerweile vorsichtig in Richtung Feldstraße. Am Parkeingang von »Planten und Bloomen« stehen mindestens zwanzig Polizeiwagen und Polizeibusse. Drin sitzen Polizisten in Wartestellung. Ich traue mich, sie frech anzugucken, während ich vorbeifahre, und fühle mich deshalb schon mutig.

In der Feldstraße sind jetzt mindestens dreihundert Leute. Irgendwo in der vordersten Reihe fliegen Steine, und ein Pappkarton brennt. Ich sehe niemanden, den ich kenne. Ich ertappe mich bei dem Gedanken: Ist das hier 'ne Chaotenfete oder was? Habe kleine Wüte auf die, die da Steine aus einem Baustellenhaufen klauben. Na, wenn das alles ist, dann kann ich ja nach Hause fahren, denke ich.
Rainer, was ist hier los? Er steht mit ein paar anderen an der Schlachthofecke. Weiß ich auch nicht, aber irgendwas ist los, sagt Rainer. Alle erzählen was anders, sagt er.
Der Polizeihubschrauber fliegt sehr tief – keine Verständigung mehr. In Höhe des Restaurants »Z« ist jetzt eine Polizeiabsperrung. Niemand kommt mehr durch. Doch, eine ältere Dame lassen sie durch, die mit vorgestreckter Hand ihren aufgeklappten Personalausweis hält. Eine junge Frau mit einem etwa zweijährigen Kind geht offensiv in Richtung Polizei. Die Gummiknüppel werden sofort dreißig Zentimeter höher gehalten. Ich schreie ihr zu: Nicht weitergehen! und könnte mich gleichzeitig dafür ohrfeigen. Auf einmal rufe ich mit anderen, fremden Leuten: Bullen! Faschisten! Zwei- oder dreimal – und wir flitzen zurück bis zur nächsten Straßenecke.
Drei Kids kommen verschüchtert zu uns: Wir müssen nach Hause, ist hier Krieg? Ich weiß ja nix. Völlig abseits von allem kriege ich Tränen in die Augen. Die Kinder tun mir leid. Wieder ist der Kloß im Bauch da.
Ich weiß wirklich nix, nur daß überall Bullen sind. Gleichzeitig höre ich Schreie und dieses Geräusch, dieses Geräusch, wenn die Knüppel auf Menschen treffen. Ich kenne das Geräusch. Es ist immer lauter als die Schmerzensschreie. Alles in mir sagt: Abhauen!
An der Ecke Fernsehturm/Rentzelstraße halte ich an, drehe um, fahre zurück.
Der Pappkarton auf der Feldstraße ist abgebrannt. Keine Steine tanzen mehr in der Luft. Die schwarzledergekleideten Bullen sind vorübergehend unsichtbar. Etwa tausend Leute sind

jetzt in der Feldstraße. Es ist so still, trotz der vielen Menschen. Alle mit Kloß im Bauch, denke ich.
Fahre mit dem Fahrrad durch die jetzt »freie« Feldstraße. Überall, auch an den Straßenecken, stehen Leute herum. Irgendwas ist im Busch. Keiner weiß was, keiner sagt was laut. Eine gespenstische Straße. Schräg gegenüber dem U-Bahnhof sind im ersten Stock eines Hauses alle Fenster sperrangelweit auf. Eine Frau mit trotzigfrechen Augen lehnt wie eine Oma im Fenster. Sie hat die Lautsprecher ihrer Musikanlage auf die Fensterbretter gestellt: Tag und Nacht wird sie bei dir sein, die Polizeieieieiei ... Das kenne ich, das tut gut. Ein Musikstück, das ich kenne. Ich grinse die Frau an, sie grinst zurück. Was ist hier los? rufe ich in den ersten Stock. Weiß ich auch nicht, ruft sie, auf jeden Fall zu viele Bullen!
Ich stehe wie paralysiert unter dem Musikfenster. Der Hubschrauber kommt wieder.
Nix passiert. Keiner weiß was. Irgendwie üben die Bullen irgendwas und das mit uns. Fuchsjagd oder so. Während ich wieder dem Musikstück von »Extrabreit« zuhöre, legt sich meine Angst. Bleibe ich jetzt noch? Die Entscheidung wird mir von der Einsatzleitung der Polizei abgenommen.
Völlig orientierungslos fallen Knüppel über mich her. Ich platze fast vor Angst. Das Geprassel. Es ist das Geräusch. Meine Schulter! Die Hände übern Kopf. Will schreien: Ich habe auch Kinder und rauche »Milde Sorte« wie in dem Lied da oben! Ich war nur neugierig! Ich habe keine Steine geschmissen!
Als hätte das was ausgerichtet.
Ich kriege kaum was ab. Bin nur eingequetscht in einem Pulk von Menschen in einem Hauseingang in der Feldstraße. Alle halten sich die Hände übern Kopf, alle ducken sich, ganz dicht zusammengedrängt: Frauen, Männer, Junge, Alte, Türken, Deutsche. Zeitlupe. Ich fühle mich ganz kurz gut. Jetzt ist es egal. Luft anhalten. Sie werden wieder abhauen. Es ist gleich vorbei.
Niemand von uns wird getötet, erschossen, verhaftet oder

auch nur schwer verprügelt. Alles hätte ich in dieser Situation für möglich gehalten.
Auf einmal sind die Soldaten weg. Ich fühle mich gut, lache zögernd. Die anderen neben mir auch.
Fahre nun nach Hause. Zu den Kindern, zu einem Kaffee aus einer Kaffeemaschine, zu meinem Balkon, zu meiner Arbeit. Es ist nur fünf Straßen weiter, wo ich wohne. Sonntagsruhe. Hier ist alles zivilisiert. Keine Polizeisoldaten mehr zu sehen. Ich spiele erst die Starke. Ich erzähle den Nachbarn, meinem Freund und den Kindern aufgeregt, daß in der Feldstraße was los sei. Bullen, ganz viele, sie knüppeln auf alle Leute!
Natürlich, mal wieder, sagen sie.
Ich kann nicht vermitteln, daß irgendwas anders ist als sonst. Heule erst auf dem Klo, dann in meinem Zimmer.
Mache die Kinder an, dann meinen Freund, dann meine Freundin. Rufe andere Leute an. Muß doch irgendwie die Angst totreden, muß doch wissen, was los ist. Rufe Leute von der Kirche an und von der »Hamburger Morgenpost«.
Ich bin fassungslos. Ich hätte mir vor Angst beinahe in die Hosen gemacht. Ich verstehe nicht: überall Polizei, kein Grund, so viel Desorientierung. Und sie knüppeln einfach auf die Leute. Was ist das für ein Film?
Am nächsten Tag erfahre ich, daß ich zufällig beobachtet habe, was seitdem »Hamburger Kessel« genannt wird. Ein paar hundert Demonstranten hatten sich in der Frühe zu einer Anti-AKW-Demonstration wegen Tschernobyl getroffen. Die Leute wurden bis spät in die Nacht von der Polizei »eingekesselt« auf dem Heiligengeistfeld, stehend, ohne Essen und Trinken, ohne Toiletten, zehn bis achtzehn Stunden lang. Rundherum stand Polizei, deshalb haben wir die Gefangenen nicht gesehen. Das, was ich erlebt habe, diente nur der »flankierenden Sicherung« dieses Kessels durch die Polizei.

Stade 1986: Vier Monate nach dem Atomunfall in Tschernobyl veranstalten wir ein Frauenseminar, in dem es auch um Widerstandsformen gegen das, was uns nicht paßt, geht. Wir sind an die zwanzig Frauen, die meisten davon Mütter, alle berufstätig. Es ist eine Bildungsurlaubsveranstaltung.

Alle Frauen, ob nun bei der Post angestellt oder Lehrerin oder Erzieherin oder Verwaltungssekretärin, sind gegen Atomkraft. Einige von uns haben Demonstrationserfahrungen.

Abends – nach ein paar Flaschen Wein – wird beschlossen, sich so ein Atomkraftwerk mal aus der Nähe zu betrachten.

Wir melden uns zu einer offiziellen Gruppenbesichtigung an und sind erstaunt, wie einfach das ist. Die freundliche Dame vom Öffentlichkeitsdienst des Stader Atomkraftwerks erzählt, daß täglich bis zu drei Besuchergruppen allein durch dieses Kraftwerk geschleust werden. Von Freunden, darunter auch erfahrenen Anti-AKW-Kämpfern, hören wir, daß diese Besichtigung sich nicht lohne. Es sei unheimlich schwer, sagen sie, gegen die geschulten Atomvertreter zu argumentieren, und alle Leute, die bisher dort waren, seien gefrustet zurückgekommen.

Wir haben uns dann etwas anderes überlegt:

Um elf Uhr vormittags sind wir angemeldet im AKW Stade und kommen erstmal eine halbe Stunde zu spät. Dann gehen einige von uns auf die Toilette, und es wird Viertel vor zwölf, ehe endlich alle im »Informationspavillon« sitzen – in weichen Sesseln. Vor uns stehen Tabletts mit kleinen Saftfläschchen – wir sollen uns bedienen, und wir öffnen alle Flaschen.

Der Publik-Relations-Mann des AKW sieht leicht pikiert darüber hinweg, beginnt dann aber mit seinem Informationsvortrag. Er ist Mitte dreißig, Typ dynamisch-elegant.

Meine Damen, beginnt er und versucht, irgendwas zu erzählen, aber wir lachen und unterhalten uns weiter, als sei er gar nicht da. Nun ist er offensichtlich leicht irritiert. Er versucht es noch einmal. Aber er kann sagen, was er will, wir lachen ihn aus. Einige von uns zeigen mit dem Finger auf ihn, während wir lachen.

Noch denkt er vielleicht, wir seien ein Damenkränzchen auf

einem Betriebsausflug ... Er versucht, uns zu beruhigen: Aber meine Damen, so hören Sie doch zu! Aber was er auch versucht, wir lachen ihn aus, einige von uns klatschen sich sogar auf die Schenkel vor Lachen, wenn er zu Erklärungen anhebt. Er ist nun sehr verunsichert und versucht es zur Abwechslung mit einem Dia-Vortrag und dann mit einer Filmvorführung. Beides muß abgebrochen werden, weil wir nicht zuschauen, sondern lachen. Er ist jetzt ganz weiß um die Nase.

Schließlich vergißt er seine missionarischen Aufgaben und fragt uns: Was wollen Sie eigentlich hier?

Da sagt eine der Frauen ganz ernst: Abschalten! Wo ist der Knopf zum Abschalten?

Das bringt ihn gänzlich aus der Fassung: Da kommen Sie nicht ran, sagt er.

Mittlerweile ist ein zweiter Publik-Relations-Typ, sein Kollege, aufgetaucht, um nachzusehen, warum so ein Lärm herrscht während des Vortrages. Nach einigen Sekunden sieht er genauso verunsichert aus wie der erste. Man kann offensichtlich nicht mit uns reden – aber betrunken sind wir augenscheinlich nicht. Ungewöhnlich unerzogen aber ... Wir richten uns sichtbar nicht nach den gesitteten Umgangsregeln einer Atomkraft-Informationsveranstaltung. Wir lachen andauernd und haben alle kleinen Saftfläschchen geöffnet. Wir benehmen uns »unmöglich«.

Wollen Sie denn lieber wieder gehen? fragt der eine, gut geschulte Mann mit leicht zitternder Stimme.

Ja gern, sagt eine von uns, das ist eine gute Idee. Wir warten nur noch auf Renate.

Renate?

Was für eine Renate?

Wir gehen nun die Treppen des »Informationspavillons« hinunter, einige öffnen die Türen zu den Damentoiletten und rufen: Renate! Komm jetzt, wir wollen gehen!

Sowas haben die AKW-Werbefritzen noch nicht erlebt. Sie haben die Frauen doch gezählt – oder ist ihnen ein Fehler unter-

laufen? Spinnen diese Frauen alle, oder gibt es wirklich eine Renate, die sich jetzt womöglich auf dem Gelände rumtreibt?
Wir bleiben draußen vor dem gesicherten Zaun des Atomkraftwerkes stehen und rufen wieder: Renate! Komm doch endlich!
Wir beobachten, daß die Publik-Relations-Männer in der Eingangspforte des AKW hektisch telefonieren und immer wieder zu uns hindeuten. Eine Kamera wird auf uns gerichtet, überall ist Betriebsamkeit zu beobachten.
Eine von uns begehrt noch einmal Einlaß und sagt den Männern: Sagen Sie Renate bitte, falls sie auftaucht, sie soll schnell nach Hause kommen oder sich wenigstens melden. Wir sorgen uns.
Dann fahren wir weg.
Wir wissen nicht genau, wie intensiv man nun nach »Renate« gesucht hat auf dem Stader Atomkraftgelände. Wir wissen aber, daß wir es geschafft haben, diese beiden Atomkraft-Büttel nachhaltig zu verunsichern ... Die sind mit Sicherheit schon lange nicht mehr dermaßen ausgelacht worden.
Hinterher führen wir spannende Debatten darüber, ob eine solche Form von »Psychoterror« gerechtfertigt war. Wir befinden, daß es gerecht ist. Wir haben alle in den letzten Monaten erheblich mehr »Psychoterror« erlebt, Angst um unsere Kinder gehabt und jegliches Vertrauen in die Beschwichtigungen der AKW-Politiker verloren.
Im übrigen haben wir auch noch sämtliches Informationsmaterial aus dem Werbepavillon mitgehen lassen und hinterher gemeinsam Sekt getrunken und ein Gefühl von Stärke gespürt, trotz unserer real vorhandenen schwächeren Position gegenüber der Atom-Mafia.

Selbst-Erfahrungen

Kassel 1959: Ich bin Flüchtlingskind. Vor einem halben Jahr sind meine Eltern mit uns aus der DDR geflüchtet. Mit einem Koffer und drei Kindern. Meine Mutter erwartet das vierte.
Ich muß umlernen, nicht nur, weil meine Freundinnen nicht mehr da sind:
Für dreißig Pfennig Knochen einkaufen beim Schlachter – wie die Leute dann schon gucken! Es gibt Nachbarskinder, die dürfen nicht mit mir spielen; Flüchtlinge und kinderreich – das ist zuviel. Wir sind nicht so gut gekleidet wie die anderen und überhaupt suspekt.
Im Fach »Handarbeiten« in der Volksschule kriege ich eine Vier, weil ich kein Stickgarn kaufen kann. Dafür ist kein Geld übrig, aber niemanden interessiert das.
Im Deutsch-Unterricht darf ich bestimmte Wörter, die in der DDR üblich waren, nicht benutzen. Im Religionsunterricht werde ich vor die Tür geschickt, weil ich gegen eine Lügengeschichte der Lehrerin protestiert habe. Sie erzählte, die Kommunisten glaubten, daß die Menschen auf Bäumen wachsen. In irgendeinem anderen Fach, wahrscheinlich auch in Religion, sollen wir von Kindern erzählen, die eine gute Tat vollbracht haben: Ich berichtete prompt von Thälmanns Tochter, die ihren Vater unter der Küchenspüle versteckte, während die Faschisten nach ihm suchten, und handelte mir schon wieder Unwillen ein. Das hast du erfunden, sagte die Lehrerin. Dabei hatte ich genau das an meinem ersten Schultag in Deutschland-Ost gelernt.
Begeistert bin ich nicht gerade von diesem Westdeutschland, auch die Schokolade schmeckt eigentlich schlechter als »Vitalade«. Meistens gibt es aber sowieso nur Käse. Morgens, mittags und abends den gleichen Käse aus US-Armee-Beständen. Flüchtlingshilfe.

Fünf Jahre später bin ich dann angepaßt. »Bravo«, Klamotten, Konsum, Kennedy und Pierre Brice. Größte Vorbilder: Jacqueline Kennedy und Farah Diba. Ich schäme mich dafür, daß es bei uns zu Hause nach Unordnung und mangelndem Geld aussieht, verachte meine Eltern dafür, daß sie keine »normalen« Zustände herstellen können wie andere Eltern auch, mit Fernsehgerät und Einbauküche.

Kassel 1967: Benno Ohnesorg ist tot. Ich komme wie immer abends bei der ESG vorbei, und die anderen Freunde dort erzählen: Einer wurde erschossen in Berlin.
Ich bin siebzehn. Wir machen in derselben Nacht ein Flugblatt und am nächsten Tag eine Demonstration. Diese Schweine! Sie haben einen von uns totgemacht! In Hannover auf der Beerdigung bin ich trotzdem verliebt in einen Typen, der in Berlin studiert. Wir singen die Internationale. Ich kenne das Lied ja von früher. Auf dem Heimweg von Hannover denke ich im Auto: Schule, Eltern, Freunde, Kassel – alles ist egal. Da ist noch was anderes. Da muß noch was sein. Ich will nach Berlin oder Frankfurt oder Hamburg, dorthin, wo die Demonstrationen sind und die Blockaden gegen Springer.

Hamburg 1969: Ich habe Arbeit gefunden in der fremden Stadt! Der Typ aus der WG, wo ich wohne, kennt jemanden, der gerade eine Werbeagentur oder sowas ähnliches aufmachen will. Ich habe Arbeit!
Es ist eine sehr kleine Firma. Sie handelt mit Lichteffekten für Diskotheken und Popkonzerte. Die Firma besteht aus fünf Leuten. zwei bauen die Anlagen, zwei sind Besitzer und Vertreter in einem, und ich bin das Mädchen für alles.
Ich bekomme fünfhundert Mark im Monat – nicht immer pünktlich –, wohne mietfrei und habe ein Zuhause.
Ich wohne im früheren Dienstmädchenzimmer. Das ist ein niedriger Raum über der Vorratskammer neben der Küche, genau sechs Quadratmeter groß und zwei Meter hoch. Platz für

eine Matratze, einen Stuhl, einen Kleiderhaken, einen Koffer und eine Plastiktüte.
Ich sitze von morgens um neun bis abends kurz nach sechs Uhr in »meinem« Büro in der Hamburger Innenstadt. Hier ist gleichzeitig der Vorführraum für die Lichteffekte, die ich verkaufen soll. Ich muß jeden Abend saubermachen. Tagsüber nehme ich Anrufe entgegen, erledige die Korrespondenz, fertige hunderte von Werbeschreiben an und führe am Nachmittag, wenn die Kunden kommen, die Lichtmaschinen vor. Oft tätige ich die Vertragsabschlüsse alleine. Manchmal geht es um hundertfünfzig Mark, manchmal um Tausende. Es gibt einige Super-Aufträge: James Last war da, dann noch einer vom »Star-Club« auf der Reeperbahn, ein Agent von »Pink Floyd« und Sammy Davis Jr. Die Firma ist konkurrenzlos in Europa. Ich kriege keine Provision, selbst dann nicht, wenn ich die Kunden ranzerre und den Vertrag selber mache. Diese Arschlöcher, ich bin ja auf sie angewiesen! Habe sogar Werbefotos von mir machen lassen, in enger Hose, tanzend. Diese Mistkerle! Sie sind beide fünfundzwanzig Jahre alt, die Chefs. A. fährt einen roten Porsche. Und ich hab' fünfhundert Mark im Monat und mache die ganze Arbeit.

Duisburg 1973: Ich trage schwarze Kleidung und habe Angst. In der ganzen Stadt werden Leute, die Trauerkleidung tragen, gejagt. Polizei, Bundesgrenzschutz. Ich habe Angst vor den Uniformierten.
Günther Routhier ist an den Folgen eines Polizeieinsatzes im Duisburger Arbeitsgericht gestorben. Es ist verboten, das laut zu sagen. Es ist verboten, die Beerdigung zu besuchen. Zum ersten Mal erlebe ich Hubschrauber über einem Friedhof, es ist höllisch laut! Er kreist tief über den Trauergästen, du spürst seinen Wind. Wir sind viele. Tausende. Günther Routhier war ein Genosse, er war auch in der »KPD/ML«, wie ich es jetzt bin. Aus den Cafés schleppen, schleifen die Bullen alle Leute, die schwarze Kleidung tragen, weg übern Bürgersteig.

Ich bin mit einem türkischen Genossen hier, für den ist diese Situation noch gefährlicher. Wir stecken uns Blumen an die Kleidung und spielen Liebespaar, schlendern den Park lang, durch die BGS-Sperre durch. Schon wieder ist der Hubschrauber über uns! Wir schlendern bis zum Stadtrand, wo unser Treffpunkt ist für die Rückfahrt nach Hamburg. Ich heule vor Wut und Angst. Ich weiß jetzt, daß die Geschichten wahr sind. Ich habe es gesehen. Der Bundesgrenzschutz ist eine »Bürgerkriegsarmee«. Dabei habe ich schon hundertfach auf Flugblättern verteilt, daß es so ist.

Hamburg 1974: Mir blieb fast das Herz stehen, als es in den Nachrichten kam. Ich hatte bis dahin nicht geglaubt, daß sie es wagen: Tote durch Zwangsernährung.
Holger Meins ist tot, hat der Nachrichten-Sprecher gesagt. Im Knast totgemacht beim Hungerstreik.
Ich stehe in der Telefonzelle im Altonaer Einkaufszentrum und rufe die Parteizentrale in Dortmund an. Telefoniere mit Freunden, bin entsetzt und weine. Es hat sich etwas verändert in mir. Ringsherum rennen die Leute vorbei mit Plastiktüten, vollgepackt vom Einkaufen, als sei nichts geschehen.
Alle sind dann bei der Beerdigung, das ist gut; und alle sind wir durcheinander, das ist noch besser. Die Maoisten, die Spontis, die Anarchos, die Frauen, die Männer, die Freaks, die Linksliberalen, Gewerkschafter, Pfarrer, Anwälte.
Da ist viel Stärke unter uns und Freude darüber, daß alle da sind. Plötzlich ein Gefühl. Unsere Wut wird noch zu was führen. Zusammen. Und eine heimliche Distanz zur eigenen »Vorhutpartei«. Es sind ja alles Genossen, die jetzt hier sind auf diesem Hamburger Friedhof. Lederhosen und rote Fahnen: Holger Meins, wir werden dich rächen, Revolution ist unser Versprechen!

Hamburg 1975: Ich bin Putzfrau. Ich habe einen Wohnblock Treppenhäuser, einmal die Woche, und außerdem einen Putz-

job bei einer alten Frau, die sich nicht mehr selbst versorgen kann. Sie ist Zahnarztmutter. Der Job ist okay, allerdings kriegen wir Streit, weil ich einmal das Baby mitbringe. Sie hat Angst, daß ich zuwenig arbeite für ihr Geld mit Baby.
Privatputzstellen sind meistens das Schlimmste. Die »Hausfrauen«, sind dir auf den Fersen, kontrollieren, daß du bloß keine unangemeldete Zigarettenpause machst. Besonders geärgert habe ich mich bei einer Superreichen-Familie, Nachbarn von Bundeskanzler Schmidt. Manager bei BP, der Vater. Die Mama zu Hause. Ich mußte einmal die Woche auch die Zimmer der erwachsenen Söhne saubermachen – einer studierte schon, einer machte gerade Abitur. In deren Zimmern lagen stapelweise Flugblätter des RCDS. Der ältere war Kreisvorsitzender der Jungen Union. Im Bücherschrank des väterlichen Arbeitszimmers standen sehr alte Bücher von Willy Bredel und Upton Sinclair. Ich hätte die gern geklaut.
Oder die Putzstelle meiner Schwiegermutter; ich bin manchmal mit hingegangen, um ihr zu helfen: Eine riesige, zweihundert Quadratmeter große Wohnung in der vornehmen Hamburger Isestraße.
Besitzer war der bundesdeutsche Herausgeber von »Mad«: Antiquitäten, Teppiche, jeder Gebrauchsgegenstand, vom Aschenbecher bis zur Seifenschale, stank nach Geld. Eine runde Badewanne hatten die, das Badezimmer so groß wie meine halbe Dreizimmerwohnung. Zum Badewanne Saubermachen mußte ich mir die Schuhe ausziehen und in die Wanne reinsteigen. Die Frau, sie war kaum älter als ich, ließ sich die Schuhe putzen und Frühstück ans Bett bringen – für neun Mark Stundenlohn.
Die Treppenhäuser sind einfacher. Da bist du nicht gleichzeitig Dienstmädchen. Ich kriege für sieben vierstöckige Treppenhäuser fünfunddreißig Mark die Woche, Naßreinigung mit Geländer. Ein Hausbewohner erzählte mir mal, daß sie pro Mietpartei fünfzehn Mark zahlen für die Treppenhausreinigung – das sind siebenhundert Mark insgesamt. Und ich kriege

davon hundertvierzig Mark und mache die Arbeit! Selbst wenn du fünfzig Mark für Putzmittel rechnest –und das ist viel zu viel –, sacken die Firmenheinis von der Putzkolonne oder die Hauswirte noch fünfhundert Mark ein im Monat.

Kassel 1976: Ich war heute nacht mit meiner Schwester Tina aus. Um elf Uhr abends, als unsere Kinder schliefen bei unserer Mutter, sind wir losgegangen in eine Kneipe, dann noch in eine andere und dann noch in eine Diskothek. Eigentlich war es gar nichts besonderes. Wir haben kaum Geld ausgegeben. Wir haben ein paar alte Bekannte getroffen, viel zu laute Musik gehört, zu viele Zigaretten geraucht. Bißchen getanzt und nach Hause gelaufen im Morgengrauen.
Und trotzdem war es schön.
Das Gefühl, am nächsten Morgen nicht zur Arbeit gehen zu müssen – jemand paßt auf die Kinder auf. Keine Verpflichtungen für ein paar Stunden, niemand, der was zu meckern hat. Menschen beobachten, wie sie tanzen, wie sie aussehen. Der eigenen Schwester beim Tanzen zuschauen, weil sie so schön ist dabei. Männern, die uns anmachen wollen, freche Sprüche ins Gesicht schleudern. Sekt trinken. Uns anschauen ...
Ich habe in dieser Nacht große Sympathien für meine eigene Schwester entdeckt. Meine Schweser Tina, die sich einfach nicht an die Spielregeln hält. Meine Schwester Tina, die keinen Mann hat und doch ein Kind. Meine Schwester Tina mit ihren »Lovern«, aber ohne Lust auf feste Beziehungen.
Meine Schweser Tina, ohne Geld, ohne Beruf und ohne Ansprüche. Sie hat viel Zeit, sie hat Zeit zum Zuhören und lebt in einem großen Chaos. Ihre Wohnung ist voller Müll: stapelweise Zeitungen, Kinderspielzeug, Wäsche, Staub. Nie ist sie Sklavin ihrer Wohnung. Es scheint ihr egal zu sein.
Tina, ich liebe dich.

Hamburg 1977: Als ich mit meinem zweiten Kind schon sichtbar schwanger bin, habe ich übers Wochenende öfters ein

Kind aus dem Behindertenkinderheim, in dem ich arbeitete, zu Hause zu Besuch. Wir mögen uns. Der Kleine ist knapp zehn Jahre alt und geht an Krücken. Auf dem Spielplatz höre ich dann die Bemerkungen der anderen Mütter: Wenn sie schon so ein Kind hat, dann sollte sie es doch besser bleiben lassen! Ein behindertes Kind reicht doch!

In dem Kinderheim leben etwa fünfundvierzig Kinder und Jugendliche zwischen Babyalter und Volljährigkeit. Sie sind meist schwer körperbehindert: Querschnittslähmungen, spastische Lähmungen, Contergan-Schädigungen, Muskelschwund. Viele haben darüberhinaus Verhaltensstörungen und Lernbehinderungen bis hin zu geistiger Zurückgebliebenheit entwickelt, was oft auch auf dauernd wechselnde Heimaufenthalte und fehlende Förderung zurückzuführen ist.

Dabei sind, soweit ich das beurteilen kann, diejenigen, die in diesem Hamburger Kinderheim gelandet sind, noch gut dran – die Betreuung hier ist vergleichsweise gut und liebevoll und ideenreich.

Als ich mit dieser Arbeit anfing – ich habe zuerst gut zwei Jahre Nachtwache dort gemacht und später wegen meiner Schwangerschaft Tagdienst –, wußte ich nicht, wie brutal in unserem Land mit Behinderten umgegangen wird. Die »Aktion Sorgenkind« ist nichts als ein Verschleierungsmanöver, selbst wenn das eine oder andere Kind über diese TV-Veranstaltung zu einem ordentlichen Rollstuhl kommen mag. Es ist erniedrigend.

Für Außenstehende ist es kaum vorstellbar, welchen Kampf ein Behinderter oder eine Familie mit einem behinderten Kind führen muß, um überhaupt zu leben oder zu überleben: Jedes Hilfsmittel, jede Krücke, jede Schiene, jeder Rollstuhl, jede Reparatur, jede Spezialkleidung und -behandlung kostet Geld und muß, soweit es überhaupt Unterstützung gibt, auf dem Behördenweg beantragt werden. Das dauert und ist immer nachweispflichtig. Wer arm ist, kann sich ein behindertes Kind eigentlich kaum leisten, denn es bedeutet zumindest, daß ein

Elternteil die Berufstätigkeit aufgeben muß. Alleinstehende Mütter können das kaum durchhalten. Es gibt keine Hilfen, keine Entlastung. Und wenn die Eltern es nicht schaffen, wird das Kind zwangseingewiesen ins Heim.
So war es bei vielen, die ich jetzt kenne. In den Akten sind dann die Berichte der Fürsorgerinnen sorgfältig abgeheftet: eine Mutter weigert sich, ihre Arbeitsstelle aufzugeben, in einer Familie wird die unaufgeräumte Wohnung beklagt, in einem weiteren Fall wird kritisiert, daß die Mutter eine fünfzehn Kilometer entfernte Therapiemöglichkeit für ihr Kind nicht regelmäßig wahrgenommen hat.
So kommen die Kinder ins Heim. Damit werden sie noch weiter benachteiligt, werden in Ghettos abgeschoben und wegverwaltet, mit der wunderbaren Aussicht auf ein Berufsleben in einer der »Werkstätten«. In der Hamburger »Behindertenwerkstatt«, die auf manche Kinder, mit denen ich arbeite, zwangsläufig zukommt, werden Schachteln zusammengesteckt für Colgate und Beiersdorf. Für fünfzig Pfennig die Stunde. Nivea, Zahnpasta, Hansaplast.
Es gibt kaum Chancen auszubrechen. Behindert bist du »Freak«. Nicht hübsch, nicht nützlich genug, zu umständlich, zu langsam. Hast froh zu sein, daß du lebst, nicht mehr vergast wirst. Das ist doch immerhin ein Fortschritt! Dafür hast du dich in Dankbarkeit anzupassen, so unauffällig wie möglich zu leben.
In meiner »Vorhutpartei« ist es nicht anders: Helga kriegt ein Kind? Muß das denn sein, ist das nicht zu gefährlich? Wie soll die denn für das Kind sorgen? Helga hat Multiple Sklerose – das könnte ja bedeuten, daß ein Parteigenosse eventuell mal auf das Kind mit aufpassen müßte, statt sich den wichtigen Aufgaben der Revolution zu widmen.
Wir sind doch kein Fürsorgeverein, heißt es oft in der »Partei«. Wir haben Wichtigeres zu tun, als uns um Leute zu kümmern, die aus irgendeinem Grunde Solidarität brauchen. Schwerpunkte setzen! Nicht verzetteln!

Die »Vorhüter« sind nicht besser, schlimmer eher als die anderen. Unsolidarisch, verbiestert und vermauert.

Hamburg 1977: Deutscher Herbst. Wir haben es nicht einmal mehr gebracht, zur Beerdigung zu fahren. Niemand legte die Arbeit nieder. Die Grüppchen und Parteien gaben die Parole »Defensive« aus: Wir liefern uns nur ans Messer, es hat keinen Zweck, es wird kontrolliert. Manche Genossen achteten sorgfältig darauf, an diesem Tag nicht zufällig frei zu haben, um nicht in Verdacht zu geraten. Ohnmacht, Feigheit und Verunsicherung sind überall. Wie eine Krake ergriffen sie Besitz von den Revolutionen.
Dabei hatten ein paar Wochen vorher in einer stinknormalen Hamburg-Barmbeker Kneipe die Leute noch Schnaps getrunken, als die Nachricht kam von der Entführung des Arbeitgeber-Präsidenten: Endlich haben sie mal den Richtigen erwischt! Eine Runde für alle! Prost! Und noch eine Runde!
So war das gewesen.
Als der Radiosprecher von Stammheim berichtete, war schon viel mehr tot als die Genossen. Laut Parteilinie handelte es sich ja sowieso schon lange nicht mehr um Genossen.
Im Radio traute sich jemand, an diesem Morgen das »Willi«-Lied von Konstantin Wecker zu spielen. Das war schon viel. Sogar die Isolationshaft war tabu dann. Es war, als hätte es Stammheim nie gegeben, Nachrichtensperre – auch in den Köpfen.
Entsetzen, das nur noch heimlich gezeigt wurde.
Wir waren ja nirgends dabei! Wir haben ja nichts gewußt! Die haben ja selber Schuld. RAF? Was ist das?
Ulrike Meinhof war schon lange tot. Das war vorher gewesen, die Probe. Keine Ahnung, wie es weitergeht. Die linken Parteien zerfleddern. Alles ist zerfleddert.

Hamburg 1978: Heute lag eine Werbebeilage in der Tageszeitung. Von Hertie. Heute gab es Frauen. Gratis.

Erste Seite: Eine Blondine mit wehendem Haar in einem schwarzen Hemdchen und Slip; eine Brünette in einem durchsichtigen weißen BH und Slip, durchschimmernd Schamhaar. In der rechten Hand ein Glas Sekt oder Champagner, den Daumen der linken Hand mit kindlicher Gebärde in den Schmollmund gesteckt.
Zweite und dritte Seite: Zwei Frauen in Dessous, Strapse, sich gegenseitig die Lippen anmalend, eine mit silbernem Telefonhörer in der Hand, die andere mit gespreizten Beinen; der hautfarbene durchsichtige Slip läßt Schamhaar durchscheinen; beide mit Kindfrau-Gesichtsausdruck.
Vierte Seite: Zwei sehr junge Mädchen in weißer Spitzenunterwäsche; die eine mit Strapsen, sich die Haare fönend, die andere mit frech-forderndem Blick, halb verdeckt hinter einer Puderquaste.
Darüber Schrift, auf allen vier Seiten: Kesses, hautnah in Szene gesetzt! Das gewisse Etwas ... Hertie hat's!
Als ich fünfzehn, sechzehn war, hat mich solche Reklame nicht verärgert, nur verunsichert. Ich fühlte mich häßlich, bin voll auf Mode und Schminken abgefahren. Aussehen, Schminken, Riechen, Klamotten. An der Schule war es ein einziger Wettbewerb: Wer hat die perfekteste Frisur, den kürzesten Minirock, die am besten geschminkten Augen?
Stunden verbrachte ich täglich mit der Vorbereitung meines Gesichtes und meiner Haare, bevor ich mich anderen Menschen zeigte. Immer das billigste, aber immer perfekt: Grundierung, Abdeckstifte, Puder, Augentusche, Eyeliner, Lippenstifte, künstliche Wimpern, Haarschleifen passend zur Kleidung. Das einzige Paar Stöckelschuhe, das ich besaß, flickte ich mit Leder, Plastiktütenstücken und Alleskleber – sie waren durchgelaufen.
Das waren keine Nebenbeschäftigungen, das war harte Arbeit. Dafür bin ich morgens eine Stunde früher aufgestanden, daran habe ich immer gedacht. Das war streckenweise der Hauptinhalt meines Lebens: Wie sehe ich aus?

Ich erinnere mich an diese Sorgen genauer als an die Geburt meiner jüngsten Schwester, genauer als an den ersten Kuß, genauer als an die Wohnungen, in denen ich damals gelebt habe. Immer Mascara und Make-up »Manhattan« von Woolworth. Wir haben uns damals nichts dabei gedacht, meine Freundinnen und ich. Niemand verlangte von uns, daß wir uns ernsthaft für irgendetwas interessierten, daß wir lernten. Niemand nahm uns ernst. Man akzeptierte schmunzelnd, daß wir »weiblich« wurden. Nur gar zu auffällig sollten wir nicht aussehen, das mochten die Erwachsenen nicht. Die Röcke also nicht zu kurz und die Schminke nicht zu dick. Die ersten Pfiffe der Bauarbeiter haben mich stolz gemacht, die Blicke und die Antatschversuche anfangs auch.
Ich wußte nicht, daß das kein Spiel ist. Ich war sechzehn.

Hamburg 1978: Ich bin »Hausfrau«. Mein zweites Kind wurde vor einigen Wochen geboren, das erste ist gerade zwei Jahre alt. Ich bin verheiratet mit dem Vater der Kinder – wie es sich gehört.
»Mein Mann« arbeitet im Hafen. Der Hamburger Hafen ist der zweitgrößte Hafen zwischen Holland und Dänemark. Vor allem Stückgut wird umgeschlagen; das ist Profi-Arbeit.
Früher habe ich Besucher immer mit einer Hafenrundfahrt ergötzt und der Idylle von Schiffen, Werften und Wasser romantische Gefühle geschenkt. Das ist jetzt anders. Viele Schiffe heißt viel Arbeit. Und ich weiß, wie die aussieht.
Jeden Tag habe ich Angst um den Vater meiner Kinder. Er arbeitet seit zwei Jahren im Hafen. Einmal rief er nachts aus dem Krankenhaus an: Mit zwanzig anderen Kollegen lag er vergiftet dort – sie hatten Fässer mit nichtdeklariertem Inhalt verladen, und eines war kaputtgegangen. Zwei Kollegen sind in seinem Beisein tödlich verunglückt. Am schnellsten geht das mit einem Container, unter dem der Mensch beim Abladen steht. Fast jede Woche einmal erzählt Peter, daß sie wieder Fässer hatten, ohne zu wissen, was drin war.

Jeden Tag muß er am Vormittag anrufen bei der Firma, um zu erfahren, für welche Schicht er eingeteilt ist, und ob er nur eine oder zwei Schichten hintereinander hat. Es wird vorausgesetzt, daß einer gerne »Doppelschichten« macht, sechzehn, siebzehn Stunden hintereinander.

Viele Kollegen sind scharf auf diese Doppelschichten. Sie haben Schulden oder wollen ein Haus bauen. Sie arbeiten täglich, auch sonntags, mindestens vierzig Schichten im Monat ist das Limit.

Viele wären sauer, würde die Schichtenklopperei verboten werden. Sie haben ihren Stolz und ihre kleinen Utopien. Sie wollen konsumieren, mithalten können, den bunten Katalogbildern entsprechen. Sie haben alle Spezial-Unfallversicherungen abgeschlossen, die sie leichtfertig mit ihrem eigenen Leben umgehen lassen: Unfall, Krankheit, Tod, alles wird versichert. Das lohnt sich im Hafen, denn täglich verunglückt einer.

Die »Alten«, die zehn, zwanzig, dreißig Jahre im Hafen sind, haben alle schon Unfälle überlebt. Einigen fehlen Finger, einem fehlen beide Daumen, und er schafft diese Arbeit trotzdem. Aber sie fahren mit dem eigenen Auto und im gebügelten Anzug zur Arbeit, besitzen Farbfernseher, Wohnzimmerschrankwände, Musikanlagen, manche auch Video. Und sie saufen Alkohol wie Wasser.

Zu den Betriebsversammlungen kommt ein Fünftel der Belegschaft. Längst nicht alle sind in der Gewerkschaft, obwohl es im größten Hafenbetrieb eine Zwangsmitgliedschaft gibt. Vor zwei Jahren wurde gestreikt, für eine kleine Lohnerhöhung. Berechtigt, ja. Aber die Idee, wegen der Arbeitsbedingungen zu streiken oder wegen der nichtdeklarierten Giftfässer, ruft nur mitleidiges Grinsen bei denen hervor, die es betrifft. Auch bei den wenigen alten und neuen Kommunisten, die ich kenne.

Ich bin Hafenarbeitersfrau, verheiratet, zwei Kinder. Die Kollegen meines Mannes finden mich nett. Zwei »Lütte« hat sie,

und hübsch ist sie auch noch. Für die Unordnung in der Wohnung haben die Kerle ja nicht so den direkten Blick.
Ich koche ja auch für sie und gebe mir Mühe. Bin auch neugierig und manchmal überrascht und froh über das, was sie sagen und denken.
Nach dem sechsten Bier werden sie alle zu Revolutionären. Das ist dann immer eine kleine Gradwanderung, denn der Zorn und die Wut gehen besoffen oft aufeinander los. Ich hasse es, wenn sie laut fluchen, kurz vor der Prügelei. Wie große Kinder!
Sie schwärmen von uns, weil es hier ohne Fernsehen witzig ist. Zusammen reden. Weil es ohne Aufwand und Bedenken möglich ist, mal 'ne Nacht (oder nach zwei Nachtschichten auch einen halben Tag) bei uns zu pennen. Manche wohnen dreißig, vierzig Kilometer entfernt. Manche haben Krach zu Hause.
Ich bin bedingt parteiisch. Das ist ein Streitpunkt. Da ist einer, der zahlt zu wenig Unterhalt und versucht, seiner Frau, die vier Kinder hat, zu entfliehen, seit sie geschieden sind. Ich bin gespalten: Die Frau braucht Geld mit den Kindern. Aber nur für den Unterhalt schuften? Schicht auf Schicht, und er hat nichts davon.
Es fällt mir schwer, gerecht zu sein.
Es fällt mir schwer, einen klaren Kopf zu behalten in all diesem Elend ohne Utopien. Kann ja sogar diese Besäufnisse verstehen, obwohl ich immer wieder wütend bin, wenn Peter – mit dem Auto versteht sich – angetrunken von der Schicht kommt.
Ich kann nicht umgehen mit diesen Männern. Kerle, die schwanken, stinken und lallen manchmal. Nie hat allerdings auch nur einer was Fieses zu mir gesagt. Nie! Nie sind sie so arrogant und eingebildet wie manche »Genossen«.
Ich weiß nicht, ob sie ihre Frauen schlagen. Es ist zu vermuten, statistisch gesehen. Peter hat mich verprügelt vor einem Jahr, betrunken. Das ist keine Entschuldigung. Ich war hoch-

schwanger. Ich kann ihm das nicht verzeihen, nie. Irgendwie kann ich das nicht.

Und jeder, der kommt von den Hafenkollegen, über jeden denke ich: Wie geht der wohl um mit seiner Frau? Die meisten haben ja eine.

Außerdem kommen wir nie mit dem Geld aus. Da können wir hin und zurückplanen.

Ich muß unbedingt Geld heranschaffen. Obwohl ich ja auch weiß, daß das den Kohl nicht fett macht. Je mehr wir »arbeiten«, desto mehr Geld wird verbraucht.

Klar, gäbe es das Auto nicht, wären abzüglich der Fahrkarte vielleicht dreihundert DM gespart.

Graue Theorie. Denn erstens fährt hier nur stündlich ein Bus, und zweitens brauchte Peter dann täglich dreieinhalb bis vier Stunden für den Arbeitsweg. Und wenn ich berufstätig wäre, halbtags vielleicht wegen der Kinder, müßten wir mehr für den Posten »Haushalt und Essen« ausgeben und für den Kindergarten mindestens zweihundert Mark bezahlen.

Es ist aussichtslos.

Hamburg 1979: Gestern wurde Tante Eva beerdigt, meine Tante Eva. Sie hat zehn Jahre lang Krebs gehabt. Die Beerdigung war absurd – als ginge es um jemand ganz anderen.

Der fette, salbungsvolle Pfarrer leierte mit beschwörender Stimme Gebete und Sprüche runter, die nichts mit Eva zu tun hatten. Für sechstausend Mark ein verschnörkelter Sarg, Blumen, Kränze, verkleidete Würdenträger und Lügen aus Gottes Hand für Eva, die mit Gott nie etwas zu tun hatte. Frau K., sagte der Pfarrer, sei dankbar gewesen für die vielen glücklichen Stunden, die sie mit ihren Kindern erleben durfte. Frau K., sagte er, habe tapfer mit ihrer Krankheit gekämpft. Frau K. sei zufrieden gewesen mit ihrem Leben ...

Eva. Immer sah ich sie arbeiten. Beim Fernsehen bügelte sie die Hemden ihrer Söhne und ihres Mannes. Es war immer blitzblank in der winzigen Wohnung; es stand immer Fleisch

auf dem Tisch und Aufschnitt. Dabei war sie arm, und die Einkaufswege sind weit in der Trabantenstadt.
Für den ersten Mann hat sie drei Kinder großgezogen und wurde von ihm für eine jüngere Frau verlassen. Der Mann war Witwer, es war Krieg gewesen gerade. Drei Kinder, die nichts mehr mit ihr zu tun haben wollten später.
Ihre eigene Tochter starb als Säugling.
Eva nahm dann noch ein Nachbarsbaby auf. Eine Nachbarin fragte, ob sie mal auf den Kleinen aufpassen würde und verschwand auf Nimmerwiedersehen, war jung noch gewesen und soll in Holland leben seitdem. Das war in den fünfziger Jahren. Eva hat den Kleinen behalten. Er wurde ihr Liebling und Pflegesohn, und sie wird ihn später nicht mehr begreifen und an ihm verzweifeln. Er wird Fixer, Drogenhändler, landet erst auf St. Pauli, dann im Knast. Sie besuchte ihn dort, schickte Päckchen, sorgte sich, weinte um ihn und wird sich immer fragen, was sie falsch gemacht hat.
Eva war fünfundvierzig, als sie ihren zweiten Mann kennenlernte. Sie wird ihn nicht heiraten. Nie mehr wird sie heiraten. Sie hat gelernt in der ersten Ehe. Sie hat sechzehn Jahre lang das Gerede der Nachbarn und der Verwandtschaft ignoriert.
Eva riet uns Anfang der siebziger Jahre, immer zur Wahl zu gehen, auch wenn es nichts zu wählen gebe. »Die da«, sagte sie und meinte den Staat, »die da« brauchen nicht zu wissen, daß ihr nicht hingeht, die registrieren das. Eva wunderte sich nie, auch nicht über meine kommunistischen Ansichten. Sie war als junges Mädchen in der KPD gewesen, erzählte aber nichts genaues. Nie. Irgendwas mußte passiert sein.
Nur ordentlicher sollte ich werden. Im Haus, sagte sie, ist die Frau zuständig. Eva bestrickte meine Kinder und hielt von Frauen mehr als von Männern. Männer werden nie erwachsen, meinte sie. Sie verschenkte ein Jahr vor ihrem Tod traurig ihre Grünpflanzen. Ein beknackter Arzt hatte ihr eine Allergie eingeredet wegen ihres Hustens, dabei war sie voller Metastasen vom Krebs in der Lunge und wußte das auch.

Eva wußte immer über Sonderangebote Bescheid, sie las »Das Goldene Blatt« und »Bild« – und doch war sie in wichtigen Sachen so ganz anders. Nur viel zu leise.
Die Beerdigung war viel zu laut. Eine teure, laute, nicht zu Eva passende Beerdigung, erkauft mit Zusatz-Schichten im Hafen. Evas Mann ist Hafenarbeiter. Stückgut, Kaffeesäcke, Zucker, Gifte. Seit fünfundzwanzig Jahren. Er machte oft Doppelschichten, damit das Geld reicht. Schwerarbeit. Zu Hause ist immer die Glotze an. Video haben sie auch. Und sonntags muß es ein feiner Anzug sein.

Neuenfelde bei Hamburg 1979: Seit wir uns mit dem Auswandern beschäftigen, geht es mir besser.
Es ist ein kleines Ziel. Abhauen! Neu anfangen! Was für ein Abstieg vom Traum einer sozialistischen Gesellschaft!
Und trotzdem geht es mir besser jetzt. Fühle mich dem, was mir nicht gefällt, nicht mehr so ausgeliefert, kann Abstand entwickeln. Wenn ich in Altona aus dem Bus steige und nur noch Häuser sehe und keinen Himmel, dann beengt mich das nicht mehr. Wenn ich die Zeitung aufschlage, nach Berlin fahre, nach Kassel, beim Arbeitsamt bin, verschlägt es mir nicht mehr den Atem, und es entsteht nicht mehr dieses Gefühl im Magen, das mir jedes Essen verleidet. Die Zukunft radikal verändern, privat? Adelaide, Australia. Ein realistischer Rückzug? Wir dürfen, hat uns die Einwanderungsbehörde geschrieben. Vier von unseren Freunden sind schon dort. Neulich haben uns Australier besucht, auch AKW-Gegner. Sie wundern sich, daß wir gerade in ihr Land wollen. Sie würden am liebsten in die BRD ziehen. Wir haben traurige Gespräche miteinander geführt – auf beiden Seiten jankernd nach Zeichen dafür, daß es woanders gut ist, besser jedenfalls.
Ich wohne im »Alten Land«, einem Obstanbaugebiet. Es sieht schön aus, wenn die Bäume blühen. Kilometerweit weiße und rosa Blütenträume. Noch schöner sieht es aus – und es duftet dann sogar –, wenn alles voll reifer Äpfel hängt.

Zentnerweise werden die Früchte zu Sammelstellen gefahren, zentnerweise Überfluß an roten, grünen, knackigen Äpfeln, einer wie der andere. Die Spaziergänger und Wochenendausflügler aus der Stadt pflücken sich manchmal einen Apfel und wundern sich über den merkwürdigen, beißenden Geschmack. Manchmal wird einem auch schlecht davon.

Was die »Städter« nicht wissen, manche Bauern essen ihr eigenes Obst nicht, haben wenigstens Extra-Bäume für den Familienkonsum. Denn das Plantagenobst wird gespritzt auf teufelkommraus mit allen möglichen erlaubten, halb erlaubten oder verbotenen Spritzmitteln. Alle paar Tage fahren sie mit den Sprühnebelmaschinen durch die Plantagen, und wenn du dir mal einen Apfel abpflückst, solltest du besser wissen, wann die letzte Spritztour war. Morgens nach dem Spritzen – es darf offiziell nur in der Dämmerung bis vierundzwanzig Uhr gespritzt werden wegen der Gefährlichkeit für Bienen – liegen die Wege und Straßenränder, die Wiesen und Gräben voll toter Insekten und Kleintiere: Käfer, Schnecken, Wespen, Schmetterlinge, auch Bienen. Unser Vermieter, ein Obstbauer, warnt uns immer am Tag vorher: Morgen ist Gartenverbot für die Kinder, sagt er dann, mindestens bis nachmittags, besser bis übermorgen. Er weiß, wovon er spricht. Er weiß nicht, wie er davon loskommen soll. Die Kunden, so sagt jedenfalls unser Nachbar, die Käuferinnen und Käufer sind es. Die wollen einwandfreies, glattes, makelloses Super-Obst wie aus der Retorte, egal wie es schmeckt oder behandelt wurde.

Als ich im ersten Jahr inmitten der Apfel-Chemie-Plantage ein Stück Garten bekam, um Kräuter und Gemüse anzubauen ohne Dünger und Spritzmittel, war ich voller Hoffnung und Freude über die grüne Ecke und voller Zuversicht, denn ich hatte ja viel gelesen über »biologische« Anbaumethoden. Bis die Schnecken kamen und alles wegfraßen.

Der Bauer tröstete mich, hatte diese Erfahrung vor Jahren schon gemacht: Die Viecher flüchten dorthin, wo das Gift nicht ist, und solche Plätze sind rar in einem Plantagengebiet.

Der Obstbauer erzählt Geschichten, die ich kaum glauben mag. Von Bauern, die schwerkrank sind von den Chemikalien, die sie verspritzen. Und von der flächendeckenden Zuschüttung der Wassergräben im Alten Land, einer Maßnahme, die das Gelände für Maschinen einfacher zu befahren machen sollte. Der Erfolg war niederschmetternd, die Kirschen erfrieren jetzt, wenn es während der Kirschblüte noch einmal kalt wird, denn der Dunst aus den früheren Grähengewässern hatte die Blüten mit einem feinen Eismantel geschützt vor dem Frost. Man baut nun Wasserleitungen in den Plantagen und besprüht die Blüten, um den gleichen Effekt zu erreichen. Aufwendig, teuer und fragwürdig, aber staatlich subventioniert.
Nach dem vierten Bier sagt der Nachbar: Man müßte eigentlich Bomben legen wie die RAF, man müßte die Straßen sperren und aufhacken, man müßte die Chemiekonzerne in die Luft jagen.
Die Spaziergänge mit unseren Besuchern geraten immer zu Trauermärschen. Nicht nur deshalb.
Bei der Werft, ganz nah an der Elbe, ist eine Barackensiedlung, dort leben Asylbewerber mit ihren Familien, auch Saisonarbeiter für die Plantagen. Es sind Hütten, wie wir sie von den Fernsehbildern aus Brasilien oder Südafrika kennen; dazwischen Schaf-Felle an Zäune gehängt, und die Kinder haben diesen Blick, der nur traurig ist und arm.
Ein örtlicher Zahnarzt brüstet sich damit, daß er den »Illegalen« für bares Geld den Schmerz wegmacht, ohne sie zu verpfeifen bei der Polizei. In der Erntezeit wohnen sie überall in den Scheunen und Dachböden, die Wanderarbeiter von überall, um perfekt gespritztes Obst zu pflücken, um ein bißchen was zu verdienen und in der Hoffnung, nicht gleich erwischt zu werden. Die Polizei fährt Streife. Das Land ist weit. Die meisten Bauern, die es heute noch gibt, sind reich, auch deshalb. Sie sind heute Plantagenbesitzer, die mitgemacht haben auf Kosten anderer. Der Unterschied zwischen Stadt und Land ist belanglos. Die Idylle ist gelogen.

Frauenbewegungen

Kassel 1968: Mit meiner Freundin Gabi besuche ich Kunstausstellungen, auch die »Documenta«. Wir kennen genug Leute, um überall umsonst reinzukommen. Außerdem mag man uns in den Künstlerkreisen.
Wir sind ein auffälliges Pärchen: Zwei Achtzehnjährige, aufgedonnert, hübsch, politisch und kulturell etwas bewandert. Ein Hauch von Underground in der hessischen Provinz.
Viele halten uns für Lesben, weil wir Hand in Hand durch die kleine Kasseler Szene ziehen und unzertrennlich sind. Dabei ist es nur eine Art »Schutzgemeinschaft« – selbst Waldausflüge mit den Londoner Diskjockeys aus der extra für die »Documenta« eingerichteten Diskothek geraten zu zweit nicht zu bedrohlichen Abenteuern.
Gabi und ich reden kaum ernsthaft miteinander, denn wir sind vorrangig mit der Präsentation unserer beiden Personen beschäftigt, und interessieren uns nicht übermäßig für die jeweils andere »Freundin«.
Später werden wir uns noch ein paar Briefe schreiben. Ich lebe dann in Hamburg, und sie wird eine Ausbildung beenden, Lehrerin in einer Kleinstadt werden und eine dauerhafte Ehe eingehen.
Irgendwann Anfang der achtziger Jahre wird sie mich mit dem Ehemann und zwei kleinen Kindern besuchen kommen – ich kann mich später an nichts mehr erinnern, außer daß es ekelhafte, verzogene Kinder waren, die die Lautsprecher der Musikanlage kaputtpuhlten mit ihren Fingern – und das offensichtlich mit Erlaubnis ihrer Eltern.
1968 lerne ich auch Roswitha und Iris kennen, die Ehefrauen meiner und Gabis »Künstlerfreunde«. Beide sind gut zehn Jahre älter als ich, beide haben kleine Kinder und managen, unterhalten und umsorgen ihre Künstlergatten. Ich will nichts zu

tun haben mit den merkwürdigen Anrufen dieser Frauen, die so furchtbar deutlich machen, daß der von mir angehimmelte Mann eine angeheiratete Frau mit Ansprüchen hat, die die Techtelmechtel ihres Gatten mit einer naiven Achtzehnjährigen wahrscheinlich nicht unbedingt angenehm findet.
Diese Frauen verunsichern mich dennoch: Sie schenken mir abgelegte Kleider, sie reden mit mir, und sie leben offensichtlich, trotz aller Ehe, anders als meine Eltern. Ungläubig höre ich ihren Geschichten zu, registriere, daß diese mir bieder und fürsorglich erscheinenden Frauen Liebhaber haben und vor allem ein für mich unvorstellbares Selbstbewußtsein. Ich »spiele« die Selbstbewußte, das weiß ich sehr genau. Bin eigentlich völlig verunsichert und verstecke diese Unsicherheit hinter Coolness und philosophisch anmutende Gespräche.
Meine Vorbilder sind Männer, mein ganzes Leben in dieser Zeit ist männlich bestimmt. Die einzigen interessanten und ernstzunehmenden Wesen auf der Erde sind Männer. Frauen sind unsichtbar, Konkurrenz, im günstigsten Fall ausnutzbar, um näher an andere interessante Wesen ranzukommen.
Eigentlich will ich mit Frauen gar nichts zu tun haben, und die, die ich treffe, scheinen genauso zu denken. Unsere Gespräche untereinander sind begrenzt und haben einen feindlichen, zumindest mißtrauischen Unterton in der Stimme: Gut siehst du heute aus, wie hast du deine Haare so wunderbar hingekriegt?
Das einzige, das ernsthaft registriert wird an der anderen Frau,ist deren Aussehen und in welcher wichtigen Szene die andere verkehrt.
Es gibt keine Treffen ohne Männer. Wir sind Anhängsel und Repräsentationsobjekte und erfüllen diese Aufgabe gut, all unserer Schnoddrigkeit und unserem intellektuellen Gehabe zum Trotz. Nagellack passend zum Rot der eben erst genähten Fahne für die Anti-Vietnam-Demonstration. Die Fahne trägt selbstverständlich ein Mann.
Diese netten Männer, die sich mit uns abgeben, machen uns

Kleidervorschriften. Es fällt ihnen nicht auf und uns auch nicht. Frauen werden in diesen Kreisen nur zugelassen als Ehefrau, die das gediegenere Ambiente schafft oder als schönes Schicki-Micki-Protest-Mädchen, mit dem Mann sich zeigen und Eindruck schinden kann. So sind wir dann auch. Wir Frauen haben nichts miteinander zu tun.

Hamburg 1969: Ich bin neunzehn und in Hamburg, minderjährig nach dem geltenden Recht und als »vermißt« gemeldet, denn ich bin nach Hamburg »abgehauen« ohne Geld und ohne meinen Eltern eine Adresse zu hinterlassen.
Ich finde eine Unterkunft in einer etwas vornehmen Wohngemeinschaft. Hauptmieterin und damit Chefin und Obermutter der teuren Wohnung ist Michèle, Fotomodell und Mitbesitzerin einer Boutique. Michèle erscheint mir unerreichbar schick in meinen von Hamburg geblendeten Augen und lebt genau so, wie ich mir interessante, »sündige« und reiche Hamburger vorstelle. Sie bewohnt zwei Zimmer, eingerichtet mit französichen Möbeln, besitzt Dutzende von Kleidern und Schuhen und einen riesigen Schminktisch voller Parfumflakons. Sie trinkt Pernod mit Wasser und hat mehrere Liebhaber. Sie besitzt Spitzenunterwäsche und das Geschick, immer wie auf einem Illustriertenfoto auszusehen. Sie ist nervös und flatterig, macht eine Abmagerungskur nach der anderen, mit sichtbarem Erfolg. Sie scheint mir perfekt zu sein, egal zu welcher Tages- oder Nachtzeit. Und sie verfügt über sehr viel Geld, mehr, als ich es je bei einer Frau erlebt habe.
Ich beklaue Michèle. Zuerst sind es Strumpfhosen, dann ein BH und ein paar Unterhöschen, dann ein Minirock, eine Parfumflasche ...
Sie stellt mich zur Rede, schmeißt mich aber nicht aus der Wohnung. Sie brüllt mich an und kümmert sich aber gleichzeitig um mich. Ich bin die kleine Neunzehnjährige aus der Provinz, die in der Dienstmädchenkammer der Luxus-WG umsonst wohnt; ich bin plump, unerfahren, verschüchtert und

geil auf Kosmetik und Klamotten. Sie organisiert eine Sammlung bei ihren Mannequin-Kolleginnen und schenkt mir einen Haufen abgelegte Kleidungsstücke und nicht mehr gebrauchte Kosmetik. Sie besorgt mir eine zugelassene Pillenmarke, nachdem sie mitbekommen hat, daß ich welche vom Schwarzmarkt einnehme. Sie streitet mit ihrem Freund, nachdem sie erfahren hat, wie wenig ich in dessen gutgehendem Geschäft verdiene.

Bei all dem sieht sie aus wie eine Glitzerfrau, die zu keiner Regung fähig ist, außer Make-up-Auftragen.

Eine ihrer Freundinnen, ebenfalls ein gutbezahltes Foto-Modell, geht nach jedem Essen auf die Toilette und erbricht sich. Zusätzlich nimmt sie Abführpillen ein und hat kosmetische Operationen hinter sich. Sie wohnt nur ab und zu in unserer Wohngemeinschaft, fliegt dauernd sonstwohin zu Modeaufnahmen und soll außerdem in Athen verheiratet sein. Sie ist mir unheimlich; ich halte sie für affektiert und merkwürdig. Sie schleppt mich mit Michèle zusammen dreimal in den Film »Z«. Viele Jahre später erfahre ich, daß sie jahrelang den Widerstand gegen die Junta in Griechenland unterstützt hat.

In diesem ersten Jahr in Hamburg, 1970, arbeite ich eine Zeitlang abends auf dem »Kiez«, um meinen miesen Lohn in der Werbeagentur aufzubessern. Es ist ein Laden auf der Reeperbahn mit Diskotheken, Cafés, Boutiquen und Käfigen, in denen halbnackte Frauen tanzen. Ich verkaufe Kleider,von acht Uhr abends bis drei Uhr nachts. Ein Fummel für die abgeschleppte Schönheit der Nacht oder die heimliche Geliebte, mit der der Reeperbahnbummel gemacht wird.

Der Laden liegt gleich neben einem großen »Eros-Center«, und einige unserer Stammkundinnen kommen von dort, kaufen mit Freier oder nach Schichtende ein.

Zum erstenmal bekomme ich aus der Nähe mit, daß Prostituierte ganz normale Frauen sind. Ich habe ja keine Ahnung von nichts und eine sehr evangelische Erziehung hinter mir.

Man sieht mir nicht an, wie konservativ und unerfahren ich

eigentlich bin – es ist für mich unvorstellbar fremd und beinahe peinlich, daß es Frauen gibt, die locker mit Sex umgehen. Und nun trinke ich dauernd Kaffee mit »solchen«. Sie reden ganz normal, sind nett und intelligent, erzählen von Sparkonten, von Kindern in Internaten und von der eigenen Kneipe, die sie irgendwann eröffnen wollen.
Janette mag ich besonders. Sie ist etwa fünfzehn Jahre älter als ich, hat studiert und interessiert sich, wie ich, für Politik. Ich erzähle ihr, daß ich gerade »Maoisten« kennengelernt habe, von meinen ersten Kontakten zur »KPD/ML«. Sie erzählt mir von Kommunisten auf dem Kiez und daß es in den zwanziger Jahren eine KPD-Gruppe bei den Prostituierten gegeben habe. Wir treffen uns später noch zweimal zum Kaffeetrinken, auch nachdem ich nicht mehr in der Boutique auf der Reeperbahn arbeite. Dann verlieren wir uns aus den Augen durch die »Partei« und unsere verschiedenen Gewerbe. 1974 oder 1975 steht dann in der Zeitung, daß sie erwürgt worden ist von einem »Freier«.

Hamburg 1975: Die Frau des »Parteivorsitzenden« hat knallhell gefärbte Haare! Wasserstoffsuperoxyd, toupiert wie eine amerikanische Filmdiva! Sie ist um die fünfzig und arbeitet als Chefsekretärin, spielt Lotto und wirkt matronenhaft. Sie gilt als streng, ober-linientreu und hinterlistig, sozusagen als »beste Genossin mit Eigenarten«. Und diese schreckliche Frau gehört jetzt der »Parteikontrollkommission« an, die darüber befinden wird, ob ich mich von meinem ungeliebten Ehemann, der auch ein »Genosse« ist, scheiden lassen darf. Ich habe Angst vor ihr.
Waltraud winkt lässig ab, nachdem ich geredet habe. Da gibt es ja wohl nichts mehr zu diskutieren, sagt sie – für mich völlig unerwartet. Und: Wir können doch diese Genossin nicht zu einer Ehe zwingen! Schließlich ist die Ehe eine bürgerliche Institution ...
Den Genossen, die wie ich überrascht sind, gibt sie noch den

guten Ratschlag, daß sie mir lieber alles Gute wünschen sollten,auch für das Kind, das ich schon im Bauch habe.
Ich bin erstaunt. Bilde ich es mir nur ein oder hatten wir wirklich einen solidarischen Blickkontakt in diesem Moment, und sie hat viel mehr Weisheit und Klugheit, als es die Parteilinie erlaubt?
Meine erste »Kontaktperson« zur »KPD/ML« war ebenfalls eine Frau gewesen. Sie traf sich mehrmal mit mir, ehe ich zu den ersten Schulungstreffen durfte. Sie »klopfte mich ab« – was ich denke und mache, wollte sie wissen.
Sie war jünger als ich, hatte gerade Abitur gemacht,1970. Und sie war sehr streng. Sie brachte mir die ersten Grundbegriffe der ML-Sprache bei, hatte einen rauhen Umgang mit Menschen und einen trotzigen Blick. Sie wohnte in einem Zimmerchen in einem uralten Haus in Hamburgs ältester Straße. Sie schlief oft bis mittags und richtete sich nicht nach »normalen« Lebensweisen, obwohl die Partei ja »proletarisches Verhalten« verlangte. Sie nahm sich das raus, anders zu sein. War oft muffelig, schlechter Laune, nie modern oder auch nur hübsch gekleidet und hatte immer strähnige Haare.
Sie konnte mit Offset-Druckmaschinen umgehen und war sehr kräftig. Sie hatte dann später mit meinem Freund ein Verhältnis, während ich Nachtwachen machte. Und irgendwann kam sie in die Nachtwache zu mir ins Krankenhaus und erzählte mir davon, weinend. Sie hat die verlogene Situation nicht mehr ausgehalten.
Mehr als fünfzehn Jahre später, 1987, werde ich sie völlig verunsichert und zerbrechlich wirkend empfinden, bei einem zufälligen Treffen in einem fremden Hamburger Stadtteil. Sie hat dann ein ganz kleines Kind in einem Kinderwagen bei sich und keinen trotzigen Blick mehr.

Hamburg 1976: Ute gegenüber bin ich gespalten. Sie ist zwanzig Jahre älter als ich und eine Power-Frau. Sie ist meine Schwiegermutter.

Ich lernte sie unter merkwürdigen Umständen kennen. Ich lag mit meinem Liebsten im Bett, Sonntag vormittags – ohne »Partei«, ohne Hausbesetzung, ohne Lederhosen und ohne Termine. Plötzlich wurde die Tür des Appartements von außen aufgeschlossen. Ich dachte – es war mitten in meiner verbissensten Parteizeit, 1974 – an alles Mögliche, nur nicht an Mamas, die dem revolutionären Sohnemann am Wochenende die Küche saubermachen kommen. So war es aber.
Sie ging dann ganz schnell wieder, erleichtert und beruhigt, weil ein weibliches Wesen in der Wohnung war. Nun hatte ich die Verantwortung für »Söhni«.
Ute und ich haben uns dann genauer kennengelernt, aber nie genau genug. Es stand zuviel zwischen uns, auch an Konkurrenz und Alltagsleben. Dabei ist sie eine der »wildesten« Frauen, die ich je kennengelernt habe, aller äußerlichen Biederkeit zum Trotz.
Ute, die irgendwann in den sechziger Jahren ihre Kleinkinder bei den Behörden auf den Schreibtisch setzte und zur Arbeitsstelle ging, nachdem sie erfahren hatte, daß sie als alleinstehende Mutter keine Kindergartenplätze kriegen würde. Ute, die Kaufsüchtige, die Vorräte hortet und von allem mehr kauft, als je gebraucht wird. Ute, die immer picobello frisiert und gekleidet ist. Ute, Zigarettenfabrik-Arbeiterin und Putzfrau mit Eigentumswohnung in einem Hochhaus auf Mallorca. Ute mit ihren Söhnen, die sich von ihr bedienen und beschenken lassen, die sich im Knast besuchen und wieder rausholen lassen von ihrer Mutter, die sich Wohnungen von ihr aussuchen lassen und gleichzeitig genervt davon sind. Ute, die Peter, den späteren Vater meiner größeren Kinder, aus der »terroristischen Vereinigung Ekkhofstraße« rausredet und raushaut, indem sie bei Richtern und Behörden nervt und zetert, ohne je denunziatorisch zu sein. Ute, die immer, wenn ich im Kreißsaal lag und ein Kind kriegte, meine Fenster putzte und die Gardinen wusch und sich über meine unordentliche Wohnung aufregt, die mir selbst doch schon beinahe gediegen ordentlich

vorkommt. Ute, die sich auf bewundernswerte Weise durch ein heutiges proletarisches Frauenleben durchgeschlagen hat, immer auf eigenen Füßen stehend, immer berufstätig, immer arbeitswütig. Für ihre drei Söhne hat sie drei verschiedene Väter und findet da überhaupt nichts dabei. Sie hält später auch die Trennung von Peter und mir trotz der beiden Kinder nicht für dramatisch. Lädt mich mit dem dritten Kind, das sozusagen vom Nachfolger ihres Sohnes stammt, zum Urlaubmachen in ihre Wohnung auf Mallorca ein. Sie ist großartig und großzügig in den wichtigen Dingen und redet einmal drei Tage nicht mit mir, weil meine dreijährige Tochter ein Loch in der Strumpfhose hatte, als sie sie abholte.

Hamburg 1978: Ich sitze bis morgens um fünf zusammen mit Beate, einer ehemaligen »Genossin«, und zwei Flaschen Wein. Wir erzählen uns von früher, wie es war, was wir gedacht haben damals und erlebt und nicht darüber geredet. Wir weinen zusammen. Unsere Geschichten sind fast identisch. Zwei abgebrochene Ausbildungen, zwei nicht parteitreue Ehemänner, zwei Kinder gekriegt zur gleichen Zeit. Ich habe nie davon erfahren, daß sie nach der Geburt ihres Kindes ein Viertel Jahr im Krankenhaus war und fast gestorben wäre. Sie hat nie erfahren, daß ich die gleichen Kritiken hatte wie sie. Ich habe nie erfahren, daß sie auch Beauvoir gelesen hat damals und ihre Arbeit verlor wegen eines Parteiauftrags wie ich. Sie hat nie erfahren, daß ich diejenige war, die beim »Antifa-Prozeß« die Flugblätter geschrieben hat damals, die einzigen, die sie noch gut fand, und die wieder ein halbes Jahr lang die Entscheidung herausgezögert haben, endlich einen Schlußstrich zu ziehen. Wir schwelgen in gemeinsamen Erfahrungen und Plänen. Wir fühlen uns jetzt, ohne »die Partei«, besser und freier. So, als würden wir eine neue Haut kriegen. Alles ändert sich, die Sicht der Welt, die Vergangenheit, die Zukunft. Wir lesen. Wir kaufen Bücher. Wir staunen über Lektüre außerhalb der Partei-Pflichtbücher!

Wir genießen Sonnenstrahlen, Kino, Fahrradfahren, die eigenen Kinder, Musikstücke. Einfach was Schönes machen, ohne schlechtes Gewissen und Terminkalender, ohne vorher schon die Frage zu stellen: Wem dient es, der Partei?
Wir diskutierten darüber, ob es möglich ist, trotz Kapitalismus glücklich zu sein. Es war für uns eine ernsthafte Frage in dieser Nacht, denn wir hatten es verlernt, glücklich zu sein ohne schlechtes Gewissen.
Das heißt nicht, zufrieden zu sein, das nicht. Aber es heißt zuzulassen, zulassen zu können, daß es Momente gibt, die schön sind. Trotz alledem.
Die Neugier auf Menschen. Gespräche ohne den Hintergedanken: Ist der »fortschrittlich?« Wieviel Wochen brauche ich, um aus ihm einen »Sympathisanten« zu machen? Die Neugier auf lebendige Empörung: Jetzt passiert eine Ungerechtigkeit, jetzt braucht es Widerstand, egal, ob es in den »Plan« der Partei paßt oder nicht.
Ich werde sensibler gegen Ungerechtigkeiten und Schweinereien, seit ich meiner »Partei« den Rücken gekehrt habe: Die Nachbarin, die dauernd von ihrem Mann verhöhnt wird. Die toten Fische im Bach. Die Lügentitelstorys in der Zeitung. Der fehlende Kindergarten am Ort. Die Spritzeinsätze auf den Kirschenplantagen ...
Immer hieß es in der Partei: So ist es eben, Kapitalismus. Was erwartest du denn? Wir lernen jetzt, Beate und ich, daß wir was ändern können, sofort, zumindest uns empören, da wir uns nicht mehr politisch abgeklärt abfinden.
Ich habe plötzlich Zeit für die wichtigen Sachen. Es ist wichtig einzugreifen, wenn die Nachbarin von ihrem Mann verprügelt wird. Es ist wichtig, zum Elternabend zu gehen im Kindergarten und die Meinung zu sagen. Es ist wichtig, daß Anja drei Tage mit ihrem Kind bei mir wohnen kann, weil sie sich endlich scheiden lassen will und Angst hat vor der Reaktion ihres Mannes, wenn er den Brief vom Anwalt kriegt. Es ist wichtig, daß meine schwangere Schwägerin auch noch bei uns wohnen

kann, weil der werdende Vater sie geschlagen hat. Es ist wichtig, die Kinder einer ehemaligen Kollegin vier Tage aufzunehmen, weil sie eine Prüfung macht. Es ist wichtig, den Hafenkollegen bei uns wohnen zu lassen, der in Schwierigkeiten steckt wegen eines Gerichtsvollziehertermins. Es ist wichtig, mit den Nachbarn zu reden über die Situation eines kleinen Plantagebesitzers im Alten Land. Es ist wichtig, zu diesem Gewerkschaftsseminar zu fahren nach Frankfurt, wo uns was über Computer erzählt wird. Es ist wichtig, zu »Rock gegen Rechts« zu fahren und zu genießen, daß wir viele sind. Es ist wichtig, über die »Klassiker« des Marxismus-Leninismus zu reden, ohne die Parteikontrollkommission im Rücken. Es ist wichtig, den »Demokratischen Zentralismus« in Frage zu stellen. Es ist wichtig zu fragen, warum der »Revisionismus« entstanden ist. Es ist wichtig und neu für uns, und wir fühlen uns ganz jung und neu, ohne vorgekochte Rezepte zu reden, ohne Vorgaben, ohne Grenzen.

Wir erkennen gemeinsam, Beate und ich, daß unsere »Ketten« vor allem unsere Beziehungen sind, nicht die Berufstätigkeit. Der Mann »arbeitet«, die Frau ist auch noch für Haushalt, Treue und Kinder zuständig ... Und das einhundert Jahre nach Bebel! Wir lachen leise.

Was anderes bleibt uns auch nicht übrig. Wir sind beide verheiratet und wissen plötzlich nicht, warum. Wir haben beide so eine ungeheure Lust aufs Leben. »Einig im Denken und Handeln«? Wir lachen, böse und traurig. Wir wollen nicht mehr funktionieren. Für niemanden.

Hamburg 1979: Maria hat die schönsten grünen Augen, die je eine Frau auf dieser Welt gehabt hat. Maria ist in meiner Heilpraktikerinnen-Frauengruppe. Wir sind acht Frauen, zum größten Teil Ex-Krankenschwestern, die in »linken« Parteien gewesen sind. Wir lernen zusammen, lesen über alternative Heilmethoden, reden über Frauen im Medizinbetrieb und über die Frauenbewegung.

Die meisten Frauen aus dieser Gruppe werden die Heilpraktikerinnen-Prüfung machen – ohne die teuren, offiziellen Schulen zu besuchen. Wir erfahren zusammen, daß wir nicht nur blendend ohne »Partei« auskommen, sondern auch ohne Lehrer, um gemeinsam zu arbeiten, zu lernen, Prüfungen zu schaffen und politische Arbeit zu machen. Es gibt auch Streitpunkte: Kann es Rezepte geben, die für alle Menschen gelten, unabhängig von ihrer Umgebung und wie sie selber sind? Können wir Homöopathie ernst nehmen und anwenden trotz der frauenfeindlichen Behauptungen ihres Erfinders? Welche Bedeutung hat es für uns, daß der ganze Medizinbetrieb patriarchalisch ausgerichtet ist?

Locker geht es uns nun von den Lippen, 1978: »Feministin«. Dieser Begriff war in der »Partei« ein Schimpfwort gewesen. Wir lesen neben den Fachbüchern über Heilkunde Simone de Beauvoir und Alice Schwarzers »Kleinen Unterschied«.

Und dann noch diese grünen Augen! Ich kann kaum reden, denken oder lernen, solange diese Augen da sind! Ich werde Maria sagen müssen, wie mich ihre Augen und alles, was sie sagt und tut, beeindrucken.

Sie wird dann schlagartig auf Distanz gehen und mir sogar ein paar ausgeliehene Bücher nicht zurückgeben. Ich treffe sie erst Jahre später wieder, auf der zweiten »Hamburger Frauenwoche«. Sie hat dann auch ein kleines Kind und ist Heilpraktikerin. Und sie hat immer noch diese wunderschönen grünen Augen. Sie verwirren mich aber kaum noch, vier Jahre später.

Anna ist Krankenschwester – wir kennen uns noch aus der »Partei«. Sie ist einige Jahre jünger als ich und fährt Motorrad. Wir sind Freundinnen, hören zusammen Musik, führen Gespräche über alternative Medizin, über Auswanderungspläne und über politische Utopien.

Sie liebt meine Kinder und erlebt alle Ehekrisen zwischen mir und Peter mit. Wir ziehen zusammen.

Anna macht vieles, was ich mich nicht traue. Sie ist unordentlich und laut, liebt schnelle Autos und ihre »Maschine«. Sie

läßt benutzte Tampons unter dem Tisch neben der Matratze liegen und flitzt durch die Welt, scheint mir, wie ein Wirbelwind und ohne falsche Rücksichten. Sie baut einen Motorradunfall und lacht darüber. Sie paßt auf meine Kinder auf, während ich einkaufen fahre in die Stadt, und hinterher steht das Badezimmer unter Wasser, und alle haben gefärbte Haare.
Ich neide ihr ihre Freiheiten. Wir streiten über Hausarbeit, Geld und Verantwortung beim Zusammenwohnen. Und trennen uns wieder. Ich kriege gerade noch mit, daß sie sich anscheinend ernsthaft verliebt hat.
Fünf Jahre später treffen wir uns wieder bei der »Hamburger Frauenwoche«. Sie ist immer noch Krankenschwester, arbeitet aber mittlerweile halbtags. Das Motorrad ist abgeschafft, sie hat nun auch zwei kleine Kinder, aber heiraten wird sie nicht. Nie, aus Prinzip nicht, wird sie heiraten.
Ich bin dann ja auch nicht mehr verheiratet und fühle mich im Vergleich zu unserer damaligen, gemeinsamen Zeit sehr frei und gut. Ich schreibe gerade an meinem ersten Buch, und Anna wird einen Beitrag dafür machen. Wir mögen uns nun wieder und haben uns viel zu erzählen, haben ähnliche Utopien über Mutterschaft und Frauenbewegung.

Hamburg 1980: Ich habe mich vom Vater meiner Kinder getrennt. Die Kleinen – gut zwei und vier Jahre alt – sind tagsüber in einem Kindertageshort untergebracht, leider in zwei verschiedenen Einrichtungen in verschiedenen Stadtteilen.
Oft nimmt Anja meinen Sohn mit zum Kindergarten, damit ich nicht so viele Wege habe. Anja ist die Ex-Frau des besten Freundes meines Ex-Mannes. Sie wohnt ein paar Straßen von mir entfernt und hat auch ein kleines Kind.
Ich habe Anja früher gehaßt. Sie war für mich das Sinnbild einer Frau, wie ich sie nicht sein wollte und nicht mochte. Das war Mitte der siebziger Jahre. Sie konnte die besten Joints drehen und bediente die Kerle; sie machte sich anscheinend nichts daraus, wenn ihr Typ vor ihren Augen mit anderen Frauen

anbändelte; sie verdiente das Geld für ihren immer faulen Mann und solidarisierte sich nie mit mir. Ich erinnere schreckliche Szenen: Ich heulend und hochschwanger, wollte nach Hause und weg von diesem Gelabere über Bukowsky, dessen Bücher die Ex-Hausbesetzer alle liebten. Anja zeigte sich ungerührt, schien sich im Gegenteil für die Angebergeschichten der »alten Kameraden« zu interessieren. So kamen sie mir vor, damals, diese jungen Männer in ihren schwarzen Lederhosen, die sich so ungeheuer wichtig nahmen mit ihren ewig gleichen Erzählungen von früher, ihrem Desinteresse an allem, was um sie herum passierte, und ihrem Spaß, frauenfeindliche Sprüche abzulassen.

Nun hat Anja sich auch getrennt von ihrem Lederhosentyp und hat auch ein kleines Kind, für das sie keinen Unterhalt bekommt. Wir sind nun beinahe Freundinnen.

Ich habe entdeckt, daß sie sehr witzig sein kann und daß es Spaß macht, mit ihr in der Kneipe zu sitzen und zu reden.

Anja und ich werden dann beide noch ein Kind kriegen, fast gleichzeitig, und jede in einer neuen Beziehung mit einem Mann leben, die uns vorübergehend wie die »große Liebe« vorkommen wird.

Hamburg 1981: Ich bin wieder in einer Frauengruppe: Wir treffen uns einmal in der Woche für einige Stunden, während unsere Kinder in einem Nebenraum betreut werden oder mit einer extra dafür bezahlten Frau auf den Spielplatz gehen. Diese Frauengruppe ist ein Volkshochschulkurs.

Mit der Frau, die die Kinder betreut, habe ich mich angefreundet. Gisela macht gerade die Abschlußprüfung an der »Hochschule für Wirtschaft und Politik« (HWP) und erscheint mir ungeheuer klug und belesen. Sie ist in der Vorbereitungsgruppe der ersten »Hamburger Frauenwoche« und immer unterwegs. Mir gefällt, daß sie praktisch ist und das, was sie vertritt, anscheinend auch lebt.

Sie hat ein »Kind«. Es ist die Tochter ihrer besten Freundin,

die seit dem Babyalter einmal in der Woche einen Tag und eine Nacht bei ihr verbringt.
Wir freunden uns für viele Jahre an; sie wird Mitte der achtziger Jahre sogar in eine Nachbarwohnung ziehen. Das ist dann eine Enttäuschung für uns beide, denn wir streiten uns immer öfter über Frauenbewegung und Politik. Wir veranstalten Frauenseminare zusammen – und streiten. Kurz nach Tschernobyl wird es unerträglich: Ich bestehe auf einer Mitverantwortlichkeit von Frauen; sie schwärmt von Maria Mies und den gerade erschienenen taz-Artikeln, die eine ausschließlich männliche Verantwortung für die politischen Verhältnisse behaupten.
Völlig aus den Augen verliere ich meine Freundin Lisa aus der Frauengruppe. Sie war Ende der siebziger Jahre in einer ähnlichen Situation wie ich, zwei kleine Kinder, keine abgeschlossene Berufsausbildung, Trennungen, aus einer linkssektiererischen »Partei« ausgetreten. Nun hatten wir beide große Pläne und meldeten uns beide zur Aufnahmeprüfung an der HWP an, um im zweiten Bildungsweg zu studieren.
Sie bricht dann im zweiten Semester plötzlich das Studium ab und trennt sich von allem, was vorher war, zieht um, will auch uns, ihre Freundinnen, nicht mehr sehen. Sie erzählt von Bhagwan und ist hingerissen von ihren neuen Freunden in den roten und orangefarbenen Kleidern. Wir treffen uns noch einmal in einem vegetarischen Restaurant und haben uns plötzlich nichts mehr zu sagen; mir geht ihr penetrantes Lächeln auf die Nerven und ihr sind auf einmal alle feministischen Ideen fremd, die sie vorher selbst vertreten hatte.
Sie trägt dann bald die »Mala«, das Bild des Bärtigen, an der braunen Perlenkette um ihren Hals und verschwindet von meiner Bildfläche. Ich weiß ein paar Jahre später nicht einmal mehr, wo sie lebt und ob sie noch lebt.

Hamburg 1981: Erste »Hamburger Frauenwoche«. Ich bin vollständig verwirrt, glücklich, übermüdet und optimistisch.

Es war ein riesiges Spektakel – eine ganze Woche lang morgens, mittags und abends Gespräche, Seminare, Veranstaltungen mit Frauen über Frauenthemen. Eine ganze Woche lang Eindrücke und Arbeit. Mir schwirrt der Kopf.
Ich fand es sehr viel angenehmer als in Berlin bei der »Frauenuni« – das mag aber daran liegen, daß ich mich in Hamburg auskenne und hier die Räumlichkeiten übersichtlicher sind.
Ich habe eine neue Freundin gefunden. Hannelore bot eine Veranstaltung über Muttersein an. Sie hat wunderschöne, lange, rote Haare und lebt ohne ihr Kind. Sie wundert sich über vieles – sie ist erst vor relativ kurzer Zeit aus der DDR ausgewiesen worden. Sie verweigert die Anpassung, ist lesbisch. Ihr Sohn lebt bei einer Pflegemutter. Hannelore kommt mir sehr stark vor. Wir sind aufeinander geflogen wie zwei, die sich schon immer kennenlernen wollten.
Wir werden uns nicht aus den Augen verlieren, trotz aller künftigen Veränderungen. Ihr Sohn wird nach einigen Jahren wieder zu ihr ziehen, sie wird Medizin studieren, ich werde mein HWP-Studium hinter mich bringen und Bücher schreiben. Sie wird den Kopf schütteln über mein drittes Kind und ich meinen über manche ihrer dramatischen Liebhaberinnen, und manchmal werden wir uns selten sehen.
Mit Anja war ich auf dem Frauenwochenfest und habe eine ganze Nacht lang getanzt! Mit Anja, der Exfrau des besten Freundes meines Exgatten. Wir haben uns köstlich amüsiert, beide geschminkt mit Glitzer und Glimmer und lustvoll aufgetakelt, da wir ja angstlos tanzen konnten unter den Frauen.
Der ganze Frauenwochen-Rummel war fantastisch. Ich habe mehrmals Dienst am Kaffeestand gemacht – belegte Brötchen, Kaffee und Tee verkauft, Wasser geschleppt aus dem Klo an den Stand. Das ergab einen anderen Blick auf die Woche; wenn Hunderte von Frauen um Kaffee drängeln, ist die Romantik »Von Frauen für Frauen« beinahe dahin …
In einer Veranstaltung der HWP-Frauen über die Studienbedingungen dort habe ich mich entschlossen, mich sofort zur

Aufnahmeprüfung anzumelden. Ich muß einfach mehr wagen! Überhaupt ärgert es mich, daß ich bei dieser ersten Frauenwoche nicht auch eine Veranstaltung angeboten habe. Ich traue mir anscheinend zu wenig zu – hatte aber auch perfektionistische Vorstellungen über die derzeitigen »frauenbewegten« Gruppen in Hamburg.
Vieles hatte ich die letzten Jahre aus den Augen verloren – einiges war mir auch suspekt: die Selbstuntersuchungsmoden oder das gemeinsame Menstruieren, wie es in der »Courage« propagiert wurde.
Vor einem Jahr hab ich mit »Emma« Kontakt aufgenommen. Ich schreibe öfter Leserinnenbriefe, und sie werden meistens veröffentlicht.

Hamburg 1982: Auf einmal ist sie da. Wohnt plötzlich in dem Haus, in dem ich wohne. Sie hat einen genauso dicken, schwangeren Bauch wie ich und ist genauso alt wie ich. Wir haben uns viel zu erzählen über unsere verschiedenen Leben. Sie hat völlig anderes erlebt als ich: Weltreisen, Auslandsaufenthalte, Kneipenarbeit, mit zehn Männern zusammen Autos überführt in den Iran, war in Indien, in Afrika, im Fernen Osten, in Australien.
Und nun ist sie hier in meinem Haus und kriegt fast am selben Tag wie ich ein Kind. Sie ist nach Hamburg gekommen zu alten Freunden, um das Kind in »ordentlichen Verhältnissen« zu bekommen. Ich kriege mein drittes, und sie hat schon beim ersten so viel Mut wie ich jetzt. Wir haben uns beide bei der ältesten »freien« Hebamme Hamburgs für eine Hausgeburt angemeldet.
Unsere Babys werden im Abstand von zehn Tagen geboren. Wir helfen uns gegenseitig nach den Geburten, kochen füreinander, verwöhnen uns mit Kuchenorgien und Schokolade, passen gegenseitig auf die Kinder auf und stillen das jeweils andere mit, wenn die leibliche Mama nicht da ist. Wir werden zweimal gemeinsam Urlaub machen mit unseren Kleinen und

jahrelang eine sehr enge Beziehung haben. Wir werden uns Dutzende von Briefen schreiben, wenn eine von uns nicht in Hamburg ist.
Wir werden beide die Männer der jeweils anderen anschreien, beruhigen, uns einmischen, wenn es der anderen nicht gut geht. Unsere beiden Kinder werden eng befreundet aufwachsen, wie Bruder und Schwester im besten Sinne. Und wir werden nach vier Jahren gemeinsamen Alltagserfahrungen uns allmählich fremder werden, wenn die Kids aus dem Gröbsten heraus sind. Die Briefe werden dann seltener. Und die Gespräche langweiliger. Die eine kann das Reisen nicht lassen, die andere nicht von der Politik.
In dem Haus, in dem ich wohne, lebt nicht eine einzige verheiratete Frau! Es sind acht Mietparteien. Alle Frauen – fünf davon sind Mütter – leben geschieden, getrennt, verwitwet oder allein, die meisten jedoch in unverheirateten Verhältnissen mit Männern. Es ist Zufall, daß ich in diesem Haus gelandet bin, aber ein solches Haus ist im Hamburger Schanzenviertel mit Sicherheit keine Ausnahme. Nicht verheiratet zu sein, ist dort, wo ich lebe, »normal«.
Wir bilden für einige Jahre eine spannende und angenehme Hausgemeinschaft – von Frauen getragen und organisiert. Unsere Lieblingsbeschäftigung ist gemeinsames Kaffeetrinken im klitzekleinen Vorgarten oder gemeinsames Balkongeklöne. Wir berufen Hausversammlungen ein, als unser Haus verkauft werden soll, und boykottieren listig und geschickt die Besichtigungen der Miethaie durch Vorführung der unaufgeräumtesten, unrenoviertesten Wohnungen, hängen Gesamtmängel-Listen aller Wohnungen im Treppenhaus auf. Beinahe gelingt uns der Plan, das Haus selbst zu kaufen.
Kerstin wohnt auch in »unserem« Haus. Sie ist schön, modisch gekleidet und geht fast täglich zur Sonnenbank. Sie lebt mit einem jungdynamischen, linken Mann zusammen, der oft arbeitslos ist. Sechs Wochen nach der Geburt meines jüngsten Kindes wird sie von »ihrem« fortschrittlichen Volkszählungs-

gegner und Sprücheklopfer entsetzlich verprügelt. Kerstin schreit nachts um eins um Hilfe. Sie schreit laut und ohne Rücksicht auf alles, was morgen sein wird. Man hört klatschende und polternde Geräusche. Das ganze Haus wird schlagartig wach. Alle wissen, daß die beiden Streß miteinander haben. Kerstin will sich trennen von ihrem langjährigen Beziehungsluftikus. Die Türen gehen auf, überall, wo jemand da ist. Die beiden Babys brüllen, meines und das meiner Nachbarin-Freundin. Kerstin schreit: So helft mir doch! Und wieder das Geräusch, wie jemand an ein Möbelstück geboxt oder getreten wird. Die beiden »stärksten« Männer im Haus – mein Freund und der meiner Freundin – tun nichts, außer rufen: Bernd, hör' doch auf!

Meine Freundin und ich, beide noch mit Wochenfluß von den Geburten und die schwächsten Erwachsenen im Haus, rennen nach unten. Wir klingeln Sturm bei Bernd und Kerstin, donnern an die Tür. Kerstin kommt raus, weinend und verhauen, rennt die Treppe hoch mit uns. Bernd kommt hinterher. Du Sau! schreit er und zerrt an ihr auf der Haustreppe, schlägt sie wieder, boxt auch mich und meine Freundin weg. Er ist betrunken und haßerfüllt, droht ihr. Kerstin geht wieder mit in die Wohnung.

Jemand hat die Polizei gerufen. Wir sind alle noch auf der Treppe, als der Peterwagen vor dem Haus anhält. Bernd macht auf. Es ist alles in Ordnung, sagt er den beiden Polizisten, und die gehen einfach wieder.

Ich heule in meinem Bett, meine Freundin in ihrem. Wir haben Angst um Kerstin und sind enttäuscht von unseren eigenen Kerlen, die nicht eingegriffen haben.

Am nächsten Tag wird Kerstin mit blauen Augen und Prellungen auf dem Balkon sitzen, einen Blumenstrauß von Bernd auf den Knien. Wir werden streiten untereinander, ob das so geht. Immer wieder werden wir im Haus über diesen Punkt streiten künftig: Ob wir zu Bernd noch Vertrauen haben können in anderen Fragen; ob wir es zulassen, daß unsere Freunde weiter

mit Bernd Karten spielen und in die Kneipe gehen. Es wird eine Gemeinsamkeit in unserem Haus werden: Wer hat nicht eingegriffen? Wie ekeln wir Bernd raus?
Kerstin wird ausziehen und sich von Bernd trennen. Später wird sie mit einem anderen Mann auswandern. Und ich werde sie mit einem langweiligen Liebhaber besuchen und sehen, daß es ihr gut geht.

Hamburg 1983: Ich habe einen Studienplatz an der »Hochschule für Wirtschaft und Politik«! Es ging mir beinahe zu schnell, das Baby ist erst ein halbes Jahr alt. Die Bedingungen für Mütter, die studieren, sind katastrophal - genau einundzwanzig Krippenplätze existieren für die gesamte Hamburger Universität.
Bis ins dritte Semester nehme ich die Kleine entweder mit oder gehe nicht zu den Vorlesungen. Dann, oh Wunder, kriege ich einen Platz in der Kinderkrippe.
Ohne Carla hätte ich das Studium vielleicht geschmissen. Carla hat drei Kinder wie ich; allerdings lebt nur der Kleinste - er ist sechs - bei ihr. Carla ist älter als ich, war bis kurz vor dem Studium Hausfrau und Mutter, unglücklich verheiratet und das alles noch in einem Nest in Baden-Württemberg.
Sie ist mit dem Kleinen nach Hamburg gezogen, hat die Scheidung beantragt und sich zum HWP-Studium angemeldet und lebt jetzt in einer lesbischen Beziehung.
Sie ist praktisch, hilfsbereit und schlagfertig. Wir helfen uns gegenseitig, freunden uns an, lernen zusammen, teilen uns die Vorlesungen, die besucht werden müssen, auf, besorgen immer der anderen das notwendige Informationsmaterial mit. Wir passen gegenseitig auf unsere Kinder auf und lernen zu - für Studentinnen - ungewohnten Tages- und Nachtzeiten, mal morgens um halb acht und mal abends um zehn. So ist es gerade zu schaffen, auch die Mathematik-Klausuren, und oft macht es sogar riesigen Spaß. Dann gibt es noch einen Sherry zur Belohnung.

Uns verbindet, daß dieses Studium unsere einzige und letzte Chance ist, noch zu einem Hochschulabschluß zu kommen. Uns verbindet der Wunsch, unserem bisherigen, relativ »typischen« Frauenleben zu entwischen. Uns verbindet vor allem, daß wir uns als Feministinnen fühlen. Wir wollen nicht irgendetwas lernen, sondern das, was uns wichtig erscheint.
Wir nehmen, so weit das möglich ist, Einfluß auf die Inhalte der Seminare, Vorlesungen und Debatten: In Soziologie geht es um Mutterschaft und Frauenunterdrückung, in Rechtswissenschaften um das neue Scheidungsrecht und die Situation geschiedener Mütter, in Volkswirtschaft um die unbezahlte und unerwähnte Hausfrauenarbeit in den volkswirtschaftlichen Berechnungen, und im Statistik-Kurs beobachten wir das unterschiedliche Verhalten je nach Geschlecht bei den Wortmeldungen in den Vorlesungen und greifen anschließend die ausschließlich männliche Sprachform in allen HWP-Werbungen und -Formularen an.
Carla ist eine Frau, von der ich viel lerne. Sie ist ungeheuer zielstrebig und listig. Sie rennt an der Hochschule in bunten Röhrenhosen rum, wirkt schmächtig und dünn und jung, obwohl sie fast vierzig ist. Schon vor der Diplomprüfung bewirbt sie sich bei einem großen Konzern – geht vorher zur Kosmetikerin und kauft sich ein dezentes Kostüm – und kriegt einen gut bezahlten Job! Und lacht sich ins Fäustchen mit uns über diese Verkleidungsaktion.
Wir diskutieren nächtelang über die Situation von Müttern, über meine Idee, ein Buch über »Rabenmütter« zu schreiben. Carla hilft mir sehr dabei. Sie läßt sich interviewen für Buch und Fernsehfilm und nimmt kein Blatt vor den Mund. Ich bewundere sie für die konsequente Haltung auch ihren Söhnen gegenüber. Sie schmeißt ihren Sechzehnjährigen, der wieder zu ihr gezogen ist, nach einem Jahr raus, weil er sie ausnützt. Sie verlangt Mitarbeit bei der Hausarbeit und setzt sich durch. Sie läßt sich einfach nichts mehr gefallen.
Und ich mir auch nicht.

Ich stelle fest, daß mein Leben sich verändert hat: Die Sichtweise der Welt, der Alltag und die Utopien. Ich bewege mich fast nur noch unter Frauen – dabei war das gar keine Absicht gewesen. Es stimmt wohl auch nicht ganz, denn ich habe fast überall auch mit Männern zu tun. Im Gegensatz zu früher sind sie jedoch nicht mehr Maßstab aller Dinge, sondern oft so unsichtbar und unwichtig, daß sie mich meistens nicht einmal mehr nerven.

Ich sehe die Frauen um mich herum, ich nehme sie wahr und möchte von ihnen wahrgenommen werden.

Diese kleinen Freiräume sind so wichtig: Frauenwochen, Freundinnen, Nachbarinnen, Frauenseminare an der Hochschule, der Kaffee im Frauenbildungszentrum oder im Frauenbuchladen ... Ruhepausen, Erholungszeit, Aufeinander-verlassen-Können, Nachdenkzeit.

Bei allem Streit, bei allen Differenzen und unterschiedlichen Lebensbiographien und Utopien, sind diese Freiräume – nur Frauen – für mich wichtig, um mich zu regenerieren von den Erfahrungen der Zweitrangigkeit. Es ist eine Erfahrung, die konträr steht zum Dasein als »Anderes Geschlecht«. Eine Erfahrung, die gut tut.

Und immer wieder neue Widersprüche aufkeimen läßt: Immer während der »Frauenwochen« streiten wir mit unseren Männern und Freunden. Immer während der »Frauenwochen« werden wir »unleidlich« und finden vieles »unerträglich« – und uns stark genug zur Verteidigung unserer Ansprüche.

Ich weiß wohl, daß diese Erfahrungen noch lange nicht meinen Utopien entsprechen; es sind keine feministischen Erfahrungen. Es ist vielleicht nicht mehr, als die Frauensolidarität untereinander in Ländern, in denen Frauen ihre eigenen Räume haben, weil sie ausgegrenzt sind aus allen öffentlichen und von Männern bestimmten. Selbst das aber hatten wir wohl verlernt – uns gegenseitig zu helfen und solidarisch miteinander umzugehen, uns gegenseitig wahrzunehmen und ein bißchen Freundlichkeit zukommen zu lassen.

Hamburg 1985: Die Erfahrung der solidarischen Aufgehobenheit in der Frauenbewegung bricht.
»Hamburger Frauenwoche« 1985: Ich gehe nachts in liebevoller Stimmung auf die ganze Welt vom Abschlußfest nach Hause. Allein und angstlos, mich stark fühlend, uns stark empfindend.
Am nächsten Tag erfahre ich, daß, kurz nachdem ich gegangen bin, ein paar sehr junge Männer in das Uni-Gebäude eingedrungen sind, und erst auf der Toilette im Festgebäude, dann draußen vor der Tür, fast ein Dutzend Frauen zusammengeschlagen haben. Zwei meiner Freundinnen sind dabei gewesen, eine von ihnen hat eine Nierenprellung.
Die Frauen haben es nicht geschafft, sich einigermaßen organisiert zu wehren. Sie haben es nicht einmal geschafft, den bedrohten Frauen zur Hilfe zu kommen – und das bei gut tausend Frauenfest-Besucherinnen, von denen viele ihren frauenbewegten Selbstverteidigungskurs hinter sich haben.
Frauen-Ringvorlesung an der Universität in Hamburg, 1985: Eine ehemalige Mitarbeiterin des nationalsozialistischen »Rassehygienischen Instituts«, die im »Gau Hamburg« verantwortlich war für die Registrierung und die Einstufung von »Zigeunern«, ist Kursleiterin im Frauenbildungszentrum und hält Veranstaltungen im Rahmen der Frauenvorlesungen ab.
Niemand hat etwas geahnt oder nachgefragt über die Vergangenheit der netten, alten Dame – schließlich versteht sie sich als Sozialhistorikerin mit frauenbewegtem Einschlag. Erst eine Störung ihrer Ringverlesung zu »Frauenarbeit im 19. Jahrhundert« hat den Skandal öffentlich gemacht. Verhindert wurde die Veranstaltung von der »Roma- und Sinti-Union«, den Kindern der Opfer.
Nur ein Teil der verantwortlichen Frauen distanziert sich öffentlich von der frauenbewegten NS-Wissenschaftlerin, die, nun zur Rede gestellt, immer noch behauptet, sie habe von allem nichts gewußt, und das Frauen-KZ Ravensbrück sei so etwas ähnliches wie ein Gefängnis in einer schönen Landschaft

gewesen. Einige der für die Ringvorlesung verantwortlichen Frauen sind sogar pikiert über die Störung der Frauen-Vorlesungsreihe.
Eine gemeinsame Veranstaltung mit Vertreterinnen und Vertretern der Roma und Sinti gerät zu einer schweigenden Demonstration von Uneinsicht auf Frauenseite: Während sich die Vertreter der Opfer freundlich und beinahe entschuldigend für die Störung zeigen - ungeheuer geduldig -, findet nicht eine der verantwortlichen Frauen aus der Hamburger Frauenszene den Mut für ein paar klare Worte. Es ist beschämend.
Die Frauenidylle stößt an Grenzen.

Hamburg 1989: Beim Prozeß gegen Ingrid Strobl, der ein »Terrorismus-Prozeß« unter fadenscheinigen und hochsicherheitsmäßigen Bedingungen gemacht wird, sind ihre ehemaligen »Emma«-Kolleginnen als Zeuginnen geladen: Redakteurinnen, Sekretärinnen und auch die Herausgeberin Alice Schwarzer.
Es geht vor allem um einen Anruf in der »Emma«-Redaktion, bei dem eine bis dahin unbekannte Frau davor warnte, daß »Emma« in Gefahr sei und polizeilich beschattet würde.
Alice Schwarzer schlägt sich auch vor Gericht wacker wie vor jedem Publikum. Es ist beinahe eine Lust, dabei zu sein, wie sie das auf einen »Terroristenprozeß« eingestellte Gericht als Bühne für jedwedes Frauenthema verwendet, mit der Selbstsicherheit der berühmt-berüchtigten Obermanze des Landes.
Aber dann die anderen ... Immerhin handelt es sich nicht um unerfahrene Frauen, sondern um Feministinnen, die Frauenpolitik machen und verkaufen! Es ist fast durchweg zum Heulen.
Vor allem eine der Redakteurinnen verhält sich wie eine käufliche, völlig verängstigte und in höchstem Maße unsolidarische Frau, wie eine, die weder über Menschenkenntnisse noch Stolz noch politische Erfahrung verfügt. Sie flirtet, schwafelt und plaudert mit dem Gericht, als handele es sich bei diesem Prozeß um eine Vernissage mit kaltem Büffet. Hemmungslos

und bieder-opportunistisch zieht diese frauenbewegte Redakteurin, sich in eigene Widersprüche verstrickend, fast alle ihre Kolleginnen und andere Zeuginnen in das Verfahren hinein.
Eine von ihnen ist die »Anruferin«, die Freundin eines Polizisten, die aus Angst um »Emma« zufällig aufgeschnappte Teilinformationen aus Kölner Polizeikreisen in die Redaktionsstuben der feministischen Zeitungsredaktion trug. Maria L. entspricht so gar nicht dem Bild einer frauenbewegten »Szene«-Frau: Kleidung, Sprache und Biographie haben nichts vom bildungsbürgerlich-alternativ-linken Glamour.
Aber sie ist stolz und zornig, tritt hocherhobenen Hauptes dem Gericht gegenüber und verweigert jegliche Anbiederei.
Sie beschwert sich über ihre Vorladung und ihre Behandlung: Ich bin doch nicht freiwillig hier!
Sie bringt mit viel Würde und sehr einsilbig ihre Zeugenvernehmung hinter sich, ihre Wut über das Verfahren kaum verbergend. So, als wäre sie eine ehemalige Kollegin von Ingrid Strobl, und nicht eine am Existenzminimum lebende, arbeitslose Frau, die recht zufällig in die ganze Sache hingeraten ist.
Sie verhält sich so, obwohl sie weiß, daß ihr selbst noch ein Prozeß gemacht wird wegen des Warn-Anrufs bei »Emma«.
Sie ist einfach eine Frau mit Erfahrung und Würde.
Ich lerne viel in diesen Tagen. Ich verliere bei diesen Zeuginnen-Aussagen meine Illusionen über »Emma«. Es gibt Grenzen von Verständnis und Erklärungsversuchen. Es ist ganz einfach, geht es mir durch den Kopf: Das, was diese unbekannte, »ganz normale« Frau schafft – ein würdiges Verhalten vor einem sehr fragwürdigen Gericht –, müßte doch eigentlich grundsätzlich auch von den »Oberfeministinnen« des Landes zu erwarten sein ... Es ist doch das mindeste, daß nicht auf Kosten anderer Frauen Profilierungsversuche gestartet werden ...
Ich bin sehr wütend. Und traurig.
Auch die feministische Idylle stößt an Grenzen.

Vom Abtreiben

Hamburg 1970: Ich bin betrunken und habe Schweißausbrüche, außerdem ist mir höllisch schlecht. Seit vierundzwanzig Stunden nehme ich kleine Tabletten ein, stündlich zwei und dann irgendwann zehn auf einmal. Außerdem habe ich eine ganze Flasche Rotwein mit viel Zimt getrunken.

Ich bin schwanger und will es auf gar keinen Fall sein. Ich bin gerade zwanzig geworden und habe vor Kindern Horror. Ich lasse den Gedanken, selbst ein Kind zu kriegen, gar nicht an mich ran, so abwegig erscheint mir diese Vorstellung. Ich fühle mich nur bedroht und habe entsetzliche Angst vor dem, was sich da in meinem Bauch abspielt. Der Apothekentest war positiv. Ich glaube, ich bin knallrot geworden in der Apotheke vor Scham und Angst. War extra in einem anderen Stadtteil. Über Abtreibung weiß ich wenig, außer daß es wohl Ärzte gibt, die »es« tun für viel Geld. Das Geld müßte ich auftreiben, das wäre nicht einfach. Ich weiß auch, daß Abtreiben verboten ist. Das ist mir aber relativ egal, wundere mich nur über die merkwürdige, geheimnistuerische Art der Frauen und Männer, mit denen ich darüber rede. Ich bin recht ahnungslos.

Ich weiß auch kaum etwas über Verhütung. Zwar hatte ich mir, seit ich siebzehn war, in Kassel schon amerikanische Anti-Baby-Pillen »schwarz« gekauft – sie wurden von derselben Quelle vertrieben wie die ersten Trips und Marihuana-Packs. Aber ich hatte keine große Ahnung – und es interessierte mich auch nicht besonders –, wie die Dinger funktionieren. Wichtig war die tägliche Einnahme, möglichst um die gleiche Zeit. Das wußte ich.

Sie waren viel zu stark, diese Pillen. Es wurde mir schlecht davon. Mir wird zehn Jahre später noch leicht übel, wenn ich nur an »Pillen« denke oder welche sehe. Ich hatte Migräneanfälle in meiner Pillenzeit.

Und sie funktionieren nicht immer, wie zum Beispiel jetzt, 1970. Seit drei Wochen sind meine Tage überfällig. Ich will auf keinen Fall schwanger sein. Ich darf das alles nicht mal jemandem erzählen, nur ganz zuverlässigen Freunden und Freundinnen, hinter vorgehaltener Hand. Deshalb kann ich auch nicht zu einem ganz normalen Frauenarzt gehen.
Eine befreundete Krankenschwester besorgt mir die kleinen Tabletten, es sind irgendwelche neuen Anti-Baby-Pillen, die sehr hoch überdosiert zu einem Abgang des befruchteten Eis führen sollen. Sie gibt mir ganz genaue Anweisungen, sehr ernsthaft: 1. Ich darf nie jemandem erzählen, wer mir die Tabletten gegeben hat. 2. Ich darf nicht allein sein, während ich die Pillen einnehme und auch am nächsten Tag nicht. 3. Falls ich starke Blutungen kriege oder Herzflattern oder Bewußtseinsstörungen, soll ich in ein Krankenhaus fahren und die Restpillen mitnehmen.
Mir ist sauschlecht. Es funktioniert nicht. Mir ist nur tagelang übel.
Ich gehe dann doch zu einem Frauenarzt, einem, der »nett« sein soll. Er untersucht mich, vermutet, daß ich gar nicht schwanger bin, gibt mir eine Hormonspritze. Zwei Tage später kriege ich meine Tage.

Hamburg 1976: Mein Baby ist vier Monate alt. Ich bin wieder berufstätig als Nachtwache. Und ich bin wieder schwanger, obwohl ich noch stille. Ich fühle mich völlig ausgepowert von dem neuen Leben mit Kind. Habe Schlafstörungen und Haarausfall, bin abgemagert und nur noch müde. Mir ist schlecht von der Schwangerschaft, und die Milch für das Kind bleibt aus. Ich habe keine Kraft, schon wieder ein Kind zu kriegen, bin sogar zu kraftlos, irgendwelche Entscheidungen zu treffen. Der Frauenarzt und der Hausarzt sind entsetzt und raten dringend von einer Schwangerschaft in meinem jetzigen Zustand ab. Ich bin ihnen dankbar dafür, aber eigentlich ist mir alles egal. Ich bin genervt, weil ich ins Krankenhaus muß für die

Abtreibung. Ich muß drei Tage bleiben, kriege überhaupt nichts mit außer der Narkose und daß ich hinterher blute. Das Problematischste ist die Kleine, die mich nicht besuchen darf.

Hamburg 1978: Wieder ein kleines, neues Kind - mein Sohn ist jetzt acht Monate alt - und wieder bin ich schwanger. Meine Fruchtbarkeit nimmt anscheinend mit der Anzahl der Geburten zu.

Ich bin sehr unsicher, was diese neue Schwangerschaft angeht. Es wäre absolut unvernünftig, das ist mir klar. Ich würde es nicht schaffen. Oder würde ich es doch schaffen?

Ich bin völlig überarbeitet. Meine Ehe ist eine einzige Katastrophe. Es wäre unverantwortlich, im wahrsten Sinne des Wortes, jetzt noch ein Kind in die Welt zu setzen.

Ich muß zu einer Beratungsstelle zum Gespräch. Eine junge Frau hakt mich ab. Ich fühle mich sehr unwohl bei der Befragung. Tendenziell ist keine Zeit und kein Raum für meine wirklichen Gründe.

Ich habe den Eindruck, daß ich als halb-arbeitslose Mutter zweier Kleinkinder, mit einem Hafenarbeiter zum Mann und Schulden auf der Bank, sowieso ein »klarer Fall« bin.

Die Abtreibung ist unkompliziert. Ich kriege einen Termin in einem großen Hamburger Krankenhaus, soll wieder drei Tage bleiben, gehe aber am zweiten. Lasse mir wieder eine Narkose geben und nehme mir heimlich ein Brötchen mit, weil ich weiß, daß ich nach Narkosen unbändigen Hunger habe und es im Krankenhaus höchstens ein trockenes Weißbrot gibt.

Drei Tage später bekomme ich Depressionen. Ich heule tagelang um das Kind, das ich abgetrieben habe, stelle mit Babyteile in der Kanalisation vor und bin nicht erleichtert wie beim erstenmal, sondern nur traurig. Prompt stellen sich körperliche Komplikationen ein: Krämpfe, Unterleibsblutungen, eine Entzündung. Ich muß wieder ins Krankenhaus, diesmal mit dem Krankenwagen und hochfiebernd.

Hamburg 1983: Die dritte Abtreibung. Verdammt! Ich kriege anscheinend nach jedem Kind gleich noch eins. Meine Kleine ist ein knappes dreiviertel Jahr alt, die beiden anderen vier und sechs. Ich lerne und genieße es sehr, etwas für meinen Kopf zu tun. Meine Jüngste ist ein wunderbares Nesthäkchen. Wäre das nächste noch ein zweiter Sohn? Einen Abend lang werden wir schwankend, mein Freund und ich: würden wir noch eins mit durchkriegen?
Am nächsten Morgen ist mir supersonnenklar: Nein! Chaos überall. Ich stehe allein davor, wie so oft, kann nicht zur Uni. Eines der Kinder ist krank. Ich fühle mich krank und überlastet, es ist ja sowieso alles schon eine einzige Gradwanderung! Gleich gehe ich zum Arzt, zur Beratung. Diesmal brauche ich kaum mehr den Mund aufzumachen: Studentin, Bafög, Kindsvater arbeitslos, drei Kinder von verschiedenen Männern, Schanzenviertel. Irgendwie ärgert es mich. Ich gelte als asozial, das höre ich aus dem Unterton der »beratenden« Stimmen heraus.
Die Abtreibung verläuft komplikationslos. Ich wache nach der Narkose in einer Art Abstellkammer unter dem Dach des kleinen Krankenhauses auf, in dem ambulante Schwangerschaftsunterbrechungen vorgenommen werden. Ich darf am selben Abend wieder nach Hause.
Keine Depressionen diesmal, auch keine Komplikationen. Ich bin allerdings im Zweifel, was meine eigenen Schwangerschaftsgelüste angeht: Immer wieder werde ich zu den unmöglichsten Zeitpunkten schwanger – unabhängig von Verhütungsmitteln. Immer wieder, wenn ich in schwierigen Situationen stecke, bringt mein Körper mich in eine noch schwierigere Lage.
Ich beschließe, dem einen Riegel vorzuschieben und melde mich zur Sterilisation an. Sie wird zweieinhalb Monate nach der letzten Abtreibung vorgenommen.
Und ich werde sehr wütend sein später, wenn ich über die Nebenwirkungen lese, die ich prompt erlebe: Eisprungschmerzen, unaushaltbar ohne Medikamente, Rückenschmerzen.

Und Vorsicht immer noch, denn eine jetzt eintretende Schwangerschaft wäre eine Eileiterschwangerschaft und damit lebensgefährlich. Vor allem aber entwickle ich im Gespräch mit anderen Frauen, die sich auch sterilisieren ließen, eine Wut auf die mit uns lebenden Männer. Es wird uns immer klarer, daß unsere Sterilisationen höchstens das kleinere Übel waren, keinesfalls eine Lösung. Es ist eine Form von Selbstverstümmelung, zurückweichend vor den Problemen, die Frau und Mann auch sexuell miteinander haben. Es ist eine Notlösung. Die Kerle nehmen keine Rücksicht, und wir passen uns an. Ich würde mich später, mit diesem Wissen, nicht mehr sterilisieren lassen.

Hamburg 1989: Und nicht nur das. Ich glaube fast, ich würde auch nicht mehr abtreiben. Ich bin nicht ganz sicher, denn mir ist klar, daß ich erst relativ »frei« denken kann über die Problematik, seit dem ich nicht mehr in der akuten Gefahr lebe, ständig schwanger zu werden. Es ist ein tückisches Problem.
Ich bin froh, heute nicht sechs Kinder zu haben. Drei sind genug. Ich weiß aber auch, daß diese Gefühle veränderbar sind, abhängig von der jeweiligen Lebenssituation, abhängig von Ängsten und Hoffnungen in einer Partnerschaft, abhängig von den gesellschaftlich herrschenden Zuständen, abhängig von Geld und tausend Zufällen. Ich weiß heute, daß meine Entscheidungen für oder gegen die Schwangerschaften genau von all diesen Komponenten abhängig waren. »Selbstbestimmt« war mit Sicherheit keine, weder die für Abtreibungen noch die für die Kinder. Es waren immer gemischte Entscheidungen. Mindestens das.
Ich habe besonders die Abtreibungen als sehr fremdbestimmt empfunden. Es ging nie wirklich um mich. Es ging nie um meine Ängste, Hoffnungen und Widersprüche, die sich ganz körperlich auch mit den Schwangerschaften ausdrückten. Ich hätte jedesmal mit gutem Grund behaupten können: Ich schaff das schon – hab' ja auch vieles andere geschafft. Und ich hätte

gleichermaßen gut begründet behaupten können: Ich schaff mein ganzes Leben nicht. Beides hätte gestimmt.

Ich habe die »Beratungen« als entwürdigend empfunden, egal von wem sie gemacht wurden. Das war ein unklares und unzufriedenes Gefühl, aber es war da.

Ich bin heute der Meinung, daß »ungewollt« schwanger werden zu den dramatischsten Ereignissen in jedem Frauenleben gehört.

Es ist ein unwürdiges Gefühl. Das hängt damit zusammen, daß nicht die eventuellen Kinder das Hauptproblem sind, sondern die Umstände, in denen sie entstehen und in denen sie aufwachsen müssen. Es hängt damit zusammen, daß Frauen vögeln, ohne es wirklich zu wollen. Es hängt damit zusammen, daß Frauen mit den geborenen Kindern allein gelassen werden.

Das »Schwängern« muß verändert werden. Das wäre die Befreiung und nicht die freie Abtreibung. Nur Männer können »schwängern«. Das sagt alles. Sie haben im Ernstfall weder Rücksicht zu nehmen, noch Folgen zu tragen.

Das ist ungerecht. Und jede »freie« Abtreibung verschleiert diese Problematik.

Wobei ich – ganz realpolitisch – der Meinung bin, daß Abtreibung straffrei sein muß. Aber das ist keine Utopie.

Meine Abtreibungen waren nie utopisch, eher das Gegenteil. Ich spürte die Abhängigkeit, ein Ausgeliefertsein, ein Anpassen an die herrschenden Verhältnisse. Privat und politisch.

Bei aller Notwendigkeit für Notlösungsstrategien darf nicht darüber hinweggetäuscht und geschwiegen werden, daß jede Abtreibung ein sichtbares Zeichen von Frauenunterdrückung ist. Legale Abtreibung ist nur die liberalere Form von Zwangsmutterschaft und Zwangsheterosexualität.

Immer, solange Frauen abtreiben, wird Mutterschaft, die Lebensweise von Müttern und das Sexualleben zwischen Männern und Frauen nicht von Frauen bestimmt – sie räumen nur Trümmer weg, die zu offensichtlich zeigen würden, wie schlimm die Situation ist. Abtreibungen - gleich, aus welchen Gründen - zeigen den Grad der Abhängigkeit der Frauen von der Männergesellschaft. Privat und politisch.

Daß nicht wenige Frauen Schwangerschaften unterbrechen lassen, weil der Schwängerer es so will, weil sie Normalitätsansprüchen genügen wollen - keine behinderten Kinder, nicht zu viele Kinder -, weil sie berechtigte Angst vor bitterer Not und extremer Arbeitsüberlastung und Alleinverantwortung für das Kind haben, verschärft höchstens das Bild von den gar nicht so »freien« oder »selbstbestimmten« Frauen.

Anscheinend wird der eigene Körper von Frauen weniger geachtet als die Aufrechterhaltung eines verlogenen Beziehungsgefüges zwischen Männern und Frauen. Es ist ein Beziehungsgefüge, das von Frauen ein »Mitmachen« verlangt, sonst würde es zerbrechen. Wir - damit meine ich die Frauen - haben viel davon verinnerlicht. Wir kennen ja nichts anderes.

Das ist aber keine Utopie.

Vergewaltigungen

Hamburg 1970: Ich gehe spazieren, Innenstadt, Jungfernstieg. Ich habe frei von der Arbeit, und die Sonne scheint. An der Alster werde ich von einem etwa fünfundzwanzigjährigen Mann angesprochen – ich habe nichts dagegen, und ich habe keine Angst. Ich bin zwanzig und finde es spannend und wichtig, fremde Menschen kennenzulernen. Ich verabrede mich mit dem Mann.

Ich habe Lust, diesen Typen kennenzulernen, mich weiter zu unterhalten über das Leben, Politik, den Vietnam-Krieg, Mode. Es war ein interessantes Gespräch, und er war mir nicht unsympathisch gewesen beim ersten Reden vor einer knappen Woche.

Ich hole ihn – wie ich es oft mache, genauso wie ich auch Menschen in ihren Wohnungen besuche, gleich in welchem Stadtteil – zur telefonisch abgemachten Zeit zu Hause ab. Es ist eine Wohnung mit Alsterblick, vom Feinsten. Ich denke mir nichts dabei, daß ein zweiter Mann in der Wohnung sitzt und ich hereingebeten werde. Denke mir auch nichts dabei, daß ich reingedrängt werde in die Wohnung, und auch nicht, daß sie verhunzt aussieht: kaum Möbel, häßliche Gardinen. Schließlich habe ich ja schon Dachkammern entdeckt mit Kunst an der Wand und in Millionärshäusern am Klosterstern geschlafen, in denen geschmacklose, nachgemachte Holzmöbel und Plüschgardinen hängen. Ich bin relativ vorurteilslos und sehr neugierig.

Kaum habe ich das »Wohnzimmer« betreten, ahne ich irgendwie, daß etwas faul ist. Hinter mir, höre ich, schließt mein »Gastgeber« die Tür ab. Der »Freund« kommt gleich zur Sache: Zieh dich aus, sagt er. Mehr nicht.

Ich rede. Bin verwirrt, weiß allerdings, daß es eine ernstere Situation ist, in die ich da geraten bin.

Hast du nicht verstanden? fragt mein »Gastgeber«. Er hat gesagt: Ausziehen! Fang mit den Schuhen an!
Ich versuche, die Situation abzuklären, versuche, ruhig Blut zu bewahren, stelle mir einen Film vor. Ich weiß sehr gut, was jetzt angesagt ist. Dunkel kommt es aus Erinnerungen und Freundinnenwissen auf mich zu: Vergewaltigung. Im besten Falle komme ich da lebendig raus, denke ich. Bin fest dazu entschlossen.
Gleichzeitig stürmen völlig unwichtige und quere Gedanken auf mich ein: Habe ich was mißverstanden? Was sagen meine Freunde und Freundinnen? Hast ja selber Schuld, wenn du Männer alleine besuchst ...
Du bist süß mit deiner Rederei, sagt der eine, aber jetzt wollen wir was anderes machen. Du bist bestimmt supergeil, so wie ich.
Ich soll mich zwischen die beiden auf das Wohnzimmersofa setzen, sie bieten mir irgendeinen Schnaps an. Ich will nicht. Doch, das schmeckt gut, sagt der eine und hält mich von hinten fest, setzt mir ein Glas an die Lippen. Ich trinke und spucke, es schüttelt mich. Ich soll mir Pornos angucken. Sie liegen plötzlich auf dem Tisch. Komm, Süße, sagt mein Gastgeber, zier dich nicht so, du willst doch, das sehe ich dir an. Zieh jetzt deine Strümpfe aus, sei lieb. Wir wollen doch nichts Böses. Ich solle mich amüsieren, sagt er. Es würde mir Spaß machen, da sei er ganz sicher, nur leider sei ich anscheinend verklemmt.
Ich sage, ich sei vielleicht verklemmt, irgendwie sei mir das alles zu plötzlich, außerdem hätte ich einen Freund und müßte mir das alles erst überlegen. Ja, sagt der andere, das könne er gut verstehen, aber damit ich keine Dummheiten machen würde, wollten sie erstmal nachsehen, wo ich wohne. Er nimmt meine Tasche, holt den Ausweis raus und verschließt alles zusammen, auch mein Geld, in einem Schrank. Ich solle jetzt endlich mein T-Shirt ausziehen, aber dalli, er werde jetzt bald sauer mit diesem Rumgeziere. Er wolle jetzt ficken,und

zwar mit mir. Der »Gastgeber« nimmt mich scheinbar in Schutz: Nein, so geht das nicht bei der Kleinen, sagt er. Die mußt du erstmal ein bißchen heiß machen. Sie weiß ja nicht, sagt er, daß sie jetzt ranmuß, die niedliche Quatscherin, sie hat schöne Titten, glaube ich. Zu mir gewandt: Schreien hilft nicht, das hier ist ein Puff, das ganze Haus. Die wichsen sich höchstens einen ab, die Nachbarn, wenn du schreist. Sei also ein liebes, kleines Mädchen.

Ich fliehe beim Aufs-Klo-Gehen, halbausgezogen, ohne Schuhe. Es gibt ein Fenster im Klo, durch das ich mit viel Mühe durchpasse, und dann ins Treppenhaus klettern kann, unter mir ein sehr tiefer Lichtschacht. Ich renne aus dem Haus, Straßen weit nur renne ich.

Ein halbes Stadtviertel weiter – immer noch drehe ich mich um, ob die Typen mir folgen – stehe ich in einer Telefonzelle. Scheiße, kein Geld! Ich spreche eine Frau an, ob sie mir fünfzig Pfennig schenkt, fange gleichzeitig an zu heulen und zu zittern. Sie fragt nicht, sie ahnt anscheinend irgendwas, gibt mir eine Mark und verschwindet. Ich rufe meinen Freund in einer anderen Stadt an, der sagt, ich solle nicht ausflippen, aber er würde heute noch kommen. Ich rufe die Polizei an, 110. Die fragen als erstes, wie ich heiße,und wollen zweitens, daß ich vorbeikomme. Der Typ am Telefon hat eine ähnliche Stimme wie mein »Gastgeber«. Ich hänge den Hörer ein und gehe nach Hause.

Ich werde nie wieder einfach so zu einem Mann nach Hause gehen. Ich werde mich nur noch in Kneipen verabreden die nächsten Jahre.

Und ich werde mich erinnern.

Leipzig 1965: Besuch in der DDR. Meine Eltern, und damit auch wir Kinder, dürfen wieder Verwandte und Bekannte in der DDR besuchen, ohne Gefahr zu laufen, verhaftet zu werden. Es ist ein familiärer »Staatsbesuch«.

Auf dem Dachboden eines ehemaligen Nachbarn, den wir besuchen, stehen noch alte Bücher, die mein Vater zurückgelassen hat, damals bei der Flucht. Alle tragen Kartons runter zum Sichten, Aussortieren und Mitnehmen. Ich bin fünfzehn. Der Nachbar etwa zwanzig Jahre älter. Er fängt mich ab, als ich den Dachboden betrete, hat die ganze Zeit schon so komisch geguckt, geflirtet beinahe. Er küßt mich, faßt mir an die Brust. Ich bin verwirrt, geehrt und voller Widerwillen. Gleichzeitig. Jemand kommt die Treppe rauf. Er läßt mich los, zischt: Verrat' mich nicht! Eine Viertel Stunde später das gleiche Spiel. Seine Zunge in meinem Mund, ich will das nicht, weiß aber nicht genau einzuschätzen, ob ich mehr Angst vor ihm habe oder vor meinen Eltern, von denen ich keine Unterstützung erwarte in der Situation. Ich gehe dem Mann aus dem Weg. Zum Abschied – wir fahren wieder in die BRD – küßt er mich noch einmal, öffentlich. Ich bin völlig verunsichert.

Kassel 1966: Diesmal ist es der Vater einer Schulfreundin. Er engagiert mich zu Hilfsarbeiten in seinem Betrieb – es geht um Briefe und Werbung austragen, in Briefkästen stecken – und möchte, daß ich mich auf seinen Schoß setze, wenn ich das Geld bekomme. Ich möchte das nicht und lasse den Job sausen.

Hamburg 1972: Nachtwache. Der diensthabende Arzt kommt ins Schwesternzimmer, in dem ich am Schreibtisch in einem Sessel sitze und lese, auf die Klingelzeichen der Patientinnen und das Telefon achtend. Es ist nicht ungewöhnlich, daß der Arzt abends gegen vierundzwanzig Uhr nochmal reinschaut, obwohl es auch nicht oft vorkommt. Ich spüre sofort, daß der was anderes will heute nacht.
Ich sondiere vorsichtig das Gelände. Der Weißkittel plappert was von wunderschöner Frau und er sei so alleine, ob ich denn einen Freund habe und was der dazu sagen würde, wenn ich mal mit einem anderen Mann schliefe. Ich sage, daß ihn das gar nichts angehe. Er liebe, antwortet er, solche spröden Frauen,

die nicht sofort »Ja« sagten, er komme schließlich aus Ungarn, ob er uns einen Drink machen solle, er habe da was in seinem Arztzimmer ... Ich lehne ab. Er fragt mich, ob ich ausländerfeindlich sei. Ich bin empört und verunsichert.
Er wird mich die nächsten Monate arbeitsmäßig unter Druck setzen, behaupten, daß ich viel falsch mache, und er wird überall erzählen, daß ich eine dämliche Ziege sei.

Hamburg 1984: Ich gehe, es ist März, von der Uni abends den Park lang nach Hause. Es ist der kürzeste Weg. Ich fühle mich stark – es ist gerade Frauenwoche. Den ganzen Tag Seminare mit Frauen, wichtige Gespräche. Ich bin froh, fühle mich gut und wichtig und sicher auf dieser Welt.
Am nächsten Tag findet eine Sonderveranstaltung auf der Frauenwoche statt. In den Morgenzeitungen stand es schon: Mord im Schanzenpark.
Eine junge Frau war in der Nacht gefunden worden: vergewaltigt und erwürgt. Sie wurde im Eingang des Kindergartens gefunden, der auf meinem nächtlichen Weg durch den Park liegt.

Hamburg 1986: Meine Freundin M., die vor einem Jahr aus Griechenland zurückgekommen und jetzt schwanger ist, ruft an. Ich habe sie lange nicht gesehen. Sie spielt die Coole: Drei Tage war sie eingesperrt gewesen und wurde mehrfach zum Geschlechtsverkehr gezwungen. Es war ein Studienkollege. M. hat ihn nicht angezeigt. Er ist Schwarzer, hat sich entschuldigt hinterher und geweint.

Hamburg 1988: Meine kleine Tochter und die Nachbarstochter drucksen herum. In die Weidenallee wollen sie nicht mehr gehen zum Einkaufen. Beide sind sechs Jahre alt.
Sie dürften nichts verraten, sagen sie, aber da sei ein Mann mit einem riesengroßen Pimmel, den sollten sie immer anfassen, und das mögen sie nicht.

Das nebeneheliche Kind

Hamburg 1984: Ich bin also nun auch eine von diesen Weibern, die sich nicht nur scheiden lassen auf eigenen Wunsch, sondern dann auch noch vor der Scheidung mit anderen Männern als dem bis dahin gültigen Gatten rumhuren und sich Kinder ansetzen lassen, ohne zu wissen, von wem. Moralisch nicht gefestigt und wahrscheinlich nicht mal aufgeklärt, wie Kinder entstehen? Und sowieso, so einer wie mir kann man einfach nicht glauben, unter diesen Umständen ...

Das ist keine Selbsteinschätzung.

Es ist die Einschätzung des Bürgerlichen Gesetzbuches, derzeit gültig, und seiner Vollzieher, derzeit meist männlich, über Frauen wie mich.

Ich habe also ein Kind bekommen.

Gezeugt wurde es aus den verschiedensten Gründen, unter anderem wegen einer großen Liebe zu seinem Vater, und weil das Präservativ geplatzt ist. Soviel dazu, darum geht es nicht. Es geht um den Zeitpunkt.

Das Kind wurde gezeugt, als ich offiziell noch verheiratet war mit einem Mann, der nicht mehr Tisch und Bett mit mir teilte. Schon lange, jahrelang, lebten wir getrennt.

Das Kind war – für alle Beteiligten – ein klarer Fall. Ich wollte es haben, der Vater dann auch, der Ex-Gatte wollte damit nichts zu tun haben und hatte es ja auch nicht. Eine beinahe idyllische Konstellation heutzutage: keine Streitigkeiten, keine unklaren Alimente und sogar noch Liebe für das Kind.

Weit gefehlt! Auftritt Gesetz und Ordnung. Das Kind, meine mittlerweile zweijährige Tochter, gilt als eheliches Kind des falschen Vaters, da können wir drei Erwachsenen wissen und erzählen, was wir wollen. Es gibt nur einen Weg, und den habe ich jetzt zähneknirschend beschritten: Ich muß im Namen meiner Tochter einen Vaterschaftsprozeß führen. Und das,

obgleich sich alle einig sind, ich schon längst geschieden bin und die Prozedur eines solchen Prozesses viel Geld kostet und alle Beteiligten nervt.
Erst mußte festgestellt werden – hochgerichtlich mit Gutachter und Blut von Kind und Nichtvater –, daß die Tochter nicht die Tochter vom Ex-Mann der Mutterschlampe ist. Somit war das Kind nun »frei«. Anschließend durfte der echte Papa ran. Er brauchte nur eine Erklärung abzugeben. Hauptsache: einer bezahlt. Die Besitzverhältnisse väterlicherseits sind nun klar. Bei diesem Vorgang spiele ich keine Rolle, bin höchstens mütterliches Umfeld irgendwelcher Väterkinder. Allerdings mußte ich vor Gericht erscheinen an Kindes statt.
Wurde auch gefragt nach dem geschlechtlichen Verkehr – die grinsenden Protokollschreiber des Gerichts vor Augen – und ob ich mir so sicher wirklich sei und mich erinnern könne. Der Richter, im Gespräch vor dem offiziellen Teil des Verfahrens, verwaltete meine Wut. Ich sei eine Ausnahme, behauptete er, es gebe so viele Frauen, die klimperten dann vor Gericht mit den Augen, sagte er, und lögen, wenn es darum gehe, einem Mann ein Kind unterzuschieben.
Sprachlos konnte ich nur noch denken: Schätzchen, das sagst du nicht ungestraft, das werde ich in »Emma« schreiben.
Etwas geübter, der Herr vom Jugendamt, etwas geübter mit resolut auftretenden Mamas: Ja, sagte er, das Gesetz sei etwas überholt, da sei er mit mir einer Meinung, aber ich solle doch bedenken, daß es durchaus Ehepaare gebe, die reiche, alte Männer ausnutzten, indem die Ehefrau mal mit denen schlafe und dann sei das Kind erbberechtigt; und dem müsse man doch einen Riegel vorschieben ...

Hamburg, September 1984: Champagner für alle!
Am 21. September 1984, um acht Uhr zwanzig – es hat geregnet – beschloß im Amtsgericht Hamburg-Altona, Max-Brauer-Allee, Abteilung 319b, nichtöffentlich

Das Volk

in der Sache meiner minderjährigen Tochter gegen meinen volljährigen ehemaligen Ehemann ein Urteil.
Für Recht wurde erklärt, daß meine Tochter und die Tochter von B., die zweijährige Klägerin, nicht das eheliche Kind des Beklagten sei.
Ich spielte die Kindesmutter in diesem Theater.
Ich habe meine eineinhalbjährige Tochter zu Blutuntersuchungen zum behördlich zugelassenen Blutabnehmer gebracht und ihr zu den ersten Fingerabdrücken und amtlich archivierten Polaroid-Fotos im Leben verholfen. Ich habe, da sie ob ihres Alters dazu nicht imstande war, für sie geredet.
Das Urteil im Namen des Volkes stützt sich auf Tatbestände. Die Klägerin, meine zweijährige Tochter, trug laut Gerichtsprotokoll vor, der Beklagte habe mit der Kindesmutter während der gesetzlich festgelegten Empfängniszeit keinen Geschlechtsverkehr gehabt. Somit sei der Beklagte auch nicht ihr Vater. Die zweijährige Klägerin beantragte weiter festzustellen, daß sie auch nicht das eheliche Kind des Beklagten sei.
Das Hohe Gericht hat dann den Beweis erhoben über die Frage, ob der Beklagte als Erzeuger der Klägerin ausgeschlossen werden könne oder ob die Klägerin vom Beklagten abstammen könne. Dazu wurde ein schriftliches sereologisches Sachverständigengutachten eingeholt und verlesen. Das Gericht erhob weiter Beweis über die Behauptung der zweijährigen Klägerin, daß die Kindesmutter mit dem Beklagten innerhalb des gesetzlich festgelegten Zeitraumes der Empfängnis keinen Geschlechtsverkehr gehabt habe. Dazu wurde als Zeugin die Kindesmutter vernommen.
Das Gericht hat festgestellt, daß die Klage der zweijährigen Klägerin in vollem Umfang begründet war. Die Beteiligten und Unbeteiligten durften dann gehen.
Ich, die Kindesmutter, habe nun Sekt gekauft.
Ich finde es nämlich als verhörte Zeugin und Kindesmutter der Klägerin außerordentlich erfreulich, daß das Amtsgericht Hamburg-Altona, am 21. September 1984, um acht Uhr zwan-

zig im Namen des Volkes eine Entscheidung getroffen hat, die wir alle als richtig und weise begrüßen.
Immerhin wußten die Kindesmutter der Klägerin, der Beklagte und auch der Kindesvater, nein, Erzeuger der Klägerin, bereits seit Ende 1981, lange bevor die Klägerin geboren wurde, wessen Kind die Klägerin ist und immer sein würde. Immerhin zahlt der Erzeuger der Klägerin – amtlich geduldet, denn täte er es nicht, würden sich Schulden anhäufen – seit über zwei Jahren Unterhalt für die Klägerin und ist ihr darüberhinaus noch ein guter Vater. Immerhin gab es zwischen den Beteiligten und Nichtbeteiligten dieses Stückes nie auch nur den Anflug eines Zweifels darüber, wer hier wann mit wem geschlechtlichen Verkehr hatte und wessen Kind die Klägerin ist. So ist es doch dankbar zur Kenntnis zu nehmen, daß ein bundesdeutsches Amtsgericht und das Volk mit konzentrierter Erfahrung, Weisheit und Würde all diesen Sachverhalten Rechnung tragen konnte.
Ein solcher Vorgang sollte nicht unterschätzt werden. Er ist selten genug. Ein Gericht hat im Namen des Volkes entschieden, daß das Volk recht hat. Das ist ein überaus erstaunlicher Vorgang, ein erfreulicher gar. Und nicht nur das.
Es wurden Arbeitsplätze erhalten – das ist eine hehre Aufgabe in den heutigen Zeiten. Die Akten der Kindesmutter und aller beteiligten Behörden enthalten fünfzehn Schriftwechsel, je ein- bis sechsseitig, in der Sache minderjährige Tochter gegen volljährigen Nichtvater. Es wurden zwei Gerichtsverhandlungen anberaumt und durchgeführt, die dann allerdings enttäuschend kurz verliefen. Zwei unterschiedliche Richter mußten im Namen des Volkes zu Terminen erscheinen und richten. Ein Sachverständiger fertigte Gutachten an. Ein anderer nahm in dessen Auftrag Blutproben ab bei der Klägerin, der Kindesmutter und dem Beklagten, der nicht Vater ist nach Aussage aller Zeugen. Das dauerte und machte Mühe. Der Arm der damals eineinhalbjährigen Klägerin brauchte vier Wochen, um die durch die umfangreichere Blutentnahme entstandenen

Druckstellen und Quetschungen abzuheilen. Daß die minderjährige Klägerin just seit diesem Tag Angst vor Ärzten und Spritzen hat, ist beiläufig zu erwähnen und auch, daß der Beklagte, der Nichtvater, wegen Nichteinhaltung des ersten Vorladungstermins beinahe polizeilich vorgeführt worden wäre zur Blutentnahme.
Belanglos wirklich, denn eine derart verantwortungsvolle Aufgabe im Namen des Volkes erfordert Opfer und Einsichten, scheint neben all der hier uns widerfahrenen Gerechtigkeit die Tatsache, daß für den Vorgang der Blutentnahme Beteiligte und Unbeteiligte gemeinsam geladen wurden, nicht nur in dem hier berichteten Fall. In der Regel handelt es sich bei diesem Vorgang um Menschen, die gerade Trennungen und Haß untereinander erleben. Insbesondere für Mütter, die gerade gelernt haben, daß der Vater ihres Kindes ein Schwein ist und nicht einmal für dessen Unterhalt aufkommen will ohne gerichtliche Anweisung, ist es eine wichtige, pädagogisch wertvolle Erfahrung, dem Ex-Lover endlich wieder einmal gegenüber zu sitzen in einem gemeinsamen Wartesaal vor der Blutentnahme - mit dem Kind auf dem Schoß.
Das Volk und die Gerechtigkeit können nicht auf alle psychologischen Probleme eingehen, das sehe ich ein.
Ich jedenfalls danke dem Volk, dem Amtsgericht Hamburg-Altona und dem Gesetzgeber dafür, daß ich nun als geschiedene Frau aussagen durfte, mit wem ich wann 1981 im Bett war und geschlechtlichen Verkehr ausgeübt habe. Und ich danke im Namen meiner zweijährigen Tochter, daß sie nun nicht mehr geburtsurkundlich-zwangsweise als eheliches Kind eines falschen Vaters archiviert und in die Computer eingespeist wird.
Deshalb Sekt. Champagner, ach Champagner müßte es sein! Vom Besten!
Ein gerechtes Urteil wurde gefällt. Alle sind froh. Alles ist prima. Alle haben ihren Spaß gehabt. Glücklicherweise hat die zweijährige Klägerin, da minderjährig und Tochter einer ar-

men Kindesmutter, Prozeßkostenhilfe bewilligt bekommen. Das waren auch noch zwei Termine mit Vorlage sämtlicher Papiere, aber sie haben der Kindesmutter und dem - noch nicht eingetragenen - wirklichen Papa zwischen dreitausend und zehntausend DM-West gespart. Champagner für alle!

Die Kindesmutter hat noch einiges vor sich. Sie muß zum Standesamt gehen und neue Geburtsurkunden bestellen. Der wirkliche Vater muß auch dorthin und unterschreiben. Überall, bei jeder Behörde und auch der Krankenkasse und wegen des Kindergeldes, müssen die Änderungen bekanntgemacht werden. B., der Vater der Klägerin, muß jetzt Alimente zahlen, bisher durfte er nur. Das sind Unterschiede! Das ist gerecht.

Mein Freund B., der liebe Vater für meine kleine Tochter, hat heute, zweieinviertel Jahre nach deren Geburt, bei der er dabei war, sein Kind bekommen. Das Volk hat entschieden.

Wir hätten einfach heiraten sollen. Dann wäre der ganze Schlamassel nicht passiert. Heiraten, zack, und die minderjährige Klägerin und Tochter wäre schnurstracks per Volk und Gesetz von dem einen ehelichen Erzeuger auf den nächsten umgepoolt worden, ohne Fisimatentchen. Kein Hahn und kein Gesetz hätten gekräht danach, wer mit wem wann Geschlechtsverkehr gehabt hatte und so. Kein Blut wäre geflossen für die sachverständigen Volksgutachter. Kein Gericht wäre bemüht worden.

Denn die Besitzverhältnisse wären geklärt gewesen: Es geht um mich, die Kindesmutter. Der Mann, dem ich gehöre per Eheschluß, der ist der Vater meiner Kinder, da kann ich erzählen und wissen und vögeln,wie ich will. Hauptsache, einer besitzt mich. Ich habe gelernt.

Heiraten tue ich nicht mehr. Nie mehr! Schon deshalb nicht. Ich anerkenne zwar meine Pflicht, denn ich weiß nicht, wie sich davor drücken, ohne den Kindern Unrecht zu tun, zur Teilnahme an staatsbürgerlichen BGB-Theaterstücken. Aber heiraten tue ich nicht mehr. Ich bin gespannt auf die nächste Inszenierung. Champagner für alle!

Der Putzmann

Hamburg 1985: Ich habe einen Putzmann engagiert. Er ist achtundzwanzig Jahre alt, schwarzhaarig – ein hübscher Mann – und vertrauenswürdig. Er wird einmal in der Woche für drei bis fünf Stunden bei mir putzen. Ich habe ihm einen Stundenlohn von fünfzehn Mark geboten, wenn er es gut macht. Woher ich das Geld nehme, ist mir noch etwas unklar, aber es wird schon klappen.

Eine reizende Geschichte war das, die mich zur Arbeitgeberin machte. Schuld hat eigentlich Herr L., der Nachbar von der Mutter meines Freundes, ein Rentner und begeisterter Hobbygärtner.

Herr L. schenkte uns Unmengen von frischgeerntetem Rotkohl. Das war letzten Sonntag. Drei riesige, dunkelviolett glänzende, duftende Rotkohlköpfe. Sowas kann doch nicht einfach weggeschmissen werden! Wo gibt es heute schon mal frischen, ungedüngten Rotkohl? Wo schmeckt man noch frischen, selbstgekochten Rotkohl?

Eine köstliche Vorstellung. Mein Freund B. erweiterte sie völlig richtig, indem er vorschlug, daß dem Rotkohl eine gebratene Gans beistehen müsse. Und Knödel. Ich war ebenfalls begeistert und dachte noch an Preiselbeeren und Grützefüllung für die Gans.

Am Dienstag habe ich dann den Rotkohl gewaschen und die äußeren Blätter dem Kaninchen auf dem Balkon zum Fraß gegeben, die inneren klein geschnitten und die violetten Streifen mit Schmalz, Essig, Zucker, Salz, einigen Nelken- und Pimentkörnern aufgesetzt. Die Hand tat mir nach dem Rotkohlschneiden so weh, als hätte ich hundert Seiten auf der Schreibmaschine getippt. Aber der Duft!

Meine Freundin aus dem Haus lobte den Duft, der im ganzen Treppenhaus zu riechen war, und wir einigten uns auf ein ge-

meinsames Essen am Donnerstag abend, zusammen mit meinem Freund und meinen drei Kindern.
Der Rotkohl köchelte den ganzen Dienstag vor sich hin. Nebenbei habe ich dann die Küche aufgeräumt, gespült, die heruntergefallenen Rotkohlstücke weggekehrt, die blaurot verfärbten Handtücher gewaschen, den »Spiegel« gelesen, mit einem Studienkollegen den Vorspann seines Vordiploms besprochen, telefoniert, Kohlen vom Boden geholt und die Öfen angemacht, die Kinder vom Kindergarten abgeholt und eine Nudelsuppe gekocht. Ja, und zwischendurch war dann immer wieder das Klo verstopft. Das ging schon seit Tagen so, daß es immer wieder dicht war, und die Spirale dann aber durchging, und nach einer Stunde war es spätestens wieder verstopft.
Am späten Dienstag nachmittag habe ich dann meinem Freund assistiert, als er das Klo abbaute, und es stellte sich heraus, daß meine reizende Dreijährige einen Plastikteller des Puppengeschirrs ins Klo geschmissen hatte – im Durchmesser perfekt ins Abflußrohr passend. Der Rotkohl hat mit dem verstopften Klo nur insofern etwas zu tun, als er eben aufgesetzt wurde und duftete, während das Klo immer verstopft war.
Am Abend war ich dann mit meinem uralten Freund Walter essen. Wir hatten uns schon vor Wochen verabredet. Wir treffen uns ab und zu, reden zusammen oder konsumieren Kultur. Walter ist der, dem ich verdanke, daß ich ab und zu Kultur zu mir nehme. Ohne ihn wäre ich beispielsweise nicht in dem Madonna-Film »Susan – verzweifelt gesucht« gewesen und auch nicht im Schauspielhaus, als Franca Rame da war. Aber an diesem Dienstag waren wir nicht bei der Kultur, sondern nur beim Portugiesen. Dann waren wir noch bei mir und haben Musik gehört und uns weiter unterhalten. Wir kennen uns seit zehn Jahren und haben eine eiserne Abmachung, sozusagen ein »Friedensangebot«: Nie miteinander ins Bett gehen! Das hält die Freundschaft warm ...
Die Folge dieses unterhaltenden Abends mit Walter war jedenfalls, daß ich ihn auch zum Rotkohl-Essen am Donnerstag ein-

geladen habe. Er machte sogar den Vorschlag, eine Vorspeise mitzubringen. Prima, habe ich gedacht. Dann sind wir jetzt vier Erwachsene und drei Kinder. Da lohnt es sich ja, eine Gans zu kaufen.

Am Mittwoch war ich müde, weil Walter und ich bis zum Morgengrauen miteinander gequasselt hatten. Nachdem die Kinder in der Schule beziehungsweise im Kindergarten waren, bin ich zur Bank gegangen, um Geld zu holen, und anschließend in den Supermarkt, um dafür eine Gans zu kaufen. Es gab nur tiefgefrorene.

Ich stellte sie in die Bratröhre des Gas-Backofens – Folie vorher ab, eklig! – bei niedrigster Temperatur, immer wieder ausschalten zwischendurch. Einfach an die Luft stellen geht nicht, die Katzen würden sich darüber her machen. Glücklicherweise kriegen die Viecher die Backofenklappe nicht auf.

Als die Gans im Backofen auftaute, habe ich den Rotkohl wieder auf eine kleine Flamme gestellt, ohne auch nur den Bruchteil eines Gedankens an eventuell noch vorhandene Vitamine zu verschwenden. Darum geht es bei solchen Rezepten nicht. Rotkohl kann gesund sein oder gut schmecken, das ist wie bei Erbsensuppe. Kochen, hegen und pflegen, so lange wie möglich. Das macht erst den richtigen Geschmack.

Der Rotkohl brodelte leise und duftend vor sich hin. Die Gans befreite sich im Backofen vom Eis, und ich war gerade dabei staubzusaugen, da wurde das Gas abgestellt.

Das war durchaus in Ordnung, denn die Hamburger Gaswerke hatten am Tag zuvor im Treppenhaus eine Karte aufgehängt, auf der angekündigt wurde, daß es am Mittwoch ab acht Uhr morgens zu einer bis zu neunstündigen Unterbrechung der Gaszufuhr kommen könne – zwecks Austausches der verrotteten Gasrohre in der Straße. Auf unserer Straßenseite gab es deshalb schon seit Wochen keinen Fußweg mehr, sondern nur eine einzige Baustelle – von kleinen Bretterbrückchen unterbrochen, die jeweils den Weg zum Hauseingang markierten. Seitdem konnte ich auch die Kinderkarre nicht

mehr benutzen, was mühsam war, aber neue Gasrohre sind ja an sich nicht zu kritisieren, sondern sogar nötig.
Das Gas wurde uns also ordnungsgemäß abgestellt, und ich habe dann den Rotkohl auf meinen »Hamburger Ofen« gestellt. Das ist ein Kohleofen zum Heizen, auf dem man auch kochen kann.
An diesem Mittwoch abend gegen neunzehn Uhr kam Ralph. Vorher hatte ich noch die Winterklamotten für die Kinder rausgesucht und sortiert. Was paßt noch, was paßt schon? Wir haben immer müllsäckeweise Vorräte, weil wir von allen möglichen Leuten Sachen geschenkt kriegen. Irgendwann habe ich dann noch die Katzenklos saubergemacht und Müll runtergebracht, einen ganzen blauen Müllsack voll, der auf dem Balkon gesammelt worden war. Außerdem habe ich noch die Papiere auf meinem Schreibtisch sortiert, Behördenbriefe geschrieben und telefoniert, die neue »Emma« gelesen und ein kleines Plastikmotorrad des siebenjährigen Sohnes geklebt und Kartoffeln geschält und gekocht und Karbonaden gebraten und mich um die Kids gekümmert.
Ralph kam also gegen neunzehn Uhr aus seinem Laden. Er ist der beste Freund von meinem Freund B., mit dem ich zusammenlebe, und der der Vater meiner kleinen Tochter ist. Ralph wollte B. abholen, um Schreibtische zu tragen mit ihm, die er aus irgendeinem Keller in irgendeinen anderen Keller transportieren mußte. Dann waren die beiden noch in einer Kneipe, und B. hat dann Ralph auch noch zum Rotkohlessen für Donnerstag eingeladen, weil Rotkohl zu Ralphs Lieblingsgerichten gehört.
Am Donnerstag habe ich dann, nachdem ich die Kleine in den Kindergarten gebracht hatte, mit einem Rundumschlag in verschiedenen Einzelhandelsgeschäften meines Viertels den Countdown zum Rotkohlessen eröffnet: Eßkastanien, Petersilie, Preiselbeeren, Rosenkohl, Wein, Saft, Knödelpulver, Buchweizengrütze, Pfifferlinge und Milch.
Als ich zurückkam vom Einkaufen, war das Gas wieder abge-

stellt. Auch das hatte durchaus seine Berechtigung, denn an diesem Donnerstagmorgen hatten die Gaswerke wiederum ein Schild in unserem Treppenhaus angebracht mit der Ankündigung, daß die Gaszufuhr noch einmal gesperrt werden müsse, weil auch die Zuleitungen zu unserem Haus erneuert werden müßten wegen akuter Verrottungsgefahr.
Auch dagegen war also nichts einzuwenden, außer, daß nun eine Gans, ein Kilogramm Rosenkohl und alle möglichen Beilagen für ein adventliches Rotkohlessen für mittlerweile fünf Erwachsene und drei Kinder nicht gegart werden konnten, weil die Energiezufuhr fehlte.
So sah es immer noch aus, als B. gegen siebzehn Uhr von der Arbeit kam. Ich hatte bereits mit den Bauarbeitern gesprochen. Wie eine nette, besorgte Hausfrau war ich mit dem Mülleimer in der Hand runtergegangen und habe gefragt, wie lange es denn wohl dauern würde mit dem abgestellten Gas. Der eine hat dann gesagt, ich solle mir doch ein paar warme Gedanken machen, wenn ich fröre, er würde mir dabei helfen. Der andere hatte angekündigt, daß die Rohre wohl um fünfzehn Uhr dreißig fertig angeschlossen seien, aber dann müsse noch der Gas-wieder-Ansteller der Gaswerke herbeitelefoniert werden; insgesamt könne es schon bis abends dauern.
Ich habe dann um siebzehn Uhr mit B. und meiner Freundin erstmal eine Flasche Rotwein aufgemacht, und wir haben einen Notplan überlegt für das Garen der Speisen in zwei Wohnungen, wenn das Gas wieder angeht. In diesem Moment rief Walter an und fragte, ob er zum Rotkohlessen auch noch seinen alten Freund M. mitbringen dürfe. Dieser sei gerade aus Norwegen gekommen von einer längeren Reise und würde frischgeräucherten, selbstgefangenen Fisch als Vorspeise mitbringen. Selbstverständlich haben wir das Angebot angenommen. Nun war M. also auch noch eingeladen – mehr Sitzplatz ist nun beim besten Willen in meiner Küche nicht herzustellen.
Um sechs ging das Gas wieder an. Ich habe es dann trotz der

Kinder, die zwischendurch Fragen zu ihren Schulaufgaben hatten, und insbesondere der lütten Dreijährigen, die immer »mitkochen« wollte, wie ein routinierter Hotelkoch geschafft, Gans, Maronis, Rotkohl, Füllung für die Gans, Soße, Rosenkohl, Knödel und einen Pudding zu kochen, bzw. zum Warmhalten oder Kochen in die Wohnung meiner Freundin zu bringen. Gegen neun Uhr, als alle Gäste da waren, konnten wir die norwegischen Vorspeisen essen, die viele Gräten hatten.
Es gab dann doch noch mehr Platz in der Küche, als ich vermutet hatte, denn Ralph hatte auch noch seine augenscheinlich wieder aufgewärmte Ex-Beziehung Ulrike mitgebracht.
Reizend! Die Menschen, das Essen, der Wein. Sogar die Kinder waren nett. Ein gelungener Abend. Da saßen wir, sieben Erwachsene und drei Kinder, um den weißen, ausziehbaren Ikea-Tisch und haben geschmaust, geredet und getrunken in aller Gemütlichkeit und uns gut gefühlt.
Irgendwann zwischen dreiundzwanzig Uhr und dreiundzwanzig Uhr dreißig ist es dann passiert. Das mit dem Putzmann.
Es begann mit Ralph, der immer wieder zum Entzücken seiner selbst und aller anwesenden Feministinnen in derartigen Runden sagt: In meinem nächsten Leben werde ich Hausfrau und Mutter, so gut wie die, möchte ich es auch mal haben!
Dieser Ausspruch ist immer wieder ein durchschlagender Erfolg, so auch diesmal beim Rotkohlessen.
Von meinem Freund Walter, dieser Sau, hätte ich nicht gedacht, daß er mitlacht. Alle anwesenden Männer lachten.
Alle anwesenden Frauen – wir waren in der Minderheit – waren sauer.
Ich habe dann M. als Putzmann eingestellt.
Er behauptete in dieser netten kleinen Runde, daß er meine Wohnung in gut drei Stunden picobello saubermachen könne, einschließlich Küche, Badezimmer und Klo. Er behauptete, er könne die Küche gründlich putzen einschließlich fettverklebte Regale abwaschen in ebenfalls drei Stunden.
Na schön.

Morgen will er kommen. Er soll dann erstmal Fenster putzen und bügeln. Er behauptete, er könne auch das.
Ich fand es eine gute Idee, ihn einzustellen.
Natürlich ist das Arschloch nicht gekommen am nächsten Tag. Er hat sich nicht einmal abgemeldet. Meine Freundin hatte das vorausgesehen.
Dieser Mistkerl! Erst die großen Sprüche und dann nichts wie heiße Luft! Es ist immer dasselbe ...
Und dabei habe ich extra noch Spiritus eingekauft zum Fensterputzen. Ich wollte ihm die Wahl lassen, nach welcher Methode er putzt, damit er keine Ausrede hat, wenn er langsamer gewesen wäre als versprochen. Es lagen also Ledertuch, Zeitungen, Fensterputzer und diverse Mittelchen für ihn bereit. Und er kommt einfach nicht.
Das hatte allerdings auch Vorteile. Ich hätte nämlich just an diesem Tag einen besserwisserischen Alleskönner nicht gebrauchen können. Das war allerdings nicht vorauszusehen. Ich habe nämlich heute einen kleinen fight mit der Firma Ikea ausgefochten, und das war stressig genug – auch ohne Putzmann.
Es begann morgens um halb zehn. Eine Speditionsfirma rief an und kündigte an, sie wollte in einer halben Stunde die bestellten Regale liefern. Ich habe erstmal geschluckt, denn eigentlich sollten die Möbel erst zwei Wochen später kommen. Woher das Geld nehmen?
Ich bin also zur Bank und habe schnell die Kindersparbücher abgeräumt und mir außerdem noch dreihundert Mark von einer Nachbarin geliehen. Kaum war ich zu Hause, klingelte es auch schon. Etwas verwundert nahm ich dann zur Kenntnis, daß aus dem Speditionslastwagen ein kleiner Holzcontainer gehievt wurde,und zwar genau auf den Bürgersteig vor unserem Vorgarten, der eine Baustelle ist. Leider stellte sich binnen einiger Minuten heraus, daß die beiden Speditionsfahrer dies so in Ordnung fanden. Obendrauf auf den Container legten sie noch zwei Pakete – das oberste war so schwer, daß ich es nicht bewegen konnte.

Meine ungläubigen Nachfragen bezüglich der Lieferbedingungen brachten sie herzhaft zum Lachen. Das kannten sie schon und außerdem war es ihnen scheißegal. Sie kriegten die Anweisungen von ihrem Chef, sagten sie, und mit Ikea hätten sie gar nichts zu tun. Und überhaupt, ich solle mich beeilen mit dem Auspacken, die beiden Pakete seien naß und Reklamationen müsse ich innerhalb von zwei Stunden bei der Bundesbahn anmelden. Außerdem werde die Bahnkiste heute wieder abgeholt, und zwar bis fünfzehn Uhr; alles andere koste Gebühren.

Ich dachte, ich spinne. Der Scheiß mußte also hoch in meinen dritten Stock, und zwar schnell. Weglaufen ging nicht. Also versuchte ich es mit einem zuckersüßen Tonfall, während ich die Nachnahmerechnung bezahlte und um zehn Mark aufrundete. Die Speditionsmänner schoben daraufhin den Container wenigstens in den vom Regen aufgeweichten Vorgarten des Hauses. Gut, schon vier Meter näher an meiner Wohnung und außer Reichweite des straßenbaulich eingesetzten Baggers, der auch schon Fahrräder an den Gartenzaun gedrückt hatte vor ein paar Tagen.

Sie kriegten den Container, der kleine Räder hatte, kaum durch den Baustellensand. Kommentarlos legte ich herumliegende Steinplatten darunter, um dann mit meinem freundlichsten Lächeln zu sagen:

Okay, aber ich werde mich beschweren.

Und weg waren sie.

In meiner Wohnung war ich dann fassungslos. Diese Scheiß-Ikea-Sachen! Diese Betrüger!

Anruf bei der Speditionsfirma: Nun ja, sagte der Obermack und redete mit mir wie mit einem Kind. Nun ja, meine Jungs hatten beinahe recht. Das mit dem Container ist in Ordnung so, aber die Pakete hätten meine Jungs hinter die Haustür stellen müssen. Aber meine Jungs haben das sicher gut gemeint, sie wollten bestimmt nicht, daß die Ware auseinander geteilt wird.

Ich blieb freundlich: Was kostet hochtragen?
Vierunddreißig Mark pro angefangene hundert Kilo. Soll ich Ihnen einen meiner Jungs vorbeischicken?
Nein, erst rufe ich bei Ikea an.
Ikea-Kundendienst: Oh, du meine Güte, wie schrecklich! Was machen wir denn da? Lassen Sie die Sachen hochtragen und schicken Sie uns die Rechnung.
Ich dachte: du Affe, es beschwert sich wohl viel zu selten jemand und fragte freundlich: Mit wem habe ich gesprochen?! Er sagte seinen Namen, und ich klingelte bei den Nachbarn, um mir weitere fünfzig Mark zu leihen. Nicht einmal ordentlich beschweren kann man sich ohne Geld in der Tasche!
Noch einmal rief ich bei der Speditionsfirma an. Der Chef war nun schon zugänglicher. Soll ich Ihnen einen Vorschlag machen? Ich schicke Ihnen nach Feierabend einen meiner Jungs vorbei, der trägt Ihnen die Sachen rein, und die Kiste räumen Sie selber aus, und dann geben Sie ihm einen Zwanziger und dann hat sich das.
Nein, sagte ich, das zahlt Ikea. Bitte zwei Leute, die alles hochtragen, ich habe einen kaputten Rücken.
Okay, sagte er, kleinlaut. Ich freute mich zu früh.
Zwei Stunden später kam einer von den »Jungs«! Wir tranken nach dem – gemeinsamen – Hochtragen Kaffee zusammen. Der Chef hatte ihm gesagt: Trag der Alten den Scheiß hoch, aber nicht alles.
Und mein nicht erschienener Putzmann?
Ich bin sicher, er wäre keine Unterstützung gewesen. Beim Hochtragen schon, oh ja! Dann hätte er aber nicht geputzt. Und wahrscheinlich hätte ich mir dann zwei Stunden lang anhören müssen, wie beknackt ich sei, daß ich Regale bestelle und dann bei Ikea und dann doch dieses, guck doch mal, das Furnier ... Billigscheiß ... Das hättest du dir doch denken können ...
Insofern war es auch ganz gut, daß der Putzmann nicht gekommen ist.

Autonomie und Sehnsucht

Kassel 1966: Ich bin sechzehn und weiß nur eines genau: Ich werde alles anders machen als meine Eltern, und ich werde ganz anders leben als all die Erwachsenen, die ich kenne. Selbstverständlich suche ich Vorbilder, auch wenn ich das nie zugeben würde. Daß die verwitwete Frau Kennedy nicht mehr angesagt ist, versteht sich von selbst, und auch »Winnetou« Pierre Brice hat seinen naiven Heldencharme verloren.
Ich träume von Freiheiten, die bemessen sind an den bisher erlebten Verboten und Mängeln, gemischt mit Idealen aus Zeitschriften, Filmen und gerüchteweise gehörten Lebensvorstellungen anderer Leute. Ich träume von einer kleinen Hochhaus-Wohnung mit einem weißgekachelten Badezimmer und stapelweise frischgewaschenen, flauschigen Handtüchern. Von einem Plattenspieler, einem Tonbandgerät und einem großen Schminktisch. Von nächtelangen Gesprächen mit anderen Leuten, ohne um zehn oder um elf zu Hause sein zu müssen.
Ich träume von der Wichtigkeit jedes einzelnen Tages und meiner eigenen für den kulturellen und politischen Aufbruch, der schon überall zu spüren ist. Ich träume übrigens nie von Heirat und Zweierbeziehung. Ich will, soweit ich Pläne habe, so selbstbestimmt und unabhängig wie möglich leben und machen, was ich will – vor allem: laut Musik hören und wichtig sein.
Irgendwoher weiß ich von Simone de Beauvoir, Sartre und den »Existenzialisten« in Paris. Mein Wissen ist begrenzt durch meine kleinen Utopien: daß sie nicht verheiratet sind und in Hotels leben, Atheisten sind und schwarze Kleidung tragen. All das gilt als abenteuerlich und anrüchig.
Mindestens genauso anrüchig ist die neue Musik, die wir lieben. Und vor allem das ganz Drumherum. Es gibt zwei Fraktionen: Beatles oder Rolling Stones. Selbstverständlich sind die Rolling Stones interessanter, schon wegen der »verbotenen«

Songs. Stundenlang sitze ich nachts und heimlich am Radio, um Radio Luxemburg zu hören. Kurze Zeit später besitze ich zwei Schallplatten aus der »Underground«-Szene. Ich trage sie immer mit mir herum. Es sind Velvet Underground und Vanilla Fudge.
Es gibt ein paar Orte in Kassel, wo die künftige »Freiheit« fühlbarer ist: Ein paar Wohnungen, Wohngemeinschaften, bei denen immer die Tür offen ist, und »Lohmann«. Das ist eine von einem sehr alten Paar bewirtschaftete Kneipe auf einem Trümmergrundstück mitten in der Stadt. Dort können wir sitzen, ohne etwas zu bestellen, denn wir haben kaum Geld. Dort gibt es für eine Mark Eintopf und billiges Bier. Vor allem lassen sich dort auch die örtlichen Dichter, Denker und Maler sehen. Es wird begutachtet, geklatscht, diskutiert und festgelegt, was in Kassel »in« ist. Und wer.
Und es wird gemeinsam ferngesehen täglich: Sandmännchen, Nachrichten, Serienfilme – so als seien das kulturell wichtige Ereignisse.
Beim »Lohmann« gibt es ein unausgesprochenes Kneipenverbot für einige Jungmänner, die mit den gerade entstehenden Gründungsproklamationen der NPD liebäugeln. Es gibt Streit um die provokanten Äußerungen dieser Leute, die bis vor kurzem noch zu uns gehört haben. Wir sprechen nicht mehr mit ihnen, und aus Versehen fällt ihr Bier dauernd um.
Das ist aber alles sehr unklar, denn wir sind Kinder des politischen Vakuums. Wir wissen weder Genaues über Faschismus noch über Widerstand noch über Kommunismus. Wir wissen nur, daß unsere Eltern und Lehrer anscheinend mit nichts von all dem was zu tun haben und darüber nie reden. Auch daran messen sich unsere Utopien: dieses Durcheinander von tabuisierten Themen zu entwirren und gegen die Tabus zu provozieren.

Hamburg 1969: Nie werde ich heiraten, nie Kinder kriegen, nie werde ich mich in Abhängigkeiten begeben von einem

Mann oder von einer Familie. Nie werde ich mich an Belanglosigkeiten aufhalten, nie meine gerade erst errungenen kleinen Freiheiten aufgeben!
Und bin doch schon kräftig dabei. Mit neunzehn.
Die Verlobung fand wegen des »Kuppelei-Paragraphen« statt: Das Zusammenleben von unverheirateten Frauen und Männern ist geächtet, auch in der Millionenstadt Hamburg. Und ich bin minderjährig – und damit macht sich jeder Hauswirt strafbar, der mich und meinen Freund in einer Wohnung gemeinsam wohnen läßt.
Ich habe mir ein relativ sicheres Plätzchen in der »Szene« aufgebaut: feste Beziehung mit einem Filmemacher, Festivals, Kunsthochschule, Demonstrationen, »wichtige« Leute überall. Ich bin anerkannt als die »Freundin von Andreas«.
Mir fällt nicht auf, wie die Abhängigkeitsfalle zuschnappt. Es gibt ja kaum irgendwo selbständig existierende, alleinstehende Frauen in dieser Szene zwischen Kunst und Politik und Drogen. Gut, Karin Struck wird schon einzeln gehandelt und Uschi Obermaier. Das scheint mir aber unerreichbar.
Immerhin gehöre ich wenigstens dazu.
Es gibt überall Haschisch. Ich finde es eigentlich langweilig, zumal ich davon müde werde. In unserer Wohngemeinschaft wohnt ein Fixer. Drogen zu konsumieren, gilt als konsequenter Versuch, das Bewußtsein zu erweitern, gilt als eine Form des Widerstands gegen die Normalität. Der heroinsüchtige Mitbewohner geht selbstverständlich mit auf die Demonstrationen, und wir besuchen mit ihm Konzerte im Star-Club. Pink Floyd.
In den wichtigen WGs wird bereits die »Peking Rundschau« gelesen. Und die »Rote Presse Korrespondenz« aus Berlin. Und »Konkret«. Zu dieser Zeitschrift gibt es auch noch andere Beziehungen: Fast alle Frauen, die irgendwie dem herrschenden Underground-Links-Schönheitsideal entsprechen – und die meisten tun das –, lassen sich für »Konkret« mehr oder weniger nackt fotografieren. Es gilt als prüde, das nicht zu tun.

Meinen Fototermin – in der Hamburger Hochschule für Bildende Künste, Dachboden – fiel unbefriedigend aus: Der Fotograf tadelte mich, weil ich meine Unterhose nicht ausziehen wollte und vor dem Termin einen BH getragen hatte – das gibt Striemen am Busen und kostet Zeit. Wir stritten oberflächlich. Ich bin mir nicht sicher, denn alle Welt würde mein Verhalten ja als altmodisch und dumm kritisieren.
Ich bin dabei bei den wichtigen Angelegenheiten. Ich bin durchaus als interessante Gesprächspartnerin anerkannt. Doch ich habe nichts zu sagen.
Wichtig bin ich nicht, nur amüsant und geduldet. Ich werde mich davor hüten zu mißfallen.

Hamburg 1972: In der »Partei« ist das anders. Ich bin kein Anhängsel, sondern selbst wichtig, jedenfalls so, wie die anderen alle auch.
Ich habe innerhalb kürzester Zeit anderen, auch Männern, etwas zu sagen, ihnen »Instruktionen« zu geben, was meinen Aufgabenbereich betrifft: Ich kann Schreibmaschine schreiben, Texte formulieren und verfüge über eine Grundausbildung in Grafik – ich fabriziere also Flugblätter und Betriebszeitungen.
Es gibt auch andere Frauen, die leitende oder wichtige Funktionen und Entscheidungsbefugnisse haben. Ich nehme das nicht bewußt wahr, aber ich halte es für ein Stück »Freiheit«, und nicht zuletzt dient es einem richtigen Zweck, nämlich der Abschaffung von Unterdrückung und Ausbeutung.
Ich bin ernsthaft entsetzt über das, was ich durch die »Partei« mitbekomme, über die Zustände hier erfahre und sehe: Ich verteile morgens um sechs Flugblätter vor Blohm & Voss, einem Werft- und Rüstungsbetrieb, und sehe unzählige Hände, an denen einzelne Finger fehlen. Ich erfahre fast wöchentlich von schweren Arbeitsunfällen. Ich höre Geschichten und Erlebnisse von »Altgenossen«, die im KZ waren, in den fünfziger Jahren verfolgt wurden, und über die illegalen KPD-Zeiten.

Meine Sehnsüchte und Träume von einem »freien« Leben erscheinen mir neben all dem nebensächlich und gefangen in kleinbürgerlichen Utopien. Mit dieser durchaus realistischen Einschätzung verändere ich meine Träume. Und meine Ansprüche.
Und werfe gleichzeitig auch die berechtigten über Bord. Verdränge meine bisherigen und tagtäglichen Erfahrungen, verleugne Unzufriedenheiten und Mißstände in meiner engsten Umgebung und bin – scheinbar – nur noch für andere da. Für die »Partei«, für die Arbeiterklasse, für die Revolution. Ich beuge mich diesen Sachzwängen und lebe wieder ganz protestantisch – nur heißt es diesmal »kommunistisch« und »maoistisch« und sieht ungeheuer modern, edel und richtig aus. Ich bin nun ein Rädchen im Getriebe.
Es ist nicht einmal der Verwunderung wert, daß selbstverständlich sämtliche Hausarbeit und vor allem die Aufgaben, die mit eventuellen Kindern zu tun haben, Frauensache sind. Ich träume von einem gescheuerten Küchentisch, um den sich Genossen setzen, die den Marxismus-Leninismus studieren; ich träume von Ordnung und selbstverständlich auch von einem Arbeiterkader, mit dem ich verheiratet bin. Das scheint mir alles kein Opfer, sondern Mittel und Weg, zu einer wirklich vorbildlichen Genossin zu werden, »proletarische Verhältnisse« herzustellen.
Ich bin erstaunt über ein DKP-Paar. Ich kenne die beiden aus der Gewerkschaft: Die machen grundsätzlich am Sonnabend keine Termine, sondern gemeinsam sämtliche für die Woche anfallende Hausarbeit, vom Einkaufen übers Staubsaugen bis zum Vorkochen. Das erscheint mir exotisch.
Ich bin zwar nicht zufrieden mit meiner privaten Lebenssituation und auch nicht mit den Bedingungen an meiner Arbeitsstelle – aber das ist belanglos im Vergleich mit den wichtigen revolutionären Aufgaben und der Siuation, in der viele andere Menschen leben müssen. Ich fühle mich zeitweise sogar wohl: Ich werde gefordert, gehe bis an die Grenzen meiner Kräfte,

schlafe zu wenig und habe einen politischen Prozeß am Hals. Ich habe keine Träume mehr, weil ich immer nur müde bin. Aber ich bin zuverlässig und erledige die »Partei«-Aufgaben pünktlich und gewissenhaft. Ich nehme weder meine eigenen Bedürfnisse ernst noch die der Menschen um mich herum.

Hamburg 1975: Daß ich in unhaltbaren Zuständen lebe, in ungerechten, abhängigen, fremdbestimmten und völlig irrealen, ist mir durch das Kind klargeworden. Die Erkenntnis kam schleichend, in Form von Unzufriedenheiten mit einzelnen Situationen und dem Gefühl, daß ich sämtliche Aufgaben auf allen Gebieten meines Lebens nicht mehr schaffe.
Ich lebe offensichtlich völlig anders, als ich es will und wollte: Mein Tagesablauf, meine Arbeit, meine Utopien – alles ist von anderen vorbestimmt. Ich mache »proletarische Vorhutspolitik«, bin Ehefrau und Mutter, Krankenschwester, Gewerkschaftsfunktionärin – und weiß kaum, wovon das nächste Windelpaket bezahlt werden soll, geschweige denn, ob sich an dieser Situation nochmal irgendetwas ändert. Meine Ehe ist ein einziges Trauerspiel, ich sehe aus wie eine graue Maus, ich lese nur noch »Partei«literatur und höre nur noch Radio ...
Auf dem Dachboden finde ich meine alten Bücher wieder: Betty Friedan, Simone de Beauvoir, Juliet Mitchell. Clara Zetkin und August Bebel stehen in meinem ML-Bücherregal.
Es ist eine Entdeckung!
In der »Partei« fangen wir mit Bebel an, dem langweiligsten. Die wichtigen Gespräche finden von nun an nicht mehr in der »Partei«-Zelle statt, sondern beim Kaffeetrinken oder Babyhüten mit ein paar Genossinnen. Das ist halb erlaubt und halb verboten in der »Partei« – Fraktionismus droht überall.
Unsere Ansichten und Fragen werden nicht ernst genommen, sondern als kleinbürgerliche, individualistische, emanzenhafte Schwärmereien abgetan. Die »Frauenfrage« gilt als abgehakt in der »Partei«; höchstens als »Nebenwiderspruch«, wenn es da überhaupt noch was zu tun geben sollte.

Ich will ja keine »individualistische Kleinbürgerin« sein, nicht »liberalistisch«, vor allem aber nicht »konterrevolutionär«. Genau gedacht, will ich aber auch etwas haben von meiner ganzen Arbeit.
Dieses Klischee, das ich lebe, stimmt sowieso hinten und vorne nicht: Meine Kolleginnen, die Kollegen von meinem Ehemann – auch die »Proletarier« unter ihnen – leben nun nicht gerade nach der sogenannten »kommunistischen Moral«. Sie halten uns für spinnert.
Auch die »Frauenfrage« ist alles andere als geklärt; davon bin ich fest überzeugt. Auf der »Landesdelegiertenkonferenz« der »Partei« entbrennt darüber ein heftiger Streit, den wir – per Abstimmung – verlieren. Selbst die Abtreibungsfrage und auch das Problem sexueller Unterdrückung seien geklärt, haben die Delegierten beschlossen. Weil es die Pille gibt!
Es ist nicht zu fassen!
Ich fühle mich unverstanden und ausgenutzt.

Hamburg 1979: Ich bin fast dreißig. Die »Partei« bin ich los. In unserer Frauengruppe, meistens Ex-Genossinnen, geht es auch um unsere Haltung zur »autonomen Frauenbewegung«. Wir lesen »Emma« und »Courage«. Und wir versuchen, eine Alternative zu unseren Erfahrungen im Krankenhausbetrieb, in der politischen Arbeit und unseren privaten Lebenssituationen zu erarbeiten.
Mit einer ehemaligen Kollegin – sie war früher im KB – lese ich wochenlang »Das andere Geschlecht« von Simone de Beauvoir. Ich habe einige Male – unter falschem Namen – an »Emma« geschrieben. Noch immer ist mir einiges unheimlich, was »Feminismus« genannt wird. »Emma« gefällt mir aber besser als »Courage«.
Ich muß mein Leben ändern. Wenn ich auf eigene Füße kommen will, muß ich mich auf eigene Füße stellen …
Ich werde mich von meinem Ehemann trennen, selbst auf die Gefahr hin, daß ich dann ganz allein mit den beiden Kindern

dastehe. Ist ja jetzt auch meistens so. Ich kann mich nicht auf ihn verlassen.
Er reagiert mit Mißtrauen und Hohn auf meine »Frauengeschichten«, fühlt sich bedroht, versucht aber gleichzeitig zu partizipieren. Spielt den »Frauenfreund« überall, wo er mit Frauen zu tun hat, und rührt nicht einen Finger im Haushalt.
Ich träume von einer eigenen Wohnung, in der kein Mann wohnt. Immerhin habe ich nun schon seit fünf Jahren ein eigenes Zimmer und verteidige das auch mit allen Mitteln. Ich träume von Urlaub und Zeit.
Die Kinder schaffen mich. Manchmal male ich mir aus, wie es ohne Kinder wäre - ich bin so furchtbar gebunden in allem, was ich tun kann.
Und ich träume vom Schreiben. Es ist ein alter, ganz versteckter, verschütteter Traum. Mir fällt ein, daß ich, als ich vor zehn Jahren nach Hamburg ging, eigentlich Journalistin werden wollte. Ich erinnere mich nicht mehr, warum ich dafür nichts getan habe.

Hamburg 1982: Viele meiner neuen Freundinnen arbeiten in Frauenprojekten, in »Frauenzusammenhängen«. Ich bin skeptisch - von »Kollektiven« und unbezahlter Arbeit habe ich noch von der »Partei« die Nase voll.
Ich fühle mich dennoch aufgehoben auf den Frauenwochen, im Frauenbuchladen, in der Frauenkneipe, in der Frauengruppe unseres Viertels. Ich lese alles, was mir in die Finger kommt über Feminismus und Frauenbewegung. Ich bin wie ein Schwamm. Viele der frauenbewegten Frauen sind mißtrauisch mir gegenüber; ich glaube, weil ich Kinder habe. Eine einzige Frau habe ich bisher kennengelernt in dieser »Frauenszene«, die eine schon fast erwachsene Tochter hat. Und ich kriege jetzt das dritte Kind.
Ich träume davon, daß Kinderhaben nicht automatisch bedeutet und bedeuten muß, daß ich »anders» bin.

Die Anforderungen sind zu hoch an Mütter, auch bei den Feministinnen.
Mein Privatleben stimmt nicht mit meinen Ansprüchen überein. Ich weiß zwar, daß es bei den anderen Frauen auch oft so ist, aber das ist kein dauerhafter Trost und schon gar keine Veränderung. Mein Freund leidet anscheinend unter meiner zunehmenden Selbstsicherheit und Stärke. Ich werde im zweiten Bildungsweg studieren – ich muß aus diesem Gewusel von schlecht bezahlten Frauenarbeitsplätzen, Haushalt, Kindern und Aussichtslosigkeiten raus. »Natürlich« lebe ich wieder in einer Zweierbeziehung, »natürlich« wieder in einer gemeinsamen Wohnung, und das, obwohl ich mir vor einigen Jahren geschworen hatte, genau das nie wieder zu tun!
Es sind nicht nur die »Sachzwänge«, eine Wohnung zu finden. Es ist auch die Bequemlichkeit und die Verdrängung. Andererseits ist es manchmal auch angenehm und in bezug auf die Kinder eine große Entlastung, wenn noch jemand da ist.
Ich träume von zwei Wohnungen in einem Haus.
Ich schreibe ab und zu Artikel für »Emma«, halte Seminare für Frauen ab. Ich möchte gern dazugehören zu dieser verschworenen Gemeinschaft von Feministinnen, die mir so selbstbewußt, selbstbestimmt und untereinander unterstützend erscheint.
Ich habe Sehnsucht nach Erfolgen und nach berechtigter Anerkennung. Ich bin eine Frau, die sich durchgeschlagen und Erfahrungen auf vielen Gebieten hat. Derweil stelle ich realistisch fest, daß der überwiegende Teil sämtlicher Arbeit, die ich in meinem Leben geleistet habe, nicht einmal bezahlt wurde: »Partei«, Haushalt, Kinder aufziehen. Und der kleinere Teil meiner bisherigen Arbeit, der entlohnte, gilt als unqualifiziert und wenig anerkannt: Pflege im Krankenhaus, Verkäuferin, Hilfssekretärin ...
Ich träume von einer starken feministischen Bewegung, der ich angehöre. Und daß wir uns durchsetzen.

Hamburg 1986: Aus der Nähe betrachtet, bleibt wenig übrig von den Utopien. Es zerfleddert alles. Meine kluge Freundin L., Gewerkschaftsfrau, Feministin, Frauenprojektmitbegründerin, legt Tarotkarten und meint, daß da irgendwas dran sei. Meine Freundin B., Anti-AKW-Kämpferin, Feministin, glaubt fest an Wiedergeburt und hat für sich und ihre Kinder Gift gehortet, falls ein weiterer Atomunfall passiert.
Auf dem Jubiläumsfest im Frauenbildungszentrum ist eine schreckliche Sache passiert: Ich habe aus Jux, um die ganze Sternen- und Schicksalsdeuterei auf die Schippe zu nehmen, ein »Spiel« angeboten, bei dem die Zukunft vorausgesagt wird. Es war als Jux erkennbar und hieß »Lego-Tarot«. Ich habe an jeweils dreizehn Frauen Briefumschläge mit gemischten Legosteinen aus den Vorräten meiner Kinder verteilt, und die Frauen sollten daraus innerhalb von einigen Minuten etwas bauen. Bei Kerzenlicht.
Anhand einer vorbereiteten Liste habe ich dann Bedeutungen behauptet, das Blaue vom Himmel erfunden und erlogen. Und es ist mehrfach passiert, daß einzelne der anwesenden Frauen das bitter ernst genommen haben. Zwei haben geweint.
Die Sehnsucht nach festgelegten Unausweichlichkeiten ist anscheinend groß. Ich bin sicher, es ist nicht nur der Frust darüber, daß alles so mühsam und langwierig ist. Die »spirituellen« Moden kommen mir vor wie eine Droge.
Allüberall in der Frauenbewegung herrschen »Weiblichkeit«, Astrologie, Mütterlichkeit, Stillgruppen, Kindergruppen, Therapiegruppen, Bachblüten, Tarotkarten, kosmische Energien.
Die einzigen, mit denen ich darüber reden kann, sind einige Frauen aus dem Umfeld des Frauenbildungszentrums und die »Emmas« in Köln. Das Gefühl von Stärke ist aber dahin.
Und dann gibt es auch noch die Erfolgreichen. Die, die eine Stelle bekommen haben. Sie sind sehr elegant.
Ich werde von ihnen akzeptiert, weil ich ein Buch veröffent-

licht habe. Ich bin nicht sicher, ob sie den Inhalt kennen oder gar richtig finden. Hauptsache: Erfolg. Alles ist erlaubt!
»Frauenbewegung« ist nichts verbindendes mehr.
Mein Buch verkauft sich ganz gut. Leider bekomme ich nur eine Mark vierzig pro verkauftes Exemplar – bei zwanzig Mark Verkaufspreis! – und muß jeder Zweihundertfünfzig-Mark-Monatsrate hinterherrennen, betteln um das Geld.
Ich bin jetzt »autonom«, freie Autorin und Journalistin.
Vor einigen Jahren habe ich es nicht geglaubt. Auf einer der Frauen wochen erzählten Autorinnen, daß sie ihren Unterhalt mit unter Pseudonym geschriebenen Lore-Romanen verdienen.
Im Frauenbildungszentrum haben die Frauen ABM-Stellen eingerichtet. Die meiste Arbeit wird aber umsonst gemacht.
Meine Freundin C., Frauenprojektmitbegründerin vor vielen Jahren, arbeitet wieder bei einer Versicherung.
Die Buchladenfrauen wollen aufhören.
Die Planerinnen und Organisatorinnen der ersten »Hamburger Frauenwoche« sind zum großen Teil arbeitslos oder haben ABM-Stellen bei einem Erwachsenenbildungsprojekt.
Ich habe Schulden, privat und bei der Bank.
Ich träume von einem regelmäßigen Gehalt und habe Sehnsucht nach Utopien.

Im Frauenbuchladen

B.-Stadt 1987: Ich traf sie neulich auf dem Marktplatz. Sie ist ziemlich autonom, finde ich, und verkauft dort dienstags und donnerstags Fisch. Sie ist weder verheiratet noch verlobt, hat ihr eigenes Einkommen und ihren eigenen Marktstand. Allerdings schätzt sie ihre Autonomie als recht begrenzt ein wegen der Abhängigkeit von der internationalen Fischwirtschaft und wegen eines Geschäftskredits von sechsundzwanzigtausend Mark, den sie noch abbezahlen muß.

Aber in B.-Stadt, sagte die autonome Fischfrau, in B.-Stadt gibt es noch einen richtigen autonomen Frauenbuchladen. Was meinst du mit »autonom«? fragte ich sie. Der Buchladen wird von Frauen für Frauen betrieben, berichtete die Fischfrau, mit eigenem Geld, ohne ABM-Stellen, ohne Angestellte. Und außerdem gibt es in B.-Stadt auch genügend autonome Frauen, die im autonomen Frauenbuchladen ihre Bücher kaufen.

Ich fuhr also nach B.-Stadt und wartete im autonomen Frauenbuchladen auf autonome Frauen.

Als die Tür das erste Mal aufging, kam der Briefträger und brachte die Post. Die autonome Buchladenfrau stöhnte auf, als sie den ganzen Packen mit Rechnungen sah, aber sie kenne, sagte sie, Göttin sei Dank, eine kluge, autonome Steuerberaterin, die ein ziemlich autonomes Verhältnis zur hiesigen Steuergesetzgebung habe. Ein Problem sei das aber trotzdem mit den Rechnungen, zumal in Zusammenarbeit mit den autonomen Frauenbuchverlagen, weil die nun – logo – das Geld wirklich brauchten, im Gegensatz zu den patriarchal strukturierten gemischten Verlagen. Irgendwann müsse eben bezahlt werden; und überhaupt, sie stünden immer mit einem Bein schon im Konkursverfahren.

Während die autonome Buchladenfrau, einen Nicaragua-Kaffee aufsetzte, ging die Tür zum zweiten Mal auf:

Eine ältere Dame um die fünfzig - Kaschmir! - betrat den Laden und gab nach einer kurzen, nickenden Begrüßung eine Bücherliste ab. Die Liste war lang und auf Computerpapier geschrieben.
Das war keine autonome Frau, sagte mir die Buchladenfrau. Die ist voll drin im patriarchalen Wissenschaftsbetrieb, Professorin an der Uni. Hast du ihr Auto gesehen? Sie fährt einen Volvo! Und hat einen Computer zu Hause stehen! Dicke Knete.
Und sie kauft alle Bücher bei euch? fragte ich. Ja, das schon, sagte die autonome Buchladenfrau, und auch die für die Bibliothek an der Uni, aber irgendwie arbeitet die ihr achtundsechziger Gewissen an uns ab, irgendwie benutzt die uns total als Dienstleistungsunternehmen. Die spendet ja auch für ihre Lieblingsfrauenprojekte, aber irgendwie ist das ja auch 'ne merkwürdige Ebene.
In diesem Moment ging die Tür wieder auf. Es war keine Kundin, das wurde mir sofort klar: die Hausverwalterin, in Kittelschürze und hochgenervt. Also meine Damen, keifte sie, das Treppenhaus!! Ist ja schön und gut - Frauenladen - aber ich mache das so nicht mehr mit! Keinen Tag länger! Schon wieder kleben diese Klebedinger im Hausflur, und es ist nicht gewischt worden!
Bezahlen Sie mir Geld dafür, dann putze ich!! So ein Dreck überall!
Also, Frau Klingenstein, sagte die Buchladenfrau, das ist mir noch gar nicht aufgefallen, daß das Treppenhaus schmutzig sein soll. Ich verstehe das nicht ganz, Ihre Aufregung.
Sie sollen nichts verstehen! Putzen sollen Sie! sagte die Hausschranze grummelnd und rauschte ab.
Die hat eben keine Ahnung von Frauensolidarität, sagte die Buchladenfrau zu mir, und wir tranken erstmal eine Tasse autonomen Nicaragua-Kaffee. Das Telefon klingelte. Nee, ham wer nich, sagte die Buchladenfrau in den Telefonhörer.
Das war schon wieder so 'ne Tussi, sagte die Buchladenfrau an-

schließend zu mir. Ob wir endlich die neue »Emma« hätten. Und, habt ihr? fragte ich. Nee, antwortete sie mir, die gibts doch an jedem Bahnhofskiosk und in jedem Mackerbuchladen. Außerdem sehen wir das nicht mehr ein, daß die jetzt wieder übern Mackervertrieb ausliefern lassen, nur weil das angeblich billiger und schneller gehen soll. Wir machen jetzt auch keine Anzeigen mehr in »Emma«. Kannste ja auch gleich die »Brigitte« lesen, sagte sie noch.
In diesem Augenblick wurde die Tür aufgerissen und zwei Frauen betraten den Laden: kurze Haare, Lederjacken, aber irgendwie trotzdem sehr schick. Na? sagten sie. Na? antwortete die Buchladenfrau, schon was von Christa gehört ausm Urlaub? Nö, sagten die beiden Frauen und wollten dann wissen, an die autonome Buchladenfrau gewandt: Sind die Flugblätter da? Nö, sagte die Buchladenfrau, deshalb sollst du Lisa anrufen. Es gab irgendwelche problems mit der Knete. Scheiße, sagten die beiden Frauen.
Übrigens, hast du schon gehört? Das hat geklappt mit Marieke. In echt? fragte die Buchladenfrau, wie habt ihr das denn hingekriegt? Ja, total geil, ne? sagte die eine Frau. Petra und Moni von »Frau und Arbeitsplatz« haben das total geil geplant mit den Projektfrauen. Zwei Jahre ABM ist schon stark und das mit den Frauen! Obwohl ichs ja irgendwie besser fände, wenn Marieke nur 'ne halbe Stelle genommen hätte. Irgendwie denkt Marieke nur an sich jetzt mit dem Gör. Dann hätte Gusi die andere Hälfte kriegen können. Die wollen das nochmal diskutieren im Projekt.
Aber Gusi hat doch selber gekündigt bei der Volkshochschule? fragte die Buchladenfrau. Gusi wollte doch keine Bildungsarbeit mehr machen? Das ist ja wohl was anderes, sagte die eine Lederjackenfrau, wenn sie jetzt 'ne halbe ABM kriegen kann im Frauenzentrum. Da kann sie doch viel autonomer arbeiten. Hast du übrigens schon gehört, daß Britt aufhören will im Zentrum? Nee, aber ich hätte es mir denken können, sagte die Buchladenfrau, die mit ihren dauernden Kopfschmerzen und

so. Kommste eigentlich morgen in die Sauna? fragte die andere Lederjäckin. Mal sehen, antwortete die Buchladenfrau, ich muß noch anrufen, ob meine Schwester Ladenvertretung macht. Sag mal, wie issn das hier, haste das schon gelesen? wurde sie nun noch gefragt. Nee, hab' ich nicht, sagte die autonome Buchladenfrau, das läuft aber wie irre. Sie hielt dabei ein dickes Buch in der Hand mit dem Titel »Wenn Frauen zu sehr lieben«. In der taz stand letzte Woche, daß es dazu schon überall Selbsthilfegruppen gibt, hätte ja gar nicht gedacht, daß so viele Heteros rumlaufen. Kannstes mir mal ausleihen? fragte die eine Lederjäckin und nahm ohne abzuwarten das Buch und steckte es in ihre Tasche. Tschüß dann, bis morgen, sagten die beiden Frauen und gingen.

Das waren Autonome, sagte die Buchladenfrau zu mir.

Wieso? fragte ich sie. Also, Gunni, die ist echt schon immer autonom, die schlägt sich durch, schon immer. Frauenhausbesetzung, Amsterdam. Und Iris ist auch gut drauf, politisch und so.

Wo arbeiten die denn? fragte ich. Projekte, sagte die Buchladenfrau, das heißt, davon können sie eigentlich nicht leben. Gunni hat damals die Frauensauna mitgegründet, aber das bringts ja nicht mehr, seit die Schwimmbäder alle Frauentag machen. Ich glaube, sie geht jetzt putzen irgendwo noch nebenbei, ich weiß nicht genau. Und Iris studiert und macht Frauenkneipe. Irre, wie die das schaffen, sogar mit Urlaub und so. Total toll. He, da kommt ja Anna-Luise!

Die Tür ging wieder auf. Krieg ich auch'n Kaffee? fragte die Frau, kaum im Laden und nahm sich gleich eine Tasse vom Tresen. Anna-Luise verschlug mir die Sprache: lange Beine, schwarzes Lederkostüm, hochhackige, edle Schuhe, einen halben Meter lange rote Haare, und der Duft!

So was Perfektes von Frau habe ich noch nie gesehen. Wie aus der Zeitung. Wer ist das denn? flüsterte ich der autonomen Buchladenfrau zu, was issn das für eine?

Mensch, das ist Anna-Luise, total wichtig, ist ne Ex-Genossin

von mir, war die Antwort. Und, ist die autonom? fragte ich leise nach. Da kannste sie selber fragen, sagte die Buchladenfrau und lachte.
Ich nahm all meinen Mut zusammen. Anna-Luise, fragte ich die Dame in Schwarz, darf ich dich mal was fragen? Ich suche autonome Frauen für eine Reportage – bist du autonom? Laszív lächelnd musterte mich Anna-Luise: Reportage? Für wen? Was gibts dafür?
Ich druckste herum. Also, bezahlen kann ich nichts fürn Interview, ich arbeite autonom, also frei. Das hier ist jetzt für »Emma«. Aach, »Emma«, meinte Anna-Luise mit nachlassendem Interesse, ja, jetzt fällt es mir ein, irgendwoher kenne ich dich. Hast du nicht diesen schrecklichen Artikel geschrieben neulich über Kinder-Unterdrückung in »Emma«? Fand ich eigentlich ätzend. Meine Freundin auch, und die ist eine Mutter! Und neulich das Titelbild mit der Schwarzer – unmöglich! Personenkult, und das von Frauen! Immer diese Alleingänge von Alice, die ist mir zu profilierungssüchtig. Eigentliche lese ich ja die »Emma« gar nicht mehr.
Aber, versuchte ich einzuwerfen, laß mich doch erstmal eine Frage stellen. Na gut, sagte Anna-Luise, ich habe heute einen guten Tag. Was willst du wissen?
Bist du autonom? Ja natürlich, sagte Anna-Luise, willst du mich anmachen? Inwiefern lebst du autonom? bohrte ich weiter.
Oh Göttin! stöhnte Anna-Luise, was für eine blöde Frage! Ich lebe in Frauenzusammenhängen, ich fahre in Urlaub, ich mache keine Dreckarbeit, ich arbeite nur noch selbstbestimmt und entscheide, wann. Reicht das?
Ja, aber wie verdienst du denn dein Geld? fragte ich weiter. Oh Göttin, seufzte Anna-Luise, willst du mir ein schlechtes Gewissen einreden oder was? Ich habe schon 'ne Therapeutin! Das wissen doch alle – ich habe geerbt, da kann ich auch nichts für. Außerdem – totales Tarot gehabt vorher. Und meine Freundin ziehe ich jetzt auch mit durch und ihr Balg dazu.

Eigentlich hab' ich jetzt keine Lust mehr auf diese Fragerei. Sag mal, wandte sie sich an die Buchladenfrau, kommst du Sonntag aufn Wein? Ich habe ein irres Video aufgerissen, den SM, wo Bri und Cora mitgemacht haben. Also um sieben, Carmen macht ein schönes Essen, ich muß jetzt los. Arrivederci, Frauen!
Na? Die Buchladenfrau guckte mich erwartungsvoll an. Laß man, du brauchst gar nichts zu sagen, auf Anna-Luise lasse ich nichts kommen. Die hat neulich die Ladenmiete bezahlt. Überhaupt, Anna-Luise ist lieb, auch wenn sie ein bißchen elitär drauf ist zur Zeit. Sie kann ja wirklich nichts dafür, daß sie einen Millionärspapa hat und der auch noch abgekratzt ist. Und eines steht fest: Anna-Luise ist nicht geizig! Weißt du, was die der Carmen zahlt fürs Putzen? Eintausendfünfhundert im Monat! Ich sage dir, die hat Glück, die Carmen, und das ohne Steuern. Carmen ist 'ne Spanierin, die sich scheiden lassen will, die Frau von einem Uni-Prof. Nee, auf Anna-Luise laß ich nix kommen, sagte die autonome Buchladenfrau noch einmal, die ist in Ordnung.
Naja, meine ich etwas verschüchtert, das glaube ich ja. Aber ich suche so 'ne richtige autonome Frau. Eine, die selbstbestimmt arbeitet und lebt, unabhängig ist und so, aber in Frauenzusammenhängen lebt und arbeitet. Von Frauen abhängig meinetwegen, aber ohne Arbeitsbeschaffungsmaßnahme oder Sozialhilfe oder Erbschaft oder Arbeitslosengeld, wenn du verstehst, was ich meine.
Das ist ja spannend, sagte die autonome Buchladenfrau. Irre! Das ist ja total spannend, das ist ja total das, was wir mal wollten früher, ne? Ich hol' uns mal einen Kognak. Soll ich dir mal was verraten? Sie holte aus der zweitunteren Schreibtischlade eine Flasche heraus und kippte uns zwei Wassergläser halbvoll. Prost! Soll ich dir mal was verraten? fing sie nochmal an. Frag mich doch einfach mal! Zum Thema Frauengeld und Solidarität unter Frauen in der autonomen Frauenbewegung, da kann ich dir nette Geschichten erzählen. Weißt du, was ich davon

habe mit diesem Scheißbuchladen hier? Schlappe achtzigtausend Mark Schulden und immer mit einem Bein im Knast. Und eine tägliche Arbeitszeit von zehn Stunden mindestens seit zehn Jahren. Ich bin die letzte vom alten Buchladenkollektiv. Ich bin die letzte Blöde. Sie kippte den Kognak runter und goß sich noch einen ein. Weißt du, was meine Therapeutin neulich gesagt hat? Ich sei selbstmörderisch, hat sie gesagt, wenn ich nicht Schluß mache mit dem Laden.
Erzähl mir nix von Frauensolidarität, fuhr sie fort. Weißt du, wie hier geklaut wird? Und weißt du, wie das hier abläuft? Die meiste Arbeit wird nicht bezahlt. Die Frauen von »Frau und Arbeitsplatz« haben auf dem letzten Frauenprojekte-Treffen gesagt, wir sollten zwei Lehrlinge einstellen oder ABM-Frauenarbeitsplätze schaffen und die Neuen dann die Bücherkisten schleppen lassen.
Weißt du, sagte sie noch, daß ich mir das ernsthaft überlege? Weil mein Rücken nämlich schon kaputt ist. Ganz autonom. Weißt du, warum meine Schwester hier Aushilfe macht und meine Mutter putzen kommt? Weil ich das gar nicht mehr schaffe. Manchmal träume ich von einem Bürojob, wo ich jeden Monat meine Einsfünf kriege und Weihnachtsgeld, und um fünf nachmittags ist Schluß, und die Krankenversicherung ist bezahlt.
Aber dann wärst du doch auch nicht autonom? fragte ich sie.
Nee, das nicht, aber ich könnte vielleicht mal Urlaub machen oder umziehen. Na gut, letztes Jahr war ich im Urlaub. Nee, aber es sind ja auch die Ansprüche hier, die mich runterziehen.
Was denn für Ansprüche? fragte ich.
Paß auf, antwortete die autonome Buchladenfrau: Also erstens bin ich die Mutter der Bewegung, also der Frauenbewegung. Ich habe den Kaffee zu kochen, und die meckern noch, wenn sie ihn bezahlen sollen. Dann soll ich genau die Bücher haben, die die Damen wünschen. Zum Reinschauen, versteht sich. Gekauft wird dann woanders. So, dann soll ich ab drei Büchern Rabatt geben und mal eben einen Büchertisch auf dieser,

mal auf jener wunderbaren Frauenveranstaltung machen. Das bringt Spaß! Da wird dann regelmäßig die vorderste Reihe abgegriffen, ganz autonom, sobald du auch nur mal drei Sätze mit einer Frau redest. Und dann soll ich immer solidarisch sein. Weißt du, was das heißt? Das heißt: keine Anzeigen beim Klauen. Mir hat mal eine Frau die ganze Monatskasse ausgeräumt. Keine Anzeige. Aber ich soll Geld rausrücken für den Frauenbuchladen in K., die stehen vorm Konkurs jetzt. Da soll ich dann auch noch solidarisch sein.
Aber 'ne Putzfrau darf ich nicht haben für den Laden, das wäre ein politischer Skandal! Daß aber meine Mutter hier putzt, ist in Ordnung. Ha! Da wirste verrückt bei dieser ganzen Autonomie, sag ich dir.
Ja, aber so war das doch auch gar nicht geplant? fragte ich, nun total erschlagen und schon leicht beschwipst.
Du hast es voll erfaßt, meine Liebe, sagte die autonome Buchladenfrau. Bist ein kluges Kind, echt! Weißt du, wir haben ja den Buchladen damals gegründet, um was anderes zu machen als sonst überall. Freiräume wollten wir uns schaffen, von Frauen finanziert und erhalten. Es hat nicht geklappt, wie so vieles nicht, aber wir tun so, als würde es klappen, immer noch. Wir leben ja nicht in der Utopie, sondern in der Realität. Und jetzt kaufen sie uns ein mit Staatsknete. Wenn du wüßtest, wie mir das auf die Nerven geht, diese Debatten: Sozi, ABM, Arbeitslosengeld, Projektförderung und, und, und. Unwürdig. Meine Mutter sagt: Ich will nicht unter Kontrolle stehen von denen da oben, lieber gehe ich putzen. Und wir sagen heute: Wir sind autonom und richten ABM-Stellen ein, halblegal. Verdammte Scheiße!
Ich hörte kaum noch zu, war traurig über das, was die autonome Buchladenfrau erzählte – das kannte ich ja alles von meinen eigenen Frauenprojekten. Ich weiß ja von dem bürokrtischen Aufwand, was alles angegeben und nachgewiesen werden muß für die ABM-Geschichte. Nicht mal Eintritt dürfen die mehr nehmen in meinem Frauenzentrum, weil sie Zu-

schüsse kriegen von der Behörde. Und bei den Seminaren in meinem Frauenbildungszentrum gibt es »gute« und »schlechte« Frauen in der internen Planung. Die »guten« sind die Berufstätigen mit Kind, weil da die Zuschüsse vom Staat höher sind als bei den anderen.
Konsum auf der einen Seite, sagte die Buchladenfrau in diesem Moment, und staatliche Almosen auf der anderen. Und das ist dann Autonomie für Frauen! Von Papa Staates Gnaden ...
Was meinst du mit Konsum? fragte ich.
Na, zeig mir doch die Frau, die hundert Mark für eine Woche Seminar im Frauenzentrum bezahlt oder gar mehr! Das geht höchstens noch bei den Spiris, weil das bis vor kurzem noch eine Marktlücke war und die Volkshochschulen da noch nicht eingestiegen sind. Du kriegst es doch heute überall billiger. Dabei geben die meisten Weiber, die die Seminare besuchen, locker mal'n Hunderter abends beim Essen aus. Aber nicht für ein Seminar von Frauen für Frauen über unsere eigene Geschichte oder Literatur oder weiß Göttin was. Auch das kriegste ja heute schon bei der Evangelischen Kirche nachgeworfen oder so ...
Ja, aber doch nicht in feminstischem Zusammenhang? fragte ich sehr zaghaft.
Da magst du recht haben, sagte die Buchladenfrau, wobei es da auch Ausnahmen gibt. Aber da müssen wir beide vorher noch die spannende Frage klären: Was ist feministisch?
Ich wich gekonnt aus. Erstmal, antwortete ich, wollte ich dich noch danach fragen, wie du dir das alles erklärst? Wie ist es deiner Meinung nach dazu gekommen, daß die autonome Frauenbewegung, also, daß diese Strukturen nicht funktionieren?
Ahnungen habe ich viele, antwortete die autonome Buchladenfrau aus B.-Stadt. Du kannst vielleicht Fragen stellen! Na gut: Also einmal, glaube ich, war ich tierisch naiv, als ich den Laden damals mit aufgemacht habe. Wir waren ja nur fünf Frauen und kannten uns kaum. Nur eine von uns hatte ein

bißchen Erfahrung im Buchhandel, eine andere hatte wenigstens einen Schnellkursus in Buchführung besucht. Damit standen wir ja schon ziemlich gut da im Vergleich mit vielen anderen Frauenbuchläden. Und 'ne Zeitlang war das so auch gut möglich, weil es in der Frauenszene ein großes Bedürfnis gab für solche Läden, wo Frauen ungestört Frauenbücher einkaufen konnten. Wo es die Frauenbücher überhaupt gab! Heute ist das ja anders. Du weißt es ja selber, daß es keine Buchhandlung und keinen Verlag mehr gibt, die nicht auch auf der Frauenschiene fahren. Ne Marktlücke ist das grade nicht mehr. So. Und dann kam die Feuerprobe. Rein marktwirtschaftlich gesehen. Und soll ich dir auch dazu noch meine Meinung sagen? fragte die autonome Buchladenfrau mich. Ich nickte nur mechanisch. Ja, sollst du bitte.
Kennst du noch diesen alten Mao-Spruch: Wenn der Feind uns bekämpft, ist das gut und nicht schlecht? fragte mich die autonome Buchladenfrau. Das haben ja die Maoisten früher immer gesagt, wenn bei ihnen mal was schief gelaufen war oder sie Mist gebaut hatten. Und genauso wars dann in der Frauenszene. Wo haben wir denn schon Fehler gemacht? Keine Fehler, niemals! Kannste noch so chaotisch arbeiten – sisterhood is beautiful! Und wenn alles den Bach runtergeht: Siehste, Patriarchat!
Weißt du, sagte die Buchladenfrau, wenn ich total sauer bin, dann denke ich: Autonomie ist die Freiheit, dauernd Scheiße zu bauen und nicht dafür verantwortlich gemacht zu werden. Aber das bleibt unter uns, ja?
Das finde ich aber jetzt etwas hart, antwortete ich. Es geht doch wohl auch darum, innerhalb des Systems, also des Patriarchats, Freiräume zu schaffen, in denen sich Frauen autonomer bewegen können als anderswo. Um überhaupt zu ahnen, wie es gehen könnte. Da kann ja nicht gleich alles perfekt sein. Also z. B. Frauenkneipen und Frauenwochen ohne Männer finde ich total richtig.
Gut, das ja, sagte die autonome Buchladenfrau. Ich stehe aber

mit dem Laden zwischen allen Fronten – ach ne, das ist Militärsprache – sagen wir, ich sitze zwischen allen Stühlen. Natürlich will ich keine Männerstrukturen hier im Laden, also auch keine Typen, die reinkommen und rumnerven, keine anonymen Herrschaftsfunktionen, keine Frauenunterdrückung, überhaupt keine Unterdrückung von Menschen, keine Steuern an den Scheißstaat bezahlen und so. Schön und gut.
Ich habe aber, bitteschön, einen Laden, einen Betrieb in diesen Strukturen. Und ich werde mit meinem Laden eben genau nach diesen Strukturen gemessen – auch von den vielgeliebten Kundinnen. Nur ich darf sie selbst – ungeschriebene Moral aller autonomen Frauen – niemals anwenden. Das ist 'n geiler Job, sag ich dir! Keine dankts dir, und die Rechnungen müssen bezahlt werden! Ich bin die Pufferin mit dem Laden – hier soll alles möglich sein. Als könnte ich sozusagen einen Freiraum neben der Zeit und neben dem herrschenden System aufbauen. Ich als einzige ...
Aber – mein letzter Einwand an die autonome Buchladenfrau: Aber neulich bei der Veranstaltung mit Mary Daly, da waren doch die Frauen total begeistert, als Mary sagte, wir sollten einfach von der Uhr springen, uns ausklinken von den männlichen Zwängen.
Die Buchladenfrau lachte schallend und schlug sich auf die Schenkel: Total guter Spruch. Vonner Uhr springen – echt obergeil! Also nix gegen die gute Mary. Ich verkauf sie gut, und sie ist ein sprachliches Genie. Aber jetzt frage ich dich mal was ganz Intimes, darf ich?
Ja, kannst du ruhig machen, sagte ich.
Hast du eigentlich 'ne Uhr bei dir?
Nee, hab' ich nicht.
Siehst du, ich auch nicht. Von der Uhr springen? Wenn ich gar keine habe? Das soll die Mary mir mal vormachen. Ich kann doch höchstens so tun, als ob. Ich kann es mir einbilden.
Was meinst du denn damit? fragte ich die Buchladenfrau.
Im Klartext antwortete sie: Ich kann ganz autonom sagen, ich

bin jetzt autonom und mich auch ganz autonom damit fühlen. Nicht schlecht, das Gefühl. Jedenfalls besser als Valium.
Nanana, sagte ich, das soll doch ein Artikel werden!
Gut, antwortete sie, ich sage es etwas frauenbewegter: Ich bin der Meinung, daß der Autonomiebegriff, das, was wir uns unter Autonomie vorstellen, neu diskutiert werden muß. Entstanden ist das ja mal in Abgrenzung zu Abhängigkeiten von der früheren, der traditionelleren Frauenpolitik. Nun müssen wir uns aber auch mal die Realitäten heute ansehen. Nach zehn, fünfzehn Jahren. Streng genommen ist meine Freundin Regina mit ihrem Blumenladen autonomer als ich. Sie hat zwar nicht unbedingt den ausschließlichen Frauenzusammenhang auf ihre Fahnen geschrieben, obwohl sie nur Frauen beschäftigt. Dafür hat sie aber keine Schulden und kaum klauende Kundinnen. Sie lebt recht selbstbewußt von eigenem Einkommen. Auch meine Studienkollegin Barbara, die seit zehn Jahren Kurse bei der Arbeiterwohlfahrt gibt, ist mindestens so autonom wie ich. Ganz zu schweigen von einem regelmäßigen Gehalt, hat sie die Inhalte ihrer Kursangebote und einiges in der Institution verändert – gemeinsam mit anderen Frauen. Sie gibt ausschließlich Frauenkurse und hat ausschießlich Kolleginnen. Na gut, sie hat einen männlichen Chef, den nehmen sie aber eh alle nicht ernst.
Na siehste, sagte ich, sie hat einen Chef.
Glaubst du etwa, daß mein künftiger Konkursverwalter eine Frau sein wird? Oder glaubst du, daß mein Sachbearbeiter bei der Bank weiblich ist? Oder daß ich mir eine schnuckelige Postbotin mit süßen Sommersprossen aussuchen kann, nur weil das hier ein Frauenbuchladen ist?
Ist also nix mit autonomen Frauensachen? fragte ich ganz kleinlaut.
Doch, antwortete die autonome Buchladenfrau, doch! Hier ist ja schießlich auch 'ne atomwaffenfreie Zone in diesem Laden!

Die Partei, grün und frauen-listig

Hamburg 1984: Bundesparteitag der Grünen im Hamburger Kongreßzentrum. Es ist langweilig, ermüdend, ärgerlich und enttäuschend, nicht nur die »große Politik«, auch die kleinen Dinge.

Die Frauen von der Hamburger GAL-Frauenliste – eine Weltneuheit, daß eine Parteifraktion nur aus Frauen besteht! – eröffnen den Kongreß mit einem flotten, frechen Tanzgesang, in schwarzen Kleidern und mit hochhackigen Schuhen, ein bißchen verrucht und wie Chansonetten in einer Bar.

Es wäre nett gewesen auf der »Frauenwoche« – hier ist es eine Überforderung des anwesenden männlichen Bewußtseins. Ich höre süffisante Bemerkungen: Die Dritte von rechts hat einen geilen Hintern ...

Es sind achthundert Delegierte anwesend, dazu nocheinmal die gleiche Anzahl Gäste und Pressevertreter. Wieviel Prozent der Delegierten weiblich sind, ist nicht festzustellen – es habe noch niemand danach gefragt, sagt mir der Pressesprecher der Grünen.

Ich verteile am ersten Tag einige Stunden lang Werbe-Exemplare der »Emma« explizit an Frauen. Ein nicht unbedingt angenehmes Unterfangen, auch nicht bei dieser Partei, die Antidiskriminierung auf ihre Fahnen geschrieben hat. Mehrmals versuchen grüne Männer, mir die Zeitschriften zu entreißen. Andere probieren es mit Anmache der altbekannten Sorte: Ist das eine neue Zeitung, Süße? Gib mal her, die Zeitung der frustrierten Schönen!

Aber auch die Reaktionen der Frauen erschrecken mich.

Einige Frauen – es sind ja Frauen, die Politik machen! – fragen erst ihre männlichen Begleiter, ob sie eine »Emma« nehmen dürfen! Die meisten zeigen sich schlicht und einfach desinteressiert und sehen erschöpft aus.

Die interessantesten Gespräche finden auf den Damentoiletten des Kongreßzentrums statt: Hier wird getuschelt und geklagt, insbesondere über den Streß. Hier erfahre ich:
Auch Christa Nickels, eine der Sprecherinnen der Partei in Bonn, muß sich am Wochenende um Haushalt und Kinder kümmern. Mit großer Mühe, erzählt sie, sind jetzt Beschlüsse verabschiedet worden, nach denen Kinderbetreuungskosten zu einem Teil von der Partei erstattet werden.
Die Kinderbetreuung während des Parteitages wird ausschließlich von Frauen gemacht. Wortmeldungen sind überwiegend von Männern zu hören, bis es am zweiten Tag eine Forderung nach »Reißverschluß« gibt. Die Fernsehkameras surren, sobald Schily oder Fischer reden. Antje Vollmer hat ihren Sohn dabei. Bahro bedankt sich in einer unangenehmen Art über die Kraft, die ihm seine Freundin schenke.

Hamburg 1988: Ich bin seit einem halben Jahr »Frauenreferentin« bei den Hamburger Grünen, bei der GAL-Frauenfraktion in der Hamburger Bürgerschaft.
Die Realität übersteigt meine schlimmsten Befürchtungen. Der Streß ist kaum auszuhalten, und von »Frauenpolitik« ist kaum eine Spur zu sehen weit und breit ... Feministinnen sind mit der Lupe zu suchen und auch dann nur schwer zu finden.
Zugegeben, ich habe eine schlechte Zeit erwischt: Strömungsknatsch und Finanzskandälchen bei den Grünen, diverse Wahlen in den Gremien überall und dazu noch ein Machtwechsel im Hamburger Rathaus. Und das alles zwischen Asbestskandalen an den Hamburger Schulen, NATO-Tagung im Hamburger Rathaus, 129a-Razzien und Hungerstreik der meisten »politischen« Gefangenen in den Gefängnissen, zwischen einer daniedergehenden Frauenprojekte-Szene in Hamburg, überall weggestrichenen Zuschüssen und aufgegebenen Hoffnungen und einem zusätzlich ganz »normalen« Bürgerschaftsalltag, der auch heißt, daß täglich mindestens drei verzweifel-

te Menschen aus der Stadt anrufen, weil sie in einer schwierigen Lebenslage ihre allerletzte Hoffnung in die Grünen setzen. War es je anders?

Wild anstrengend - ob angepaßt oder gegen den Strom schwimmend - ist es mit Sicherheit überall in der Republik, für die Grünen zu arbeiten. Die Kunst besteht immer darin, als kleinste Partei mit dem wenigsten Geld und »Personal« die fleißigste Arbeit zu machen: Anfragen, Recherchen, Gesetzesentwürfe, Parlamentsreden. Dazu kommt dann noch der dicke Sack von Hoffnungen, Wünschen und Forderungen von Menschen, die von den Grünen etwas wollen: Ansprüche von Gruppen und Einzelpersonen an die Fähigkeiten und Möglichkeiten grüner parlamentarischer Politik.

In Hamburg gibt es seit einigen Jahren eine Frauenliste der Grünen im Parlament. Ich gehörte - als parteilose Feministin in der Stadt - zu den Sympathisantinnen dieser Idee; trotz einiger inhaltlicher Kritik am Konzept der »Frechen Frauen«, die zum Teil davon ausgingen, daß Frauen biologisch oder automatisch bessere Politik machen.

Ich habe mich dann über den großen Wahlsieg der grünen Frauenliste gefreut und dennoch jahrelang nur sporadischen Kontakt mit einigen von ihnen gehabt. Und nun bin ich bei ihnen angestellt, arbeite mit ihnen zusammen.

Die Enttäuschung ist groß: Materialschlachten, Papiere, überall Papiere, ganz viel Streß untereinander und ein einziges Hinterherhecheln hinter den Politikvorgaben der anderen Parteien, des Gesamtparlamentes, dazu uneffektive Arbeitsmethoden.

Manche der Frauen sehen aus, als hätten sie keine Utopien und keine Kraft mehr. Thea Bock habe ich - nach drei Jahren - nicht wieder erkannt, so müde sah sie aus. Man hat mir einen Büroraum in der Hamburger Innenstadt freigeräumt, ganz oben in einem Geschäftshaus ohne Menschen.

Die Parlamentsfrauen werden von der grünen Landesleitung nicht ernst genommen, verachtet und verhöhnt. Es sind nicht

nur politische Differenzen. Da ist mehr. Sie gelten per se als Karrieristinnen, blöde Oberemanzen oder politisch unterbelichtete Dummchen. Dabei reiben sie sich auf bis an den Rand der Erschöpfung mit ihren Aufgaben.
Die Hamburger Bürgerschaft ist ein Affentheater. Ich frage mich, wie die Parlamentsfrauen das aushalten. Noch mehr frage ich mich allerdings, was sie glauben, in diesen unheiligen Rathaushallen ausrichten zu können.
Anscheinend haben es alle außer »meinen« grünen Frauenlisten-Frauen begriffen, alle, die sich im Rathaus bewegen und regieren. Außer bei Fernschaufnahmen brauchen »VolksvertreterInnen« nicht präsent zu sein oder gar zuzuhören. Für wen redet hier wer?
Es ist ein einziges Kaspertheater. Die Parlamentarier lesen, unterhalten sich, gehen essen, stimmen mechanisch anhand vorweg angekreuzter Tischvorlagen ab.
Die einzigen, die sich nerven lassen und Mühe geben – bis auf ein paar Ausnahmen quer durch alle Parteien –, sind die grünen Frauen, die für all ihre Arbeit aber eigentlich nichts als Häme von allen Seiten ernten.
Diese grünen Parlamentarierinnen kommen mir verheizt und ausgeliefert vor.
Ich habe noch nie im Leben so viele langweilige, beschlipste Männer gesehen wie in diesem Rathaus. Ich muß sie von nun an alle zwei Wochen einen ganzen Tag lang ertragen, diese Kerle, die so wichtig tun und so schrecklich inkompetent sind und dafür auch noch bezahlt werden im Namen des Volkes.
Bei diesen wichtigtuerischen Mienen glaubt frau fast, daß in den Parlamenten regiert und entschieden wird.
Die grünen Frauen selber glauben es anscheinend zum größten Teil auch, sie sind gefangen in Sachzwangpolitik und Fleißigkeit.
Wie war das noch, damals? Die KPD hat doch früher mal vom Parlament als Bühne geredet? Davon ist bei den Grünen so gut wie nichts zu merken.

Die größte Enttäuschung für mich aber ist, daß die »Frauenliste« so gut wie keine feministischen Ambitionen hat. Es gibt keine gemeinsamen Utopien, keine Nähe zwischen den Frauen und keinerlei gemeinsam vorhandenes Selbstbewußtsein über die historische Bedeutung der Einrichtung dieser Institution »Frauenfraktion«. Sie hassen sich zum größten Teil gegenseitig. Es gibt nur wenige Gemeinsames.
Völlig ungeklärt ist die Frage des Parlamentarismus. Die Zusammensetzung der »Frauenliste« ist darüberhinaus fern ab von jeglichen fraucnpolitischen Ansprüchen vorgenommen worden, und das wirkt sich jetzt haarsträubend aus. Der Umgangston untereinander erinnert mich an die »Partei«, die ML-Zeiten: diese Lust, sich gegenseitig zu verheizen, das Pöstchenverteilen und das unsolidarische Miteinanderumgehen.
Diese grüne Partei ist sowieso ein einziger Sauhaufen. Trotzdem sind mir einzelne Menschen durchaus sympathisch, und ich komme dauernd in Schwierigkeiten, weil ich es nicht mehr gewohnt bin, »politisch konsequent« zu entscheiden. Bei den Grünen, auch bei den grünen Frauen, wird jedes Wort, jede Aussage als Beweis dafür genommen, daß der/die andere sowieso eine falsche Politik betreibt. Die »Bunte Liste«, wie sich die Hamburger Grünen vor Jahren bei ihrer Konstituierung nannten, ist zu einem schrecklich gelangweilten und langweiligen Einheitsbrei im Kampf um Strömungen und Machtpositionen geworden.
Die sind so kleinkariert.
Dabei war es eine geniale Idee! Eine Parteifraktion ausschließlich mit Frauen zu besetzen. Zu beweisen, daß es geht,und das mit Lust. Zu beweisen, daß die Männerriegen, die die Politik beherrschen, schlagbar und austauschbar sind.
Was ich nicht wußte: Die Entscheidung für die »Frauenliste« ist keineswegs gefallen, um eine Veränderung in der realen Frauenpolitik vorzubereiten. Es war ein grüner Werbegag. Und so werden die »regierenden« Frauen auch behandelt innerhalb der grünen Partei.

Was am meisten auf die Nerven geht, ist das Nichternstgenommenwerden. Nicht, daß ich bisher irgendetwas nicht sagen oder nicht machen durfte – egal in welchen Gremien. Es wird einfach nicht zugehört, und gleichzeitig ruhen sich die Verantwortlichen auf Lorbeeren aus, die ihnen gar nicht zustehen. Ein Gesetzesentwurf zur Quotierung im Hamburger Öffentlichen Dienst ist in zehn Minuten bei der grünen Landesvorstandssitzung abgehakt – aber nicht aus dem Grund übereinstimmender Meinungen, sondern weil es niemanden interessiert und niemand das dicke Papier überhaupt nur gelesen hat.

Dieses merkwürdige Bündnis der »Frauen« mit den Grünen ist eine einzige Lüge. »Die zarteste Versuchung, seit es Parlamente gibt« – Wahlslogan der Hamburger GAL-Frauenliste –, hat mit feministischen Utopien nichts zu tun. Es ist platter Parlamentarismus, der hier verlangt und gemacht wird, und nur ganz wenige Frauen (und Männer) können sich individuell entziehen. Ich nehme schon nach einigen Monaten kaum mehr wahr, an was für einem Theater ich da für Lohn und Brot teilnehme, ackere an Presseerklärungen und parlamentarischen Reden, an Anträgen für die Bürgerschaft und Tischvorlagen für die Gremiensitzungen und habe beinahe den Überblick verloren.

Dafür besitze ich nun einen NATO-Rathaus-Ausweis, der mich befugt, die Regierungshallen zu betreten, während die NATO-Größen aus aller Welt im Hamburger Rathaus tagen.

Ich wollte nie mit solchen Herren unter einem Dach sein.

Und jeden Tag Sitzungen, Termine. Termine, Termine.

Ich besuche Frauenprojekte in Hamburg. Es sind teilweise sehr anstrengende Treffen, die mich die Rathauswelt noch einmal mit anderen und zornigeren Augen sehen lassen. In Hamburg-Rahlstedt, einem Vorort, rede ich stundenlang mit den Frauen eines Straßensozialarbeit-Projektes, denen die Zuschüsse gestrichen werden sollen. Sie berichten von Frauen, Müttern vor allem, die regelmäßig ab Mitte des Monats ins

Projekt kommen, weil es dort mittags immer ein warmes Essen gibt.
Derweil stehe ich schon am selben Abend in einem der protzig geschmückten Säle des Hamburger Regierungspalastes vor einem riesigen kalten Büffet: Schnittchen vom Feinsten, Braten, Salate. Alles, was übrig bleibt, wird weggeschmissen. Einigen meiner Kolleginnen ist es peinlich, daß ich die Rathausbediensteten um die Reste bitte zum Mitnachhausenehmen.
Adrienne Goehler, die brillanteste Politikerin der Frauenliste, stört das nicht. Sie lebt sowieso quer zu allen grünen Vorgaben und hat sich längst an den Ruf gewöhnt, eine »Spinnerin« zu sein. Sie ist im wahrsten Sinne des Wortes eine listige Frau. Das wird nicht honoriert bei den Grünen. Überhaupt wird Frauenpolitik nicht honoriert, sondern gilt als notwendiges Übel, politisch wertvoll oder ausnutzbar, aber uninteressant. Die Verachtung läuft hier differenzierter und versteckter als anderswo.
Das genau ist nicht auszuhalten. Die heimliche Verachtung, das permanente Grinsen, während gleichzeitig behauptet wird, es handele sich bei den Grünen um eine Partei, die für die Gleichberechtigung der Frauen eintritt und Antidiskriminierung in ihren Programmen zum Ziel erhoben hat.
Wenn ich tagtäglich erlebe, daß Frauen und Männer – vor allem die Männer! – aus den anderen Parteien freundlicher und »menschlicher« mit den grünen Parlamentarierinnen im Rathaus umgehen als die eigenen ParteigenossInnen, dann spricht das nicht nur für die Bestechungskunst von SPD oder CDU, sondern ist auch Zeugnis für die existierende Frauenfeindlichkeit in der grünen Partei. Die »Frauenliste« wird verheizt im grünen Geschäft. Die grünen Politikmacher erlauben den Frauen, in den Parlamenten zu repräsentieren, um einen guten und fortschrittlichen Eindruck für die Partei zu machen. Die Frauen – auch die Politikfrauen, auch bei den Grünen – sind benachteiligt gegenüber ihren und unterdrückt durch ihre männlichen Parteigenossen. Und jeder Versuch, das

auch nur zur Sprache zu bringen, wird als privates Problem oder unpolitische Idee verstanden.
Frauenfraktionen sind nur denkbar mit einer Riege von untereinander solidarischen, zumindest über feministische Ahnungen verfügenden und möglichst politikerfahrenen Frauen. So wäre es vielleicht denkbar. Vielleicht.
Ich bin sehr unsicher. Jedenfalls ist diese Hamburger GAL-Frauenfraktion, die ich erlebt habe, eine politische und feministische Unmöglichkeit – zusammengewürfelt nach strömungspolitischen Kalkulationen und ohne »Hinterland« in der Partei, die sie doch öffentlich vertreten soll. Die Frauenliste ist insgesamt eine Lüge, die Gleichberechtigung von Frauen bei den Grünen behauptet – auf Kosten von Frauen.

Saarbrücken 1989: Ich bin als »autonome Feministin« zum diesjährigen Parteitag der Grünen geladen. Vor einem halben Jahr hab' ich es aufgegeben, feministische oder überhaupt Politik mit dieser Partei zu machen.
Dieser Parteitag nun, ein »Perspektivkongreß« gar, erregt meine Neugier und erstaunt mich. Plötzlich scheinen Frauenpolitik und feministischer Rat gefragt. Sogar das Auftaktpodium ist mit Fachfrauen und bekannten feministischen Theoretikerinnen aus der Republik besetzt.
Ich wundere mich und sage für ein Referat zu. Sollten die grünen Funktionäre einsichtig geworden sein?
Zu früh gefreut.
Alles ist anders. Es ist ja November 1989, und in der DDR gehen die Menschen auf die Straße, die Mauer in Berlin bröckelt. Nichts mehr sei nun, wie es vorher war, behaupten die Kongreßveranstalter und verändern die Thematik. Dagegen ist grundsätzlich nichts zu sagen – aktuelle politische Ereignisse können einen politischen Kongreß schon mal beeinflussen.
Einen Tag vor Kongreßbeginn erfahre ich, daß sämtliche Referentinnen des Eröffnungsplenums ausgeladen worden sind – gegen ihren Protest.

Die Zeichen der Zeit brauchen anscheinend »Politiker« auf den TV-Bühnen und nicht feministische Theoretikerinnen. Innerhalb von einigen Stunden werden wir mal wieder zum »Nebenwiderspruch«, auch bei den ach so frauenbewegten Grünen. Was brauchen wir noch feministische Theorie? Jetzt wird in die Hände gespuckt und wiedervereinigt. Es findet eine Umverteilung der Machtpöstchen im Revier statt, meine Herren!
Der Proteststreik der bei diesem Parteitag anwesenden Feministinnen ist kein großer Trost. Die meisten der anwesenden grünen Delegierten haben nicht einmal den Grund unserer Empörung begriffen.

Wecker und Wut

Hamburg 1987: Drei Tage vor Weihnachten ist meine Freundin Ingrid Strobl in Köln verhaftet worden – als »Oberterroristin«. Ich habe es durch die Zeitung erfahren und dachte, ich drehe durch. Ich war an diesem Wochenende bei einem Frauenseminar gewesen und total im Arbeitsstreß: Buchmanuskript fertigschreiben, neues Arbeitszimmer suchen, meine zwölfjährige Tochter hatte ein Gipsbein. Um 14 Uhr wollte eine Lektorin kommen, um mit mir ein Manuskript zu besprechen. Und jemand rief mich an: Hast du schon die »taz« gelesen?
In meinem Zeitungsladen blieb mir fast das Herz stehen: Ingrid Strobl festgenommen! Paragraph 129a ...
Niemand weiß was, auch »Emma« nicht. Das einzige, was zu erfahren ist: Sie ist wirklich verhaftet worden, und das Ganze scheint eine größere Sache zu sein, denn es geht von Karlsruhe aus, von Rebmann selbst.
Ich stelle mir vor, was sie erlebt hat die letzten Tage. Kommt von einer Recherche zurück in ihre Wohnung – sie wohnt allein – und da stehen zehn fremde Männer im Dunklen in ihren Zimmern, bewaffnet, wahrscheinlich mit Waffen auf sie zielend, die ganze Wohnung ist durchsucht und auf den Kopf gestellt, sie wird ins Polizeipräsidium verfrachtet, verhört und dann per Hubschrauber nach Karlsruhe zu weiteren Verhören geflogen.
Isolationshaft heißt es in den ersten Meldungen: fensterlose Zelle, keine Privatkleidung, Postkontrolle, Kontaktsperre. Wenn ich es mir vorstelle, fange ich vor Angst und Wut an zu heulen. Kein Anwalt ist zu erreichen. Wir sind alle so offensichtlich machtlos.
Einen Tag vor Weihnachten sitze ich mit zwei Dutzend anderer Leute in der Hamburger Buchhandlung »Gegenwind«, um mehr zu erfahren. Den Weihnachtsbaum schmücken die Kids

alleine. Auch eine Hamburgerin, Ulla Penselin, wurde verhaftet, viele Wohnungen wurden durchsucht, auch das Essener »Gen-Archiv«, die Frauen, die gegen Gen- und Reproduktionstechnologie arbeiten.

Ich bin erschrocken über die wenigen Leute bei diesem ersten Informationstreffen. Andererseits: Auch ich wäre wohl einen Tag vor Weihnachten niemals zu einer solchen Veranstaltung gegangen, würde sie nicht auch eine gute Freundin von mir betreffen.

Anfang Januar verdichtet sich das Bild: Ingrid Strobl wird vorgeworfen, sie habe Kontakt zu den »Revolutionären Zellen«, sei gar Anführerin, habe einen Wecker gekauft, der bei einem »Anschlag« benutzt worden sei. Außerdem bestehe Fluchtgefahr, weil sie Österreicherin sei.

Wir planen Informationsveranstaltungen, sammeln Protestunterschriften, versuchen, mehr Informationen zu erhalten. Ich kann es anders gar nicht aushalten.

In der »Bild«-Zeitung: »Emma«-Redakteurin in ihrer eleganten Drei-Zimmer-Wohnung festgenommen!

Es ist Lüge alles, nicht mal das mit der Wohnung stimmt. Ingrid wohnt in einer kleinen Zwei-Zimmer-Wohnung.

Mitte Januar kommt der erste Brief von Ingrid Strobl. Zum ersten Mal in meinem Leben schreibe und erhalte ich bewußt Briefe, die von Fremden gelesen werden, ehe sie die Empfängerin erhält. Ich erzähle allen Leuten in meiner Nachbarschaft und allen Freundinnen und Freunden von den Festnahmen. Mein Kaufmann an der Ecke meint: So schlimm, wie es in der »Bild-Zeitung« gestanden habe, könnten die beiden Frauen ja nicht sein, wenn eine seiner Kundinnen sie sogar kenne. Eine Schulfreundin meiner großen Tochter darf nicht mehr zu uns kommen, seit die Eltern von meiner »Terroristen Freundin« erfahren haben. Und fast alle Leute wollen von mir wissen: Hat sie nun oder hat sie nicht? Ist sie nun eine »Terroristin« oder nicht?

Auch viele Freundinnen und Freunde benutzen den Begriff

»Terrorismus« wie die Springerpresse. Es herrscht Frieden im Land. Ich fühle mich fremd und finde nur wenige Leute, denen es ähnlich geht. Meist sind es Frauen.
Mitte Januar 1988, nach einer von Bundesgrenzschutz und Hamburger Polizei »aufgelösten« Solidaritätsdemonstration für die beiden verhafteten Frauen, gehe ich mit mehreren Freundinnen in den Park »Planten und Bloomen«, der neben dem Untersuchungsgefängnis liegt. Wir wollen Ulla Penselin über die Mauern Grüße zurufen. Es ist schon dunkel.
Plötzlich flammen um uns herum Scheinwerfer auf, und von allen Seiten kommen Hunde auf uns zu, an langer Leine gehalten von Polizisten. Sie jagen uns über die Matschwiese. Ich habe Angst.
Meine Kinder beschweren sich: Für deine Freundin im Gefängnis hast du mehr Zeit als für uns. Ich kann es ihnen kaum erklären, habe das Gefühl, daß viel mehr passieren müßte, habe große Wut und keine Erklärungen parat.
Und bin entsetzt über meine bisherige Naivität. Zwar war ich selbstverständlich auch vorher gegen Gentechnologie, gegen die neuen Sicherheitsgesetze, gegen die Ausrottung und Unterdrückung anderer Völker ... Nun stelle ich fest: Ich wußte verdammt wenig! Beinahe nichts!
Ich erkenne Zusammenhänge und fürchte mich gleichzeitig vor diesem Erkennen. Die heutigen Menschenzucht-Kriterien der Genforschung in der Tradition der NS-Politik, die »eugenische Indikation« des derzeit gültigen Paragraphen 218 und die Vernichtung »Unwerten Lebens« mittels Vorsorge-Untersuchungen der schwangeren Frauen, die finanziellen Verflechtungen von Gen- und Atom-Mafia, die Notwendigkeit der rassistischen und völkervernichtenden »Entwicklungs«-Politik für den Reichtum der Industriestaaten; und die Ignoranz einiger Strömungen der Frauenbewegung, die mit Mütterlichkeit Politik machen und beschwören, daß Frauen per se die besseren Menschen seien ...
Ich weiß plötzlich, daß die Verhaftung meiner Freundin mir

die Augen geöffnet hat für diese Zusammenhänge – und daß es höchste Zeit dafür war. Ich lese und informiere mich. Ich lerne Unbequemes.

Hamburg 1971: Der erste Prozeß meines Lebens. Ich bin Zeugin und einundzwanzig Jahre alt. Erst einige Monate in Hamburg, hatten zwei Typen mir die Handtasche aus der Hand gerissen. Ich war hinterhergerannt und wurde in einen Hausflur gezogen, hingeschmissen. Sie drohten mir. Ich habe Anzeige erstattet und muß jetzt vor Gericht erscheinen. Es ist mir unangenehm.
Zwei Jahre später der zweite Prozeß: Es war was Politisches. Es war anders. Ich weiß nicht einmal mehr, worum es ging. Nur, daß uniformierte Polizei im Gerichtssaal saß und als wir die »Internationale« sangen, geprügelt wurden von Polizisten. Ich habe einen Polizisten in die Hand gebissen oder in den Arm – er hatte mir die Hände verdreht auf dem Rücken, und das einzige, wo ich rankam, war seine Hand. Ich hatte eine gebrochene Rippe von diesem Griff; das habe ich aber erst ein paar Tage später gemerkt.

Hamburg 1978: Antifaschistenprozeß in Hamburg. Der Mann einer Kollegin von mir, ein Genosse, ist mitangeklagt: Landfriedensbruch, Widerstand gegen die Staatsgewalt, versuchte Körperverletzung, und, und, und ...
Es sind insgesamt neun Männer und eine Frau, denen ein Prozeß gemacht wird. Im Trennscheibensaal: Alle Besucher und Besucherinnen werden abgetastet, die Ausweise kopiert. Die Angeklagten sollen eine »terroristische Vereinigung« sein.
Zwei Jahre vorher waren wir alle in der Mönckebergstraße gewesen, tausend Leute vielleicht, und hatten einen Stand der Neofaschisten umgeworfen. Es ging um ein europäisches Treffen der Faschisten in Hamburg – und es wurde verhindert. Das Treffen an sich war lächerlich und klein – aber es waren die gleichen Leute, die Flugblätter verteilten: Wer einen Juden

kennt, der nachweislich vergast wurde, erhält eine Belohnung. Ausländer raus!
Und dann die Polizei. Sie jagten uns den Glockengießerwall hoch und runter und beschützten die Fascho-Bengels. Ich kriegte kaum noch Luft vom Chemical Mace und mußte mich übergeben. Einige von uns wurden erwischt. Irgendwann saß ich in einem Schuhladen in der Innenstadt, hatte den Helm vorher neben ein Auto geschmissen und dachte: Das kann doch nicht wahr sein. Da stehen die Bullen und jagen uns statt die rechten Mistkerle, schießen auf uns mit Gaspatronen und schlagen uns mit Gummiknüppeln ... und fünfzig Meter weiter kauften die Leute ein, als wäre nichts.
Die Verkäuferinnen verpfiffen uns bei den Bullen: Raus hier! riefen sie; und zu den Polizisten, die in jedes Geschäft rannten auf der Suche nach behelmten Demonstranten: Hier, das ist einer und der auch noch.
Nur eine, die einen Helm unter ein Regal schob ...
Vier Polizisten schleiften E. aus dem Laden, einen Genossen, den ich kannte. Er schrie um Hilfe. Sie zogen ihn an den Haaren über den Boden. Da ist noch sein Helm!, schrie eine Schuhverkäuferin.
Zwei Jahre später nun der Prozeß. Vor dem Strafjustizgebäude ist ein Schild angebracht: Prozeß gegen Lotzkat und andere, Nebeneingang benutzen. Ein mit Brettern eingezäunter Gang bis zu einem Kellereingang. Eiserne Tür. Gucklöcher. Einzelner Einlaß. Ausweis abgeben, Taschen abgeben, Mantel ausziehen, Leibesvisitation. Einen der Kontrolleure treffe ich später mal in der U-Bahn: er in Zivil, ich mit Kinderwagen. Ungläubige Blicke dann auf beiden Seiten.
So ein Prozeß ist schon ein Theater, wie es nur selten zu besichtigen ist. Vorne die Angeklagten und die Anwälte – sie reden über Mikrofone. Der Richter hört nicht zu, schläft sogar ein, dreht auch mal den Ton eines Mikrofons ab. Zwischen uns und den Angeklagten eine Trennscheibe aus Plexiglas.
Der Prozeß geht glimpflich aus. Er dauert zwar ewig – mona-

telang, über vierzig Termine. Und dann verplappert sich einer der Richter dummdreist in all seiner Selbstgefälligkeit, und es klar, daß die Zeugenaussagen der Polizisten »gezinkt« waren, abgesprochen mit dem gerade neu erfundenen und eingestellten »Zeugenberater« bei der Hamburger Polizei. Der Musterprozeß hat nicht geklappt. Wir haben ja auch gute Arbeit gemacht. Wir haben Tausende von Briefen geschrieben, Flugblätter verteilt, mit Journalisten geredet. Peggy Parnass hat in »Konkret« berichtet, Günter Schwarberg im »Stern«. Und vor allem haben wir zusammengehalten – gleich welcher Organisation die Angeklagten angehörten.

Hamburg 1980: Ein Schwager von mir ist angeklagt wegen einer Schlägerei. Er war betrunken und hat dabei ein Wartehäuschen der Verkehrsbetriebe beschädigt. Er ist zweiundzwanzig und hat davon bereits vier Jahre in Gefängnissen verbracht. Ich sitze mit seiner Freundin im Zuschauerraum. Wir sind die einzige »Öffentlichkeit«.
Ich sitze da und kann nur noch denken: Das ist Klassengericht! Das ist Klassenjustiz!
Es ist ohne jegliche Hoffnung. Dagegen ist jeder Polit-Prozeß exklusiv, denke ich.
Die Taten, über die verhandelt wird, sind belanglos und unsympathisch: Zwei junge Arbeitslose mit schlechter Kindheit haben sich in der Vorstadt geprügelt.
Am schrecklichsten bei diesem Prozeß ist die spürbare Mauer, anders verlaufend als bei politischen Prozessen: der spürbare Ekel aller Prozeßbeteiligter gegenüber den Angeklagten. Ohne jegliches Interesse, ohne jegliche Regung. Nur Ekel. Monoton wird vorgelesen, was in den Akten steht: schon mit fünfzehn alkoholabhängig, uneheliches Kind. Und dann eine Wortmeldung der Staatsanwältin: So jemandem wie Ihnen möchte ich ja auch nicht im Dunkeln begegnen. Richter und Verteidiger nicken.
Wahrscheinlich waren sie alle noch nie in ihrem Leben am Os-

dorfer Born, dort, wo die Hochhäuser sind und die Leute wohnen, die nirgend woanders wohnen dürfen. Dort wohnt man nicht, basta.
Verurteilt wird mein Schwager wegen dieses Ekels. Wieder fünfzehn Monate ohne Bewährung.
Ich wüßte gern, ob der Richter seine Frau schlägt. Und ich bin kuriert von dem Trip vieler Linker, daß nur Solidarität mit »politischen Gefangenen« angesagt ist.

Hamburg 1988: Ich glaube, diese Verhaftungen von »Ingrid und Ulla« haben nicht nur mir die Augen geöffnet.
Zweimal über hundert Frauen waren wir im Frauenbildungszentrum, haben zusammen geredet und unsere Möglichkeiten zum Widerstand diskutiert, Arbeitsgruppen gebildet, Pläne gemacht. Wir lassen uns das nicht gefallen!
Wir lernen und arbeiten, machen Aktionen und Veranstaltungen. Ich werde mit einigen anderen Frauen eine Broschüre mit Texten der »anschlagsrelevanten Themen« herstellen. Ich hätte nie gedacht, daß wir so viele Energien haben. Zusammen. Das tut gut.

Hamburg 1988: Ich schreibe an meine Freundin ins Gefängnis, und jemand guckt über meine Schulter. Ein Jemand, den ich bis heute nicht kenne, der mich vorher nicht kannte, bis er meine Briefe immer las. Ein Jemand, der mittlerweile viel von mir weiß.
Es sind die kleinen, scheinbar unwichtigen Befangenheiten, die die Postkontrolle so unerträglich machen und einen wichtigen Baustein zur Isolation der Gefangenen bilden: Die Scheu davor, Intimes zu berichten, Kitschiges, Frohes, Verletzendes, Böses und Trauriges.
Immer liest einer mit.
Liest mit, wenn ich vom Streß mit den Kids berichte, liest mit, wenn ich mich verliebe, liest mit, wenn eine Beziehung auseinandergeht, liest mit, wenn der Brief betrunken ist, liest mit,

wenn ich alles nicht mehr aushalte, liest mit, liest mit, liest mit.

Schon beim Schreiben ist die Schere im Kopf: Der Fremde, der Mitleser ist dabei. Wie versteht Ingrid Strobl im Knast, was ich meine, ohne daß ich mein Innerstes vor einem fremden Mann entblößen muß, einem, der mir ob seines Jobs mit Sicherheit schon unsympathisch ist?

Am Anfang war es nur ein Gefühl von Unsicherheit und Wut: vorsichtiges Benutzen von Wörtern und vorsichtiges Beschreiben von Nähen. Der Versuch, die Situation zu umgehen durch Distanz und ungesagte Worte.

Nach einigen Monaten Isolationshaft der Freundin schlägt es um in ein trotziges, unabgesprochenes »Spiel«: Übertreibungen, ausführlichste Beschreibungen, farbenfrohe Sätze und schwülstige Anreden. Wörter statt Blumen und Umarmungen, Notprogramm.

Die Zeit ist zu lang geworden schon, um Distanz im Hinblick auf die Zensur durchzuhalten und durchhalten zu wollen. Und dann, nach etwa neun Monaten, wird sie nochmal länger. Die Entfernungen über die Gefängnismauern werden, je länger es dauert, um so weiter und immer schwerer zu bewältigen.

Was versteht Ingrid Strobl noch, wenn ich ihr schreibe, daß mein jüngstes Kind ausgezogen ist mit dem Vater? Will doch nicht einem wildfremden Mann, dem Mitleser, von meiner Trauer erzählen und meinen Widersprüchen, brauche aber auch die Gedanken und die Klugheit der Freundin in solch einer Situation.

Was versteht Ingrid in ihrer viereinhalb mal drei Schritte großen Zelle, wenn ich ihr berichte von meiner neuen Arbeitsstelle, von den Nadelstreifenherren in der Hamburger Bürgerschaft, die wie Marionetten aufleben, sobald ein Fernsehscheinwerfer strahlt, die sich freiwillig einsperren in ihre Machtkorsette und einfach nur dämlich wirken? Und was versteht sie, wenn ich mich bei jedem zweiten Wort vertippe, weil

ich mal wieder zu viel Wein getrunken habe, um den Brief überhaupt schreiben zu können, weil ich das Gefühl habe, ohnmächtig zu sein gegenüber der Situation – trotz allem, was wir täglich machen? Ich kann doch nicht einfach schreiben: Ich halte es nicht mehr aus, daß du im Knast bist.
Den Gefallen will ich dem Schattenmann nicht tun. Er soll keine klammheimlichen Freuden haben durch mich.
Je länger es dauert, desto weniger ist es zu vermeiden.
Das verzeihe ich nie.
Es ist erniedrigend. Der Zwang, wildfremden Leuten etwas mitteilen zu müssen, ihnen erzählen zu müssen, sie zu Mitwissern zu machen über Liebe, Liebhabereien, Kinderprobleme, Sorgen, Geldnöte, Schwierigkeiten an der Arbeitsstelle, politische Gedanken und Widersprüche, Depressionen und Höhenflüge, Utopien, neue Kleider und Erfahrungen, Einschätzungen, Menschen, Bücher, Ängste und Überraschungen. Mein Leben ausgebreitet zu haben irgendwann – ohne Rücksicht auf den Schattenmann, um der Freundin ein Stück Realität von draußen zu vermitteln.
Das ist Nötigung und Erpressung. Es ist beschämend und unmoralisch, wenn die Schattenmänner Briefe lesen, die nicht an sie gerichtet sind.
Ich weiß nicht, wie es ihnen damit geht.
Manchmal hoffe ich, daß sie einfach grenzenlos dumm sind. Sie sollen nichts von mir verstehen, weder amüsiert noch ergriffen sein von meinen Briefen, sie sollen nicht partizipieren, nichts lernen, nichts kapieren, nichts erfahren über mich und uns.
Sie sollen sich schämen! Mehr nicht.
Das ist kein Job wie jeder andere, Schattenmann zu sein. Paragraphenverwalter, »Staatsschützer«, Fremder-Leute-Briefe-Leser, Schnüffler, Spanner, gelangweilter, auf Reizworte hin zensierender, Menschenbriefe ungefragt lesender Apparatschik, im Namen des Volkes das Postgeheimnis verletzender Kontrolleur über Wörter und Gedanken.

Ich will nicht wissen, was er ist und was er denkt, nicht, wie er lebt und wie es ihm damit geht.
Kann nicht verstehen, wie einer so leben kann ...
Kann viel nicht mehr übersehen, seit ich weiß, daß welche so leben. Ich glaube fast, es geht hier um Moral.

Hamburg 1988: Fraktionssitzung der GAL-Frauenliste im Rathaus - ich sitze seit drei Stunden dabei, es gehört zu meinen beruflich festgelegten Aufgaben als Frauenreferentin der GAL. Es ist schwül draußen, und die Tagesordnung ist wie immer zäh bei dieser Sitzung, die in der Regel fünf bis acht Stunden dauert.
Die Tür des Sitzungssaales geht auf. Der Referent für juristische Fragen stürmt in die Konferenz und erzählt atemlos, er habe einen Anruf bekommen, daß Ulla Penselin aus der Haft entlassen wird. Jetzt. Sofort!
Ich kaufe auf dem Rathausmarkt einen Blumenstrauß, fahre mit einem Taxi zum Untersuchungsgefängnis. Ich kann es nicht glauben. Ich kann kaum glauben, daß wir auch mal Siege erleben ...
Ich bin fest davon überzeugt, daß es ein Scherzanruf gewesen sein muß. Aber es scheint zu stimmen. Vor dem Ausgang des Untersuchungsgefängnisses stehen schon zehn Frauen und Männer, auch einige Pressevertreter.
Irgendwann geht die Tür auf, und Ulla Penselin kommt raus. Blaß und lachend - sie sieht genauso überrascht aus wie wir da draußen. Umarmungen, Blitzlichter der Fotografen ... Kartons werden vor die Gefängnistür gestellt. Die »Habe« der Gefangenen. Ein riesiger und sehr schwerer Karton trägt den Schriftzug: »Post«.
Er enthält Briefe, Zeitungen und Broschüren, die von den Zensoren nicht zugelassen wurden.

Essen 1989: Ich besuche Ingrid Strobl das zweite Mal im Gefängnis. Im vergangenen Jahr bin in München gewesen, in

einem hochsicherheitsmäßig ausgerüsteten Bunkergefängnis mit automatischen Schiebetüren.
Hier in Essen ist alles ein bißchen anders. Variationen. Der Knast – ein weißgetünchter Hochhausbunker mit Glasbausteinen – ist nicht neu. Die Sicherheitsmaßnahmen wirken auf den ersten Blick nicht so perfektioniert, weil die Menschen, die sie auslösen, sichtbar sind. Eine Stahltür, daneben ein Glasfenster und eine Klingel. Der »Pförtner« redet mit mir. Eine weißbekittelte Beamtin weist mich in die Geheimnisse des Besuchsablaufs ein: Ausweis und richterliche Besuchsgenehmigung abgeben, Schließfachschlüssel in Empfang nehmen und alle Taschen leerräumen. Es darf nichts mit hineingenommen werden, auch die Zigaretten verschwinden im Schließfach. Dann folgt das Abtasten mit Händen und Sonde. In meinem Mantelsaum piept es – Kleingeld und ein Feuerzeug sind durch die Löcher der Manteltaschen in den Mantelsaum gefallen. Die Kontrolleurin blickt vorwurfsvoll – so eine schlampige Besucherin, die nicht einmal ihren Mantel in Ordnung hält ...
Wartezeit im Besucher-Warteraum. Zwanzig Quadratmeter umgebauter Flur, Stahlglaskonstruktion, Neonlicht. Drei kleine Tische, einige Bänke, ein Getränkeautomat. Überall Dreck und verschütteter Kakao. Es ist eiskalt.
»Mein« LKA-Mann ist noch nicht da. Zehn Minuten zu spät wird endlich die hintere Tür des Raums aufgeschlossen. Eine Schließerin und der LKA-Beamte erwarten mich. Für sechs Mark darf ich aus dem Automaten verschweißte Zigaretten für Ingrid ziehen. Ingrid Strobl wünscht sich Zigaretten und Schokolade. Das geht nicht, denn es dürfen in jedem Fall nur sechs Mark sein, die ich dem Automaten zuwende. Bürokratie. Einige Treppen geht es hoch, dann wird wieder eine Tür aufgeschlossen – und hinter uns wieder zugeschlossen. Ein schmaler Flur, links davon vier oder fünf Besuchsräume: jeweils zwei Stühle, ein winziger Tisch, dazwischen offenstehende Toiletten. Es riecht nach Klo und Desinfektionsmitteln. Nirgendwo ist ein Mensch zu sehen.

Das letzte Kämmerchen, noch einmal durch eine Extra-Tür im Flur abgetrennt, ist das unsere. Es ist durch eine dicke Glastrennscheibe noch einmal in zwei Winzkämmerchen geteilt. Auf jeder Seite befinden sich zwei Stühle. Ingrid Strobl sitzt schon auf der anderen Seite, neben ihr eine Justizvollzugsbeamtin. Ich setze mich ihr gegenüber. Wir begrüßen uns: Hände an die Scheibe.

Da hast du dir aber ne schöne Absteige ausgesucht, sage ich zu ihr und beschwere mich über das Rauchverbot. Die Schließerin sieht entnervt aus. Links neben mir nimmt der LKA-Mann Platz, schon den Schreibstift zückend, denn er wird jedes Wort, das wir miteinander reden, aufschreiben. Was redet frau mit zwei ausdrücklich und berufsmäßig fremden Menschen im Nacken, die immer noch »belastendes Material« finden wollen und die Freundin für eine Schwerverbrecherin halten? Was redet frau mit der Freundin, die nur alle halbe Jahre für dreißig Minuten unter solchen Umständen zu besichtigen ist?

Grüße werden ausgerichtet durch die Mikrofonanlage. Wie weit ist das Buch? Was macht die Arbeit? Es erscheint jetzt im Herbst, hoffentlich. Die neuesten Streiche der Kinder. Mein elfjähriger Sohn hat einige Tage die Schule geschwänzt und was von Schulschließung wegen Asbestgefahr behauptet. Es stört mich, daß die Schließerin darüber grinst.

Über die Arbeit an unserer Prozeßzeitung mag ich nicht erzählen, seit ich die eigene Zeugenvorladung beim Staatsanwalt hatte. Dabei gäbe es so viele, auch gute Nachrichten. Ich erzähle, wer alles bei ihrem Prozeß war und noch kommen will. Versuche, mir nicht anmerken zu lassen, wie übermüdet und kaputt ich bin. Ich will nicht, daß Ingrid sich auch noch um mich Sorgen macht,in ihrer Situation.

Manchmal entsteht ein sekundenlanges Vergessen der ungebetenen Zuhörer. Und sofort wieder Erschrecken und Wut darüber. Was geht es Herrn LKA und Frau Schließerin an, was für Probleme ich mit meiner pubertierenden Tochter habe? Ich will mit Ingrid Strobl darüber reden, nur mit ihr!

Und ich würde sie so gerne in die Arme nehmen. Mindestens! Am liebsten mitnehmen ...
Statt dessen sitze ich vor einer Glasscheibe und muß diese Situation sofort und möglichst gekonnt verdrängen. Keine Tränen diesmal wie in München! Die Zeit des Besuchs ist zu kostbar und zu selten. Dreißig Minuten ...
Sogar das Rauchverbot vergesse ich. Sehe die dunklen Ränder unter den Augen der Freundin und wie dünn sie geworden ist vom Gefängnisessen. Höre die Hintergrundgeräusche, Klappern, Rufen, Schlüsselklirren. Halte mich an meinem Notizbuch fest und gerade, als wir uns ein wenig an die Situation gewöhnt haben, steht die Gefängnisbeamtin auf: Besuchszeit ist beendet!
Auf die Sekunde genau. Dreißig Minuten.
Ich gebe die verschweißten Zigaretten ab und gehe wie in Trance, begleitet von den beiden Aufpassern, die Treppe runter. Geschäftigkeit: Ausweis wieder abholen, Schließfach leerräumen, Zigarette in die Hand und raus! Es regnet. Das ist auch gut so. Eine freundliche Frühlingssonne hätte mich auf der Stelle zum Heulen gebracht.
Einige Monate später werde ich beim dritten Knastbesuch in Essen meine siebenjährige Tochter mitnehmen. »Sondergenehmigung«.
Sie wird hinterher zu mir sagen: Der Mann, von dem du gesagt hast, er ist ein Polizist, der war am nettesten von allen.
Der LKA-Mitschreiber und Beobachter hatte ihr Papier und einen Stift angeboten während des Trennscheiben-Besuches. Ich hasse ihn dafür, daß er als einziger die Kraft hatte, in dieser Situation auf das Kind einzugehen.

Hamburg 1989: Die »politischen« und auch andere Gefangene in bundesdeutschen Gefängnissen sind wieder einmal in den Hungerstreik getreten, um gegen die Haftbedingungen zu protestieren.
Ich habe Angst vor Hungerstreiks. Ich weiß, daß diese Angst

falsch ist im Vergleich mit der Gewöhnung und fehlenden Angst vor den »normalen« Haftbedingungen vieler Gefangener. Ich erinnere mich an Fehler und hilflose Wut. Es stand in den Zeitungen plötzlich, 1981, auf den Titelseiten: Sigurd Debus ist tot. Er hatte sich an einem Hungerstreik beteiligt und war während der Zwangsernährung gestorben. Er hat sich bestimmt gewehrt. Ich war Mutter von zwei Kleinkindern und lebte auf dem Land, hatte mit den alten Geschichten schon lange nichts mehr zu tun, hatte kaum noch was mitbekommen vom Hungerstreik und die Leute in den Gefängnissen vergessen und vergessen wollen. Ich hatte ja nichts mehr mit denen zu tun und die auch nicht mit mir und meinem Leben ...

Und nun stand es in der Zeitung. Schlagzeile.

Mein alter Freund Sigurd, der mir einen neuen Namen gegeben hatte vor zehn Jahren, tot, ermordet worden als »RAF-Terrorist« ... Im Gefängnis.

Auf der Trauerdemonstration 1981 gehörte ich plötzlich zu den Älteren. Zwei Leute kannte ich von früher, mehr nicht, zwei von zweitausend. Die meisten waren viel jünger als ich. Einer mit ganz kurzem, gefärbtem Haar fragte mich: Na, Omi, was willst du denn hier?

Ich war einunddreißig und wütend. Vor allem auf mich, weil ich zwar gewußt habe, daß er verurteilt worden war und im Gefängnis sitzt, mich aber nie darum gekümmert habe, ihn nie besucht habe, nicht einmal geschrieben. Wütend auf mich, weil es nun spät war. Wütend auf die Zwangsernährungsärzte, die ihn zu Tode gebracht haben. Ich war so sicher, daß Sigurd gern gelebt hat.

Acht Jahre später, während des 89er Hungerstreiks, sind in Hamburger Kneipen Plakate aufgehängt mit einem Bild von Sigurd. Darauf steht: Sigurd Debus im Hungerstreik gefallen.

Ich bin entsetzt. Es ist die Sprache, die nicht geht. Es ist die Sprache der »anderen Seite«! Sigurd ist nicht »gefallen«.

Mein Opa ist im faschistischen Krieg gefallen, Soldaten fallen, die sich zum Kriegmachen melden oder auch dazu geholt werden, aber nicht weglaufen.
Sigurd war kein »Soldat«.
Er war nicht in einer Armee. Jedenfalls in keiner, in der man »fällt». Höchstens in einer, in der man ermordet wird, erschossen, auf der Flucht erschossen, in Isolationshaft vertrocknet wird von allem Leben oder eben den Gummischlauch so in die Speiseröhre gedrückt bekommt, bis man sich totgewürgt hat. Sigurd wäre nie Soldat geworden, seit er Kommunist war. Er war verzweifelt und Genosse – er liebte die Menschen. Er ist ermordet worden und nicht »gefallen«.
Ich will nicht dieselbe Sprache bei uns und bei denen, die Gefängnisse und Armeen besitzen.
Ich habe Angst vor dieser selben Sprache, die von »Gefallenen« ausgeht und die toten Genossen heroisiert. Das ist nicht die Wahrheit. Sigurd ist nicht »gefallen«, so wie die anderen in den Knästen auch nicht gefallen sind. Unsereins wird verzweifelt gemacht, depressiv, resigniert, böse oder besoffen, menschenverachtend, einsam, schwach, vereinzelt, isoliert und mutlos. Und im allergrößten Notfall wird die Polizeipistole »in Notwehr« gezogen, die Isolationshaft eingesetzt und die Zwangsernährung verordnet. Lieber allerdings trocknet man uns langsam aus mit Konsum- und TV-Pflicht, denn es handelt sich hier um ein liberales Land.
Sigurds Tod, der eindeutig auf die brutalen Maßnahmen der Zwangsfütterung zurückzuführen war und nicht aufs Verhungern, hatte vor acht Jahren dazu geführt, daß viele Ärzte sich gegen die Zwangsernährung hungerstreikender Menschen ausgesprochen haben. Das war offensichtlich zu brutal fürs bürgerliche Gemüt: die Fesselung, der Gummischlauch, Würgen und Kotzen, Mund zu, Nase zu, den Willen brechen und die Reflexe – wohl wissend, daß das Ziel nicht in erster Linie die Lebensrettung des angeblichen Terroristen ist, sondern der Abbruch des Hungerstreiks.

Nun hat man die »Koma-Lösung« erfunden: Der hungerstreikende Mensch wird erst dann zwangsweise und künstlich ernährt, wenn er bereits bewußtlos ist vor Schwäche. Im Koma eben. Nun sind die »linken« Ärzte von heute auch gegen die »Koma-Lösung« – das hört sich zuerst wie eine tatkräftige Unterstützung des Hungerstreiks an. Ich habe Bedenken und bin mißtrauisch, das mag an meinen Erfahrungen mit Ärzten liegen. Vor allem aber will ich keine »Gefallenen«, nicht den Tod der Revolutionäre oder derer, die sich dafür halten, und erst dann, wenn sie ihren Tod in Kauf nehmen, Solidarität und Aufmerksamkeit erfahren von denen, die die besseren Möglichkeiten haben. Von uns draußen.

Die Hälfte der hiesigen Bevölkerung ist dafür, die Hungerstreikenden in den Knästen einfach verhungern zu lassen. Basta. Dann sind sie wenigstens weg, die Terroristen! Und wir, sagen die »linken» Ärzte, sind gegen Zwangsernähung und »Koma-Lösung«, weil es Zwangsmaßnahmen sind und auch die Gefangenen das Recht auf einen selbstbestimmten Tod haben.

Wir sind nämlich, sagte mir vor ein paar Tagen ein befreundeter Fernsehregisseur, wir sind nämlich heute für den »selbstbestimmten Tod«. Egal für wen, für alle. Der Fernsehregisseur ist deshalb einer Sterbehilfe-Vereinigung beigetreten. Jeder soll, sagte er, freiwillig sterben dürfen, wann und wie und wo er will. Wir haben uns lange gestritten darüber, daß der Fernsehregisseur nicht wahrhaben will, daß seine eigene, angebliche »Selbstbestimmung« auf Kosten anderer bereits ausprobiert wird, die sich mit Hackethal und wie sie alle heißen ihr »unwertes« Leben wegmachen lassen. Was mich ängstigt, ist dieselbe Sprache.

Das geht doch nicht, daß wir so tun, als würde es uns nichts ausmachen, als ginge es einzig und allein ums Durchhalten im Notfall, »über Leichen«, als ginge es um selbstbestimmte Entscheidungen im Knast, wenn es doch ums Überleben eigentlich gedacht war. Ich will keine »Gefallenen«.

Lebendig brauchen wir uns, drinnen und draußen. Draußen lebendig zu bleiben, ist schwer. Seit ich meine Freundin Ingrid Strobl im Knast weiß und nur noch über die Zensurbehörden und mit einer Trennscheibe zwischen uns Kontakt mit ihr haben darf, habe ich eine neue Ahnung davon, wie schwer es ist, drinnen, im Knast, lebendig zu bleiben.
Ich will keine »Gefallenen«. Weder verhungerte, noch ermordete. Ich will die Auseinandersetzung, den Streit, das Zusammenreden, das »Zusammenfinden«, Lebendigkeit auf jeden Fall und daß wir endlich voneinander lernen und von unseren verschiedenen Erfahrungen in einer gleichen Zeit. Und ich will keine gleichen Wörter bei uns und denen, die die Macht haben und die Bedingungen in den Knästen zu verantworten haben.
Ich freue mich über die Klugheit der Gefangenen 1989, die die Unterbrechung der Hungerstreikkette durchgesetzt haben. Ich hoffe so sehr, daß das Vertrauen in uns da draußen nicht enttäuscht wird. Daß wir es schaffen, auch ohne Tote an den menschenunwürdigen und schrecklichen Knastbedingungen etwas zu verändern. Ohne »Gefallene«.
Der einzige Weg, sich gegen gefallene Helden und gegen die neuen Sterbehelfer und gegen die Zwangsernährung oder die Koma-Lösung auszusprechen, ist,laut zu sagen, daß wir lebendige Menschen wollen, auch lebendige RAF-Menschen.
Nicht um jeden Preis.
Aber keine »Gefallenen« um den Preis von Bequemlichkeiten.
Ich hielte das für einen großen Sieg.
Wir dürfen ihnen den Gefallen nicht tun, von Gefallenen zu sprechen.
Es fängt mit der Sprache an.

Düsseldorf 1989: Sie führen Ingrid vor wie etwas zum Vorführen. Auch die auf außerordentlichen Gerichtsbeschluß abgenommenen Handschellen beim Betreten des Gerichtssaales machen es nicht besser. Es ist kaum auszuhalten. Ich habe geträumt, daß wir alle nur spielen, daß wir es aushalten – auf allen Seiten. Die Harmonie der Begrüßung – illegal. Ein Spiel fast, bis Herrn Kruse von der Bundesanwaltschaft – einem der Ankläger – der Kragen platzt ... Es ist wie im Film, der Prozeß. Nichts ist so, wie wir es mal gelernt haben in der Schule. Zeugenaussagen, die in keinem Krimi glaubhaft wären. Richter, die einschlafen. Anwälte, die reden, und das Hohe Gericht hört mimisch sichtbar nicht zu. Ingrid, die versucht, ruhig zu bleiben. Wir, die »Öffentlichkeit«, kontrolliert, Personalien abgelichtet, lachend im Flur, uns an Zigaretten festhaltend, die von manchen schon lange nicht mehr geraucht werden. eingespielt auf die Rituale der »Terroristen«-Prozeßführung. Kaffee und Brötchen abgebend, auch den zweiten Tampon und den zweiten Bleistift. Immer wieder das Terrain sondierend, aber doch von Maßstäben anderer bestimmt. Kleine Fluchten in Galgenhumor.

Egoistisch den eigenen Platz verteidigend, erste Reihe, zwei Stunden angestanden in der Kälte im Regen. Es kostet politische Einsicht und die Erinnerung an solidarisches Verhalten, die von weithergekommenen Unbekannten, die auch extra zu diesem Prozeß angereist sind, reinzulassen, für sie den Platz freizumachen. Es kostet Überwindung und Lügen im Gesicht, so zu tun, als wären wir stark und optimistisch, wobei in Worten natürlich ganz realistisch debattiert wird und jede, die offen sagen würde, ein Freispruch sei drin, als naiv bezeichnet. Es ist Premieren-Stimmung. Alle wissen, daß es wichtig ist und nur einmal passiert.

Die merkwürdigen Situationen, in denen Blicke ausgetauscht werden mit fremden, jetzt aber durch ein einziges Lachen oder eine Träne in den Augen am richtigen Zeitpunkt, nicht mehr fremden Gesichtern. Die Schwierigkeit, mit der zum zweiundzwanzigsten Male die Tasche wegschließenden, eigentlich freundlich aussehenden Frau hinter der Kontrolltheke nicht zu reden über Privates und sie nicht um einem Kaffee zu bitten nach der durchgefahrenen, ungeschlafenen Nacht im Zug.

Die kalte Lust, dem Blick des Anklägers standzuhalten, der uns »Pack« auf den Plätzen der Zuschauer mustert und beobachtet. Ihn frech anzuschauen und ihn nicht merken lassen, daß die Nackenhaare schon gesträubt sind, ihn so anzuschauen, als könnte er morgen vor ein Gericht im Namen des Volkes gestellt werden – ohne Hoffnung auf Vergebung. Wenigstens den Blick soll er kennenlernen, den Blick, als könne dies genau passieren. Er wendet sich ab. Das ist ein Sieg.
Es ist ein kleiner Sieg, sogar ein viel zu kleiner.
Die Bewachungsmaßnahmen für die Freundin – Hubschrauber, Straßensperrungen, Blaulicht, drei gepanzerte Wagen – und Bewachungsmaßnahmen für die Karlsruher Ankläger und das Gericht lassen jeden Zynismus leichtfertig aussehen. Zwar scheinen sie es zu brauchen, um ruhig schlafen zu können, vor allem aber zeigt es auch ihre Macht und ihre Stärke. Ungebrochen meistens.
Es stört mich sehr, daß die Richter und Staatsanwälte so gut genährt sind, so ausgeschlafen und wie nach einem reichhaltigen Frühstück. Wir knausern uns unsere Reserven schon lange ab.

Hamburg 1989: Ich bin zur Urteilsverkündung nicht gefahren. Mein Körper hat mir einen Streich gespielt, einen ehrlichen Streich. Ich war krank.
Sie ist zu fünf Jahren verurteilt worden. Fünf Jahre. In fünf Jahren sind meine Kinder zwischen zwölf und achtzehn.
Ich werde Ingrid Strobl bis dahin ungefähr zehnmal besuchen, sehen und sprechen können. Mit Kontrolle und Zuhörern.
Ich habe jetzt schon viele neue Feinde und Feindinnen und einige neue Freunde und Freundinnen gewonnen. Wegen dieser Geschichten.
Das Urteil ist eine Schande, genau wie der Prozeß. Wie soll ich Kinder erziehen und Bücher schreiben, wenn die Freundin im Knast ist,unter solchen Umständen?
Am liebsten würde ich Wecker kaufen. Täglich einen!
Doch das ist nur die halbe Wahrheit.